EXEMPLARS AND REVIEWS: A Selection of Distinguished Works
on Journalism and Communication Studies in China (Volume 1)

治学例话

全国新闻传播学优秀论文品鉴（第一辑）

唐绪军 ○ 主编

中国社会科学出版社

图书在版编目（CIP）数据

治学例话：全国新闻传播学优秀论文品鉴. 第1辑 / 唐绪军主编. — 北京：中国社会科学出版社，2015.11
ISBN 978-7-5161-7245-2

Ⅰ. ①治… Ⅱ. ①唐… Ⅲ. ①新闻学－文集②传播学－文集 Ⅳ. ①G210-53②G206-53

中国版本图书馆CIP数据核字（2015）第289269号

出 版 人	赵剑英	
责任编辑	彭莎莉	
责任校对	林福国	
责任印制	张雪娇	
出　　版	中国社会科学出版社	
社　　址	北京鼓楼西大街甲158号	
邮　　编	100720	
网　　址	http://www.csspw.cn	
发 行 部	010-84083685	
门 市 部	010-84029450	
经　　销	新华书店及其他书店	
印刷装订	北京君升印刷有限公司	
版　　次	2015年11月第1版	
印　　次	2015年11月第1次印刷	
开　　本	787×1092　1/16	
印　　张	22.25	
字　　数	319千字	
定　　价	68.00元	

凡购买中国社会科学出版社图书，如有质量问题请与本社营销中心联系调换
电话：010-84083683
版权所有　侵权必究

编委会

主　任　　唐绪军

副主任　　宋小卫

委　员　　（按姓氏笔画排序）

　　　　　　卜　卫　　王怡红　　孙五三　　刘晓红

　　　　　　时统宇　　孟　威　　杨瑞明　　姜　飞

　　　　　　赵天晓　　殷　乐　　钱莲生

主　编　　唐绪军

副主编　　钱莲生

序：治学需要"优秀"的引领

这是一部论文集。但是，这不是一部普通的论文集。因为它不是常见的同一主题论文的归集，也不是某次论坛论文的汇总。串连起这部论文集的有一条红线，叫做"优秀"。

是的，这是一部优秀论文集。说得更准确一点，这是一部国内新闻学、传播学年度优秀论文集。收录在这个集子里的论文，是从当年上万篇论文中吹糠见米、沙里淘金，精心筛选出来的。这些论文，或在思想上有所建树，或在方法上有所突破，或对老问题给出了新解释，或对新现象提出了新观点……春兰秋菊，各秉所长。但是，它们共同的特征是扎实。无论是观点的论证、现象的剖析、文献的征引，还是方法的运用、模型的构建、实验的操作，无不反映出严谨细致的科学精神，持论有据，言之成理。因此，这些论文堪称我们这个学科的治学楷模。

当然，中国自古就有"文无第一，武无第二"之说。一篇文章优秀与否，向来见仁见智，众口不一。因之，收录在这个集子里的所谓"优秀论文"不过只是我们眼中的"优秀"而已。"我们"者谁？中国社会科学院新闻与传播研究所的同仁们。至于我们为什么要如此劳神费力地从每年成千上万篇公开发表的论文中遴选出这区区十多篇优秀论文来，本书附录中有所交代，此处不再赘述。需要说明的是，我们的学术视野可能还不够宽阔，我们的学识素养肯定还不够深厚，学人志趣，各随其心，做出的选择也就不敢说客观、公正和全面。但有一点应该是问心无愧的，那就是我们对学术的真诚。这不仅体现在我们对遴选标准和程序的坚守，比如，本所学者的论文一概不参与遴选；更反映在我们对遴选评语的慎重拿捏，字斟句酌，臧否有度。这样做的目的，无非就是想给这些"优秀"增添几分纯粹。

现如今，学术评价已经很难纯粹了。各种评优评奖由于掺杂了太多的利益纠葛和关系考量，致使评选结果含金量严重不足，诟病连连。我们想要做的，就是正本清源，拨乱反正，期望通过我们的努力，尽可能恢复学术的尊严，尽可能让优秀的学术成果获得应有的尊重。这很难，但是再难总得有人去做。忝列于国家级专业研究机构，我等自忖，对此理应有所担当，有所奉献。

治学是需要"优秀"引领的，对于我们这个学科来说更是如此。新闻学进入中国不过百年，传播学在中国的发展也不过三十来年，与其他人文社会科学相比，这个学科积淀不深、规范不够是个不争的事实，因此更需要有好的、优秀的学术研究成果来引领整个学科的发展，来为本学科治学立论提供榜样和示范。古人有云："取法乎上，仅得其中。"想要成为优秀，一定得与优秀为伍，一定得向优秀学习。为此，在编辑这部论文集时，我们特地邀约入选优秀论文的各位作者，就其论文的选题来源、研究过程、写作心得等另撰一文，与其论文相配，以为示范。这也是这部论文集不同于一般的一大特色。

既然这部论文集与众不同，那就有必要赋予它一个不同寻常的书名，以承载我们的想象和期许。最初的备用选项不下十个。直白的，缺少趣味；抽象的，又嫌朦胧。环肥燕瘦，一时难于定夺。经过反复磋商，最后我们还是决定与优秀为伍，仿照前辈叶圣陶先生的《文章例话》，给这部论文集定名为《治学例话》。

我们不自量力地认为，我们编辑的这部优秀论文集与叶圣陶先生的《文章例话》颇有几分相似。当年,叶先生的《文章例话》是为那些不敢写文章、怕写不好文章的中学生们编辑的,"选一篇文章,我在后边说些话",通过范文的举例释说,详细阐述了作文的基本步骤和核心要点,读之令人豁然开朗。我们的这个《治学例话》是为本学科那些想写论文、又苦于写不出好论文的学人们编撰的,通过优秀论文的举例,并"在后边说些话"——我们的遴选意见和作者的现身说法,以期给他们以启迪。

叶先生的《文章例话》刊行于 1936 年,80 年来长销不衰,影响了几代人,至今仍为人津津乐道。我们这本《治学例话》不敢存此奢望。因此,我们在主题下加了一个副题:"全国新闻传播学优秀论文品鉴(第 × 辑)"。此举的一个小小野心是,通过一年又一年的坚持不懈,或许能不断延长《治学例话》的生命,既能为本学科持续积累优秀,又能为学人们源源提供榜样。这也是"取法乎上"的一种态度。万一实现了呢?

是为序。

唐绪军
中国社会科学院新闻与传播研究所所长、研究员

目 录

1

黄 旦

耳目喉舌：旧知识与新交往
——基于戊戌变法前后报刊的考察　　/ 1

创变求新而后知不足　　/ 45

2

陆 晔

媒介使用、媒介评价、社会交往与中国社会思潮的三种意见趋势　　/ 47

为传播学研究积累实证经验　　/ 71

3

喻国明　宋美杰

中国传媒经济研究的"学术地图"
——基于共引分析方法的研究探索　　/ 75

传播学的理论创新需要范式与方法的创新　　/ 101

4

曾繁旭　黄广生

**网络意见领袖社区的构成、联动
及其政策影响：以微博为例**　　　　　　　　／105

用笨拙的方法做学术　　　　　　　　　　　　／134

5

张　放

网络人际传播中印象形成机制的实验研究　　／137

让兴趣引领研究，在文献研读中积蓄能量　　　／161

6

彭　兰

从"大众门户"到"个人门户"
——网络传播模式的关键变革　　　　　　　／165

新媒体研究：在"变"中寻求"不变"　　　　／186

7

童清艳　钮鸣鸣

"触媒"时代受众自治的"纸媒"社会化媒体特征
——以城市生活类周报iPhone形态为中心的实证研究　／191

研究是一项集体创造的活动　　　　　　　　　／222

8

胡 泳

我们需要什么样的网络意见领袖？ /227

营造自由而可持续的互联网对话空间 /242

9

夏倩芳　王艳

**公众眼中的广播电视公共服务：
现状评价及未来期待** /249

广播电视"公共服务"研究需要从理论到经验 /275

10

马少华

**对一场关于微博说理功能
的论争的分析** /277

在日记中"生长"的论文 /294

11

鞠 靖

深度报道生产方式的新变化
——深度报道记者QQ群初探　　　　　　　　　　　/299

把新闻实践"翻译"为理论的尝试　　　　　　　　/314

12

吴叔平

节目测评标准的效用与局限
——兼谈节目测评标尺应用与建设的制度创新　　　/317

收获中有遗憾　　　　　　　　　　　　　　　　　/331

附

推举治学佳作　归依学科规范
——第一届（2012年度）全国新闻传播学
　优秀论文遴选活动综述　　　　　　　　　　　　/335

关于论文搜集的说明　　　　　　　　　　　　　　/339

第一届（2012年度）全国新闻传播学
优秀论文遴选结果　　　　　　　　　　　　　　　/341

后　记　　　　　　　　　　　　　　　　　　　/343

耳目喉舌：旧知识与新交往
——基于戊戌变法前后报刊的考察

黄 旦

黄 旦
Huang Dan

作者小传

屈指算来，在大学"混饭吃"已近三分之一个世纪，工龄上已够"资深"指标。回望过去，从新闻而传播，由理论而兼及史，自杭州赴上海，东张西望，惶惶然无大成，但时间一长，在师友指点、自己琢磨下，或多或少算是对学术有了点微小感悟，常聊以自慰，不至抑郁。

明知知识无涯，学问奥深，既已入这一行，自也难以免俗。偶有片得，仍也会手痒舞文弄墨一番。金玉其中说不上，态度基本老实，治学尚属认真，不敢有哗众取宠之心，亦力避自欺欺人之意。

未来如何，无法算计，唯一明确，虽然"无情岁月增中减"，但仍希望思想和眼界还有新的变化，不至于早早衰退。于是要保持百倍精神，多读勤思，不断努力。

耳目喉舌：旧知识与新交往
——基于戊戌变法前后报刊的考察

黄　旦[①]

内容提要：

　　中国前现代的"耳目喉舌"，是帝国政治机体上"一出一纳"之环节，由此构筑了整个帝国的政治交往关系。晚清时期的中国人，正是在这样的理念和制度基础上，接受并使用现代报刊。在他们的头脑里，在结构关系上，报刊同样类似于固有的"耳目喉舌"，有益于帝王了解国情做出决策，从而改变中国政治交流不畅之弊病。然而，报刊的公开表达，不仅为中国传统文人讨论政治提供了体制外的通道，其同时共享，也必然带来"结群"之效，形成了不同的共同体。一份报纸就是一个共同体的核心，办报办会遂成一体。原有一体的"耳目喉舌"之政治交往结构虽然存在，但由于体制外政治交往的兴起，一家独尊成为一家之言，帝国朝廷的"耳目喉舌"

[①] 黄旦（1955— ），男，浙江省温州市人，文学博士，复旦大学新闻学院/信息与传播研究中心教授，博士生导师。主要从事新闻传播学和新闻史研究。

不得不与不同"群体"的"耳目喉舌"分庭抗礼，中国由政治报刊进入政党报刊，在不同"耳目喉舌"的作用下，政治关系和格局四分五裂。此种观念，迄今仍影响着今天的报刊制度及其实践。

关键词：耳目喉舌　现代报刊　交往关系

"人一生下来就有一个传播消息的说话的器官和一个接受消息的听觉器官。这两个东西不只是生着而已，而且永远在想发挥它们的作用。"据说由此再加上人类天生的好奇心，就产生了新闻和现代报刊[①]。这个完全建立在人的身体器官及生物本能之上的说法，把库利所谓人类进化"两条生命线"之"社会交往"一笔勾销，人似乎只是在生物遗传河流中自然漂浮而成[②]，与阿狗阿猫差堪相似，因此看上去接受的人并不是太多，其影响力也实在有限。

不过，人长有一个说话的器官和接收消息的听觉器官，在客观描述上虽是无谓之废词，倒也是千真万确。不仅如此，这两个东西一百多年来一直被我们作为报刊的代名词——不过更简略更雅致——"耳目喉舌"。

"耳目喉舌"是一个隐喻，甚至够不上威廉斯式"关键词"的标准[③]，况且借助联想和隐喻来凸显事物某些可以被感知的特征[④]，以作为汉字对外在事物分门别类的依据，据说本就是中国古代思维方式与西方近代思维方式不同的一个特征，并不足为怪。然而，依陈嘉映之意，隐喻和明喻不同，明喻是对两个各自独立的东西的一种比较，是属性上的类似。隐喻则是结构性的，"是借用在语言层面上成形的经验对未成形的经验作系统描述"。离开隐喻，那个所喻也就难以存在。"明喻依赖于事实知识"，隐喻则使"所喻形式化、语

[①] ［美］约斯特：《新闻学原理》，中国人民大学新闻系译，中国人民大学出版社1991年版，第3页。
[②] ［美］查尔斯·霍顿·库利：《人类本性与社会秩序》，包凡一、王源译，华夏出版社1999年版，第5页。
[③] ［英］威廉斯在《关键词：文化与社会的词汇》（刘建基译，生活·读书·新知三联书店2005年版，第5页）"导言"中说，他所讨论的这些词汇"明显不是属于专门的学科领域的专门词汇"，而是"涵盖范围普遍"，在讨论"共同生活中许多重要过程时"与别人所共享。
[④] 葛兆光：《中国思想史》（卷一），复旦大学出版社1998年版，第118－119页。

言化，成为可以谈论的东西"。"隐喻的奥义在于，我们用来形容所喻的，看似形容，实是直陈，看似'像'，实是'是'。"①所以，隐喻与经验事物、看待事物和理解事物，存在着密不可分的关系。恰似莱柯夫和约翰森说的"隐喻不仅属于语言，而且属于思想、活动、行为"②，这也正是波兹曼对于媒介的理解。他认为媒介就是一种隐喻，媒介的形式偏好某些特殊的内容，从而最终能控制文化，就意味着"用一种隐蔽但有力的暗示来定义现实世界"。"这种媒介—隐喻的关系"，为的是"将这个世界进行分类、排序、构建、放大、缩小、着色，并且证明一切存在的理由"③。于此见，"耳目喉舌"本身就是一种表征，牵涉到语言意义的生产以及同文化实践的关系④。雷蒙德·威廉斯说："我们也越来越认识到，我们在探讨和商榷自己的行动时所使用的词汇——即语言——绝非次要的因素，而是一个实际而且根本的因素。实际上，从经验中汲取词的意义，并使这意义有活力，就是我们的成长过程。"⑤正是由是，我们就不能不问：为什么是"耳目喉舌"？

在社会学层面，"耳目喉舌"不过是表示报刊登载新闻和表达言论职能的一种形象说法，因而，以结构、制度入手来说明，或许是最方便的门径。其一般逻辑是，由于社会制度及其构建的理论前提不同，必然导致报刊使用以及功能预期的差别。广被影响的《报刊的四种理论》，就是这种分析解释的典型。这当然有其一定的说服力。在不同的社会结构和制度中，报刊的身份定位及其角色要求的确不一样。此种结构先在并决定行动乃至意识的弊病与之合理性一样明显，无须花笔墨去讨论制度及其来源⑥，仅就分析路径言，此种"什么藤上结什么瓜，什么阶级说什么话"的方式，在结论上固有手起刀落痛

---

① 陈嘉映：《语言哲学》，北京大学出版社2003年版，第378、374、375、368页。
② 同上。
③ [美] 尼尔·波兹曼：《娱乐至死》，章艳译，广西师范大学出版社2004年版，第10—12页。
④ [英] 斯图尔特·霍尔编：《表征——文化表象与意指实践》，徐亮、陆兴华译，商务印书馆2003年版，第15—26页。
⑤ [英] 雷蒙德·威廉斯：《文化与社会》，吴松江、张文定译，北京大学出版社1991年版，第416页。
⑥ 就社会学传统，吉登斯从自然主义／客观主义和解释学两方面，对之作了清晰的介绍和分析。参见[英] 吉登斯《社会的构成》，李康、李猛译，王铭铭校，生活·读书·新知三联书店1998年版，第47—57页。

快淋漓之效，可在论证上，却是不能不把结构、功能甚至结果互为循环印证，在历史逻辑上则必然是抚今追昔倒果为因。况且即便真的如此，除了一切均是注定而外，没有增加任何新的知识。制度"尽管标志着人类体验中社会世界特征的客观性，但却并不能由此抛开产生它的人类活动获得本体论地位"。"在不同的制度与之相关知识的传递形式之间，绝对没有先验的一致性，更不用说所谓的功能性。"①因而，纵然"耳目喉舌"只是对于报刊功能的一种表述，顺着知识社会学的路径，我们同样有理由追问：为什么是这样一种表述？在中国，它意味着什么？

"成形的经验对未成形的经验作系统描述"，就语用而言，无非就是借用原有的经验勾画出一个从未经验过的东西的面貌，使之能得以谈论、理解和触摸；在意识观念层面，则必然是一种新知识的获取，并由此构建起新的社会现实②。作为现代性产物的中国报刊，首先是由西方传教士在晚清引入，此前的中国人对之不仅是不具"未成形的经验"，根本上就是闻所未闻。"耳目喉舌"作为"成形的经验"，便是在此种场景中出场，对这个新生事物做出中国化描述，"把以前不可察觉的价值增添到人类的经验尺度上"③，从而规定了中国人对报刊的理解，也不能不制约着中国的报刊实践。在这样的意义上，"耳目喉舌"既是一个词语，同时又是"一个真正集合的现实"，从它的含义及其细微差别中，可察觉其与社会生活的相互依存，"以及对变革与不断变化的重心的敏锐反应"④。"观念所采取的现代形式远比其起源更重要"⑤，此说不错，但我更倾向于顺着福柯的思路，从话语关系中来看观念，而不是去刨出一个不断后退的原点⑥。假如不了解其原来所处的关系及其含义，就难以识别

---

① ［美］彼得·伯格、托马斯·卢克曼：《现实的社会构建》，汪涌译，北京大学出版社2009年版，第13、60、1—3页。
② 同上。
③ ［德］卡尔·曼海姆：《意识形态与乌托邦》，黎鸣、李书崇译，周纪荣、周琦校，商务印书馆2000年版，第85页。
④ 同上书，第84—85页。
⑤ 同上书，第71页。
⑥ ［美］福柯：《知识的考掘》，王德威译，张国庆校修，（台北）麦田出版有限公司1993年版，第98页。

其现代形式，更遑论其重要性。因此，我们不能不回到一开始所提的问题：什么是中国式的"耳目喉舌"？它具备的是何种"成形的经验"？这样的经验对人们看待和理解现代报刊，产生了何种影响？总而言之，如果"采用何种隐喻是因文化而不同的"①，那么，"耳目喉舌"又蕴涵着什么样的文化意义呢？

一、传统的"耳目喉舌"

"耳目喉舌"是人类接收、处理、传达信息，进行交流交往的中枢系统。"无耳目，无喉舌，是曰废疾"②，也就是失去了最基本的交流能力。人如此，国亦然。中国古典小说《西游记》中的孙悟空，之所以能辨物识怪闻风捉妖，其中一个主要原因，就是长有"千里眼""顺风耳""火眼金睛"，难以被蒙骗。有意思的是，它自封为"齐天大圣"。在中国汉字中，"圣"是表示"聪明非凡的人"，从甲骨文字形看，恰是根基于"耳目喉舌"：其上部是人的一只大耳朵，左下方则是一个"口"，右下方是一个面朝右而侧立的人。《说文解字》解为："圣，通也。"就是无所不通的人。"圣人"也就是"耳聪口辩精明能干的人"③。正如宋恕所言："'通明为圣'，古训也。"④如若"具有无意识心理的深层结构"⑤真是汉字的一个基本特征，那么，传统中国称帝王为"圣上"，怕就不是偶然，正是要突出表明帝王的聪明才智——也就是其"耳目喉舌"超群盖世，故而能口吐"圣旨"。

孙悟空的"千里眼"和"顺风耳"凭由天生，帝王的眼观六路耳听八方声彻九州大地，依赖的是制度安排和保障。中国有一本推究相术的书，叫《麻衣神相》。就在该书中，它对人的"五官"作了如下的解说：唇为保寿

---

① 陈嘉映：《语言哲学》，北京大学出版社 2003 年版，第 369－370 页。
② 梁启超：《论报馆有益于国事》，载复旦大学新闻系新闻史教研室编《中国新闻史文集》，上海人民出版社 1987 年版，第 24 页。
③ 左民安：《细说汉字——1000 个汉字的起源与演变》，九州出版社 2005 年版，第 458 页。感谢吴予敏教授对于"圣"字含义的指点和提醒。
④ 《宋恕集》(上)，中华书局 1993 年版，第 79 页。
⑤ 罗建平：《汉字原型中的政治哲学》，广东教育出版社 2008 年版，第 1 页。

官,眼为监察官,耳为采听官,鼻为审辨官,口为出纳官。这看上去是在解释人身器官的作用,可汉字的"官",既是器官之"官",又是官职、官员之"官"。中国的"耳目喉舌",就具有这样的双重含义:既是人体的器官,同时也是一种官职。帝王之所以聪明或者自认为聪明成"圣",制度层面上的"耳目喉舌"为之提供了强力支撑。

制度上的"耳目喉舌",是否来自身体器官的比附启发,现无法追究也无关紧要。只需肯定一点,身体机能的政治化,是"政治态身体"[①]的题中之义。所谓"政治态身体",是通过生物有机体的比拟来表达"对社会秩序的需要",犹如身体各部分,按部就班,互相调和,不能错乱。12世纪有位哲学家说过,"国家是一个身体"。其意思是:"一个统治者在社会中的功能就是脑子,统治者的顾问就是心脏。商人是社会的胃,士兵是手,农人和佣人是脚。"依照桑内特的解释,这是一个等级式的意象:社会秩序从脑子开始,也就是统治机关,"身体政治都按照统治阶级的身体意象建立了社会规则"[②]。作为一种官职,中国的"耳目喉舌"来自这种"身体意象",同时也受制于其所排定的秩序。

所谓耳目官者,先是指亲近侍从之官,为天子耳目,后则专指御史。"都御史,职专纠劾百司,辩明冤枉,提督各道,为天子耳目风纪之司。"[③]正可谓兼采听和监察为一身。《新唐书·韩思彦传附韩琬传》载:先天中,赋绢非时,于是谷贱缣益贵,丁别二缣,人多徙亡。琬曰:"御史乃耳目官,知而不言,尚何赖?"[④]《宋史·张焘传》载:"监察御史施廷臣抗章力赞和议,擢为侍御史。"张焘率吏部侍郎晏敦复上疏驳之,内称"夫御史府朝廷纪纲之地,而陛下耳目之司",由施廷臣之类横踞此位,"变乱是非,岂非紊纪纲而蔽陛下

---

① [加]约翰·奥尼尔:《身体五态:重塑关系形貌》,李康译,北京大学出版社2010年版,第37页。
② [美]理查德·桑内特:《肉体与石头:西方文明中的身体与城市》,黄煜文译,上海译文出版社2006年版,"导论",第10—11页。
③ 《明史·职官志》,转引自谢国桢《明清之际党社运动考》,上海书店出版社2004年版,第2页。
④ 参《辞源》"耳目官"条,着重号引者加,下同。该条材料在中华书局1975年版《新唐书》(传十三),第4166页,与《辞源》所引略有不同,此处则为"先天中",先天是年号,而《辞源》引文"先王中"当为误。

之耳目乎？"①

至于"喉舌"，与《麻衣神相》所言完全一致，"为出纳之官"，意指掌握机要，出纳王命的重要官员。《诗·大雅·烝民》："出纳王命，王之喉舌。"后则多以"喉舌"指尚书。《后汉书·左雄传》中有："宜擢在喉舌之官，必有匡弼之益，由是拜雄尚书，再迁尚书令。"②关于此，尹韵公曾以《文心雕龙》为对象，做过一番比较具体的梳理和考证，并认为作为官职的"喉舌"，经过了由内而外，从服务于皇帝本人的内官，逐步走向外朝，成为国家统治机构中一个不可分割部分的过程③。

"传播就像血液流经人的心血管系统一样流过社会系统，为整个有机体服务，根据需要有时集中在这一部分，有时集中在另一部分，保持接触和平衡以及健康。"④按照这样的"需要—满足"有机体公式，中华帝国专职"传播"和"交流"的"耳目喉舌"，不仅长在帝王身上，而且必然是根据帝王的需要决定集中何处、如何集中。

从清代看，此种官方的"耳目喉舌"主要是通过两种途径上下循环发挥作用：一是官文书（先是奏章题本，后是奏折），一是邸报（包括告示榜文）。前者为君王之"耳目"：了解政情民情并做出自己的判断和反应；后者则是其"喉舌"：公布有关决定、决策以及朝廷动态。清代甚至发展出只向皇帝报告的"密折"制度，作为首创者的康熙曾为此颇为自得："朕令大臣皆奏密折，最有关系，此即明目达聪之意也。其所奏之或公或私，朕无不洞悉。凡一切奏折，皆朕亲批，诸王文武大臣等知有密折，莫测其所言何事，自然各加警惧修省矣。"⑤依此，一方面加强了君臣之间信息的及时来往，另一方面，君王

---

① 《宋史》卷三八二《张焘传》，中华书局1977年版，第11758页。
② 《后汉书》卷六十一《左雄传》载：尚书仆射虞诩以雄有忠公节，上书荐之曰："……宜擢在喉舌之官，必有匡弼之益。"由是拜雄尚书，再迁尚书令（中华书局1965年版）。参《辞源》"喉舌"条，其句读与《后汉书》稍有差别。
③ 尹韵公：《"喉舌"追考——〈文心雕龙〉之传播思想探讨》，《新闻与传播研究》2003年第3期。
④ [美]威尔伯·施拉姆、威廉·波特：《传播学概论》，陈亮、周立方、李启译，新华出版社1984年版，第20—21页。
⑤ 《清圣祖实录》卷二百七十"康熙五十五年"条，中华书局1985年版。关于清代奏折制度的变化，具体解说参见朱金甫《清代奏折制度考源及其他》，《故宫博物院院刊》1986年第2期。

"耳聪目明",控制能力及其效果自是大大提高,"一切权都在皇帝手里,没有一个机关可以宰制别一个机关",各部门之间,包括一个部门内部,"都有互相监视、互相牵制的意味,要想保持权位,除非取得皇帝的信用,博得皇帝的欢心"①。朵朵葵花向太阳,所有的"耳目喉舌"围绕着一个核心——帝王的脑袋在起承转合。

邸报宣达皇帝谕旨、朝廷政令,刊登批准公开的奏章、君王的活动,等等,类似于政府内部的情况通报,其读者对象为各级官吏,是上对下的"喉舌",所起作用是沟通中央政权与地方官僚之声气。邸报无疑有通声气的作用,对于了解政府动态,是一个非常重要的通道。官员大吏、文人士子自然是格外关心②,外国人对于邸报也多有关注。与创办第一份中文刊物《察世俗每月统记传》密切相关的马礼逊,在进入广州不久,就注意上了《京报》,并且两次详细记载其出版与发行情形③。耶稣会士龚当信神父甚至把邸报和欧洲报纸作了比较,居然对之赞赏有加:"雍正的诏书印成'邸报'分发全国各地,让各地的官员和百姓都知晓皇帝的意愿。这种'邸报'对于政府是很有用的。在欧洲的一些地方,报纸等宣传品充满了无稽之谈,经常散布一些诽谤他人的谣言,而在中国,只有与皇帝有关的指令才能写成'邸报'分发各地。中国是君主专制国家,事无巨细都要上报朝廷,这种'邸报'是给官员们执行公务的指示,也是让文人和百姓们知晓皇上的旨意。"④一个人进入到另外一个文化,就很容易"直把杭州当汴州"。龚当信以内容严肃与否为尺子,虽可能与之宗教徒的身份有关,可显然混淆了两个不同的东西,实是肤浅。倒是戈公振看得准,中国邸报一类的"官报",从政治上固然可以收行政统一之效,但从文化上可谓毫无影响,它的最佳结果,不过是记录一点世代的

---

① 李剑农:《中国百年政治史》,武汉大学出版社2006年版,第7页。
② 孙宝瑄因病多日未阅邸报,初愈即"命仆持余病后二十余日邸报阅之",颇有迫不及待之情,可见邸报在一般士大夫日常生活中的重要意义,并且已养成固定的阅读习惯〔《忘山庐日记》(上册),上海古籍出版社1983年版,第14页〕。
③ 苏精:《马礼逊与中文印刷出版》,(台北)学生书局2000年版,第12页。
④ 朱静编译:《洋教士看中国朝廷》,上海人民出版社1995年版,第132页。

掌故，恰如顾炎武《日知录》一般的东西。官报的唯一目的，就是为遏止人民干预国政，于是造成人民间一种"不识不知顺帝之则"之心理。所以他认为，中国官报历史在世界上为最早，却是最不发达。其个中原因无他，就在于"盖西人之官报乃与民阅，而我国乃与官阅也"①。

官家的"喉舌"，自然不能假手于人。咸丰元年（1851年），大臣张芾鉴于市面上的"京报"价高时滞，奏请由朝廷刊刻邸报印发各省，结果遭来咸丰帝痛骂，斥之为"识见错谬，不知政体，可笑之至"。理由很是简单，帝国制度早就规定了信息发布的机构和渠道，由何人所施，经何种程序，已是一清二楚。只要是官员，断无收不到信息的可能。私人报房是民间之事，朝廷若是主动"刊刻"，"不但无此体制，且恐别滋弊端"②。"不知政体"，可谓一语道破，信息传播体制总是与政治制度联系在一起。詹姆斯·凯瑞在评价美国的"公共新闻业"（Public journalism）运动时就说过，把新闻与政治看成两个互不关联的独立部分是错误的。相反，它们总是积极共生互为适应，一方只有从另一方中才能被理解。每一个政治的概念和实践，同时也就是新闻的概念和实践，每一个新闻的概念，自然也同时就是政治的概念③。可见张芾也是迂腐得可以。

二、通上示下：士的"言责"

犹如生物体的身体，必得服从大脑连成一体，中国的"政治态身体"，也是历来强调整合和一统。"皇之本义为日，犹帝之本义为日。日为君像，故古代用为帝王之称。"④依此而推，所谓的后羿射日，正有不能容忍多个太阳，恰

---

① 戈公振：《中国报学史》，生活·读书·新知三联书店1955年版，第63页。
② 同上书，第40—41页。
③ J.Carey, "In Defence of Public Journalism", In Glasser, T.L.(Ed.), *The Idea of Public Journalism*, NY: The Guilfold Press, 1999, pp.49-66、51.
④ 张舜徽：《郑学丛著》，第429页，转引自何新《诸神的起源》，生活·读书·新知三联书店1986年版，第14页。

含天无二日、国无二主之寓意。此种意象，与亚当夏娃生出异心，决意叛逃伊甸园——平静、一统、不可有异念的天堂，去追求新的可能，张扬自己的期望，当然也包括忍受无穷的痛苦，就大异其趣。中国的"天"即便已经破了，女娲也要费尽心机补上，终不许有任何裂隙，才能安心顺畅，高枕无忧。因此，无论是把前现代中国看成是"宗法社会"，抑或是"儒表法里"的"大共同体本位"①，有两点似是共同的。首先，中国社会的结构及制度安排，是以国家为主导；其次，国家一体化的黏合剂是把政治道德伦理化，血缘的关系和政治的关系化而为一："古之所谓国家者，非徒政治之枢机，亦道德之枢机也。使天子诸侯大夫士各奉其制度典礼，以亲亲尊尊贤贤明男女之别于上，而民风化于下，此之谓治，反是则谓之乱。"②

在这样的制度构想中，政治等级、亲缘等级和文化等级是高度重合。与之相适应的，"是一种独特的政治文化形态——'礼'"。"'礼治'的精义，在于君道、父道和师道的三位一体，'尊尊'、'亲亲'和'贤贤'的相异相维。与'礼'相适应的政治角色典范，是所谓的'君子'，他们是'尊者'、'亲者'与'贤者'的精致融合物。"③

秦灭六国，车同轨，书同文，废封建行郡县，开始韦伯所谓的"家产制的国家形式"④，专制帝国由此肇始并遥遥绵延。儒学在汉代成为"王官之学"，政治和文化意识形态归于大统。按钱穆所言，儒家在"礼"中补上了"仁"，是"以'仁'济'礼'"。"惟仁即顾及群体，即仍有礼之存在，仍不能无等第。""古宗教以上帝、天子、民众为三位一体；儒家则以个人、大群与天为一体。"⑤儒家并非毁掉"亲亲尊尊贤贤"和"君道、父道、师道"三位一体的根基，不过力图以"仁"为"礼"来做"画龙点睛"，就"仁孝基本，可以推

---

① 秦晖：《"大共同体本位"与传统中国社会》，载秦晖《传统十论——本土社会的制度、文化及其变革》，复旦大学出版社 2003 年版，第 61-126 页。
② 王国维：《殷商制度论》，《观堂集林》（上），中华书局 1959 年版，第 475 页。
③ 阎步克：《士大夫政治演生史稿》，北京大学出版社 1996 年版，第 74、56 页。
④ [德] 马克斯·韦伯：《儒教与道教》第二章，洪天富译，江苏人民出版社 2010 年版，第 107 页。
⑤ 钱穆：《国史大纲》（上册），商务印书馆 1996 年版，第 352、354 页。

广身、家、国、天下以及于天人之际，而融为一体"。虽然秦、汉每逢大事，略存"春秋列国贵族世卿"①之风，但尊于一统已无疑义。

这种身、家、国、天下融为一体的体制，使得"家庭的精神"，"成为终古无变的宪法'精神'"，"中国纯粹建筑在这一种道德的结合上，国家的特性便是客观的'家庭孝敬'"②。其在政治上的典型特征是："一个具有神圣不可动摇的传统的王国与一个具有绝对自由的专横和仁慈的王国并存。"③恰如费正清描述清朝政府那样："具有人的特性。皇帝被渲染成父亲般的人物。"④"人的特性"，当然不是证明晚清帝国统治的仁慈，而是展示天子和子民天生的内在关系，是血气相连，一脉相通，犹如树根与树枝。因而，这一单细胞有机体的所有一切，都归之于其根基，归之于这个"父亲"。"'父母'的身份强化了君权的不可置疑性，但多少也把统治者拉向了人间，减少了君权的神性而增加了其人文色彩。"正如"'父母'不会不犯错误一样，君主也非永远正确无误，因此他就有接受训导规谏的必要了"。属于"子弟"身份的臣民，当然只能安之于被统治者的地位，但是同时，这也使"'子弟'多少保有了一些规谏长辈的传统义务。《汉书·郅恽传》：'臣为陛下孝子，父教不可废，子谏不可拒'，即是承自此义"⑤。

在这样的政治和社会架构中，"士"——中国传统知识分子就扮演起一种特殊的中介角色——通上达下。有趣的是，杜维明用了"看门狗"——美国人习惯比喻报刊的术语——来说明中国"士"的这种作用："不仅要看住王室，也要看住平民百姓。他们能够帮助少数统治者在社会中维持法律与秩序，拥有某种矫枉为正的强制力量。一般情况下，他们会以教师的身份通过道德说教施展影响。同时，他们也会代表人民，向上级官员申冤。当他们认为王朝的过失尚可弥补时，就充当批评者和监察者；假如他们觉得当今朝代的腐

---

① 钱穆：《国史大纲》（上册），商务印书馆1996年版，第352、354页。
② ［德］黑格尔：《历史哲学》，王造时译，上海世纪出版集团2006年版，第113—114页。
③ ［德］马克斯·韦伯：《儒教与道教》第二章，洪天富译，江苏人民出版社2010年版，第107页。
④ ［美］费正清、刘广京编：《剑桥中国晚清史》（上卷），中国社会科学出版社1985年版，第22页。
⑤ 阎步克：《士大夫政治演生史稿》，北京大学出版社1996年版，第96页。

败过程不可扭转,也会预言新王朝的诞生。"①借助"士"的"言责"与"教化之责"兼于一身,中介上下,"就使得业已颇为分化的官僚帝国政权和颇不分化的广大乡土亲缘社区,更为有机地整合起来了"②。

士的"言责",给我们展示了前现代中国除了前所提及之外的另一条信息交往线路,即民间的言论。依余英时所言,公元前4世纪中叶齐国稷下之学的兴起,意味着"不治而议论""不任职而论国事"的风气兴起。所谓"不治""不任职",就是"不在官僚系统之中",保持"士"的身份,对"政事""国事"加以"议论"。"议论",乃为"批评"之义。"稷下学有两个特点最值得注意:第一是君主待知识界领袖以师友之礼;第二是这些知识界领袖的专职即是各持其道以批评故事。"③中国历史上的"士传言、庶人谤、亲戚补察、瞽史规诲","采风民间",都在显示了这一种深厚而久远的传统的存在④。当然,也包括了梁启超们念兹在兹不断回溯的"谏木谤鼓"。顺便指出,中国现代报刊的"文人论政"之风,无疑也是这一传统的延续。

稷下的流风到秦变为博士制,这不只是名字的改变,更是性质的变换。博士制与稷下制最大的不同,余英时概括为二:第一,稷下先生命曰列大夫,是爵比大夫,不在正式官制之中。换句话说,他们不是官吏,保持着知识分子的自由身。秦汉的博士,则是太常的属官,秩比六百石。第二,稷下先生与王侯间保持一种师友而不是君臣的关系,秦汉的博士制与此不同。博士既为官僚系统中之一员,他和皇帝自然只能是君臣关系,秦的博士制度是"以吏为师"的一种制度化。通过博士制的建立,以前自由身份的教书匠(师)便转化成为官僚系统的"吏"了⑤。自此之后,士"不复能恃'道'与帝王的

---

① [美]杜维明:《中国古代儒家知识分子的结构与功能》,载许纪霖编《20世纪中国知识分子史论》,新星出版社2005年版,第39页。
② 阎步克:《士大夫政治演生史稿》,北京大学出版社1996年版,第204页。
③ [美]余英时:《士与中国文化》,上海人民出版社1987年版,第56-57、59-60、104页。
④ 阎步克:《士大夫政治演生史稿》,北京大学出版社1996年版,第96页。
⑤ [美]余英时:《士与中国文化》,上海人民出版社1987年版,第65-67页。

'势'抗礼了"。纵然如此,"博士承自稷下的议政之风,仍不能见容于大一统的政权","势"长"道"消已是不可逆转。从汉到清,政统给道统所正式规定的位置大体上就是如雍正帝所讲的,惟自尽其臣子之常经①。具有政治功能意味的"民间议论",由此被收拢于君王之下,充当君王的"耳目",形成"清议"之风尚。虽然持"道"可以直谏甚至死谏,但总属臣子对君王的"忠心"且不能不看君主的脸色。"岂余身之惮殃兮?恐皇舆之败绩。""荃不察余之中情兮,反信谗而齌怒。"屈原的悲怆之声,不绝于中国历朝历代,有多少知识文人,虽"忠心可鉴"却终因得不到君王的赏识而郁恨终身。

其实受挤压的并非只是"民间",充当皇家耳目的"谏官"命运同样好不到哪里,"自宋以后,言谏组织不断萎缩,谏官职权不断转向。唐代台谏并立,至宋代,虽设谏院,但谏官的职责已不是主要谏诤君主",而是针对"朝政阙失"和大臣百官的谏正,大臣至百官非任其人,三省至百司事有违失,皆得谏正。元代干脆取消谏院,余下的给事中转隶起居院。明代将给事中改为六科给事中,其职权基本与御史同。到了清代又索性将六科并入都察院,科道合一。"至此,谏官随着皇权的极端发展而销声匿迹。""究其原因,是由于它妨碍了至高无上、至尊无二的君权的恶性膨胀。"②

余英时以为,稷下宫类似于柏拉图、苏格拉底的学院,"都是一方面自由讲学,一方面又自由议政"。所异者,稷下为官立,后者是私立因而更为自由③。现象或许如此,支撑其后的观念则未必。苏格拉底、柏拉图生活的时代,思想自由被视之为如空气般理所当然,"有知识的希腊人所以能保持宽容态度者,就因为他们是理性的朋友,并无权威支配着理性"④。韦伯说得很透彻,西方哲学,比如希腊各派,都是以自由城邦的问题为取向的,因此"公民"的义务而不是"臣民"的义务,是他们的基本课题⑤。可是,作为战国学派中的

---

① [美]余英时:《士与中国文化》,上海人民出版社1987年版,第65—67页。
② 邱永明:《中国古代监察制度史》,上海人民出版社2006年版,第5页。
③ [美]余英时:《士与中国文化》,上海人民出版社1987年版,第66—67页。
④ [美]J.B.伯里:《思想自由史》,宋桂煌译,余星校,吉林人民出版社1999年版,第24页。
⑤ [德]马克斯·韦伯:《儒教与道教》,洪天富译,江苏人民出版社2010年版,第184页。

不仕派——稷下派，以钱穆之解，"全逃不出儒、墨两家之范围"，甚至包括所盛唱的"其不仕之高调"，也是窃取于此前儒、墨两家的类似之论①。稷下游士虽也拒斥权威，甚至与国君师友相称，其精神实质，实属儒家消极一面的极端化，即因无力与贵族抗衡反不得不受之尊养，便"转成一种高自位置、傲不为礼的态度"②；至于养贤者一方，怕不无"礼失求诸野"之姿态。无论如何，均非希腊式的"理性"或者"自由"所主导，正本溯源，也就是"民本"思想之脉络。民本基调是以民为政治目的，"民为贵，社稷次之，君为轻"，故养民保民成为人君最大职责③。从儒家统治思想看，民本是仁政的表现，行仁政者，才能长治久安。就"民本"自身而论，仍不失一种以国为重的视野，也就是要体察民意，了解民心，解民之困，以求统治的安定稳固。"民本"既可以是统治者的一种道德价值立场，是"德治"的基础，所谓的"为民做主"，甚至"为民服务"；"民本"也可以是一种功利性的策略，所谓的"安抚人心"之义，是一种统治术。因而，古代中国的"稷下宫"到"清议"，或者"庶人传言"、郑子产"不毁乡校"的"导之使言"，均不同于西方的"公共意见"（public opinion）。归根结底，许其言或不许其言，其言多言少，言对言错，凭之于君王的判断和掌控，同样不准溢出其"耳目喉舌"之轨道。

三、"太史陈风"：西来的"新"报

中国现代报刊就是在上述的观念和制度背景中，伴随着耶稣的勇兵——西方传教士的到来而出现，首创者为1815年的《察世俗每月统记传》。这个号称要"灌输知识，阐扬宗教，砥砺道德，而国家大事之足以唤醒吾人迷惘，激发吾人之志气者，亦兼收而并蓄焉"④的宣传品，充其量不过为华人呈现了第一个非官方的定期出版物，虽然能看到者甚是有限。创办于1834年1

---

① 钱穆：《国史大纲》（上册），商务印书馆1996年版，第93—109页。
② 同上书，第104页。
③ 金耀基：《中国民本思想史》，法律出版社2008年版，第10—17页。
④ 《察世俗每月统记传》"序"，嘉庆乙亥年七月。

月的《东西洋考每月统记传》，同样拥有了一个第一次，即刊登了第一篇介绍西方新闻纸的专文，名为《新闻纸略论》。该文从历史和现状，勾勒出西方新闻纸的基本面貌：新闻纸先出产于意大利，是买卖性质的，一文钱一份，所以也就叫"加西打"（gazette）；最初是官报，后来允许民办，但出版发行控制制度各有不同（有的要先送官看，不准议论政事，也有的可随自议论，但不能违法）；报纸的刊期不一，并且与杂志有别（后者登"论博学之文"）；报纸数量庞大，英、美、法三国最多而且禁忌最少。短短数百字，内容丰富，堪称西方现代报刊历史的浓缩。即便从今天的眼光看，它的介绍大略也是站得住的[1]。《新闻纸略论》对于当时的中国人是否有影响或者有多大的影响均不可考，但《东西洋考》曾在中国人中间传播，则是能够确定的[2]。借此我们也可以下这样的一个定论，无论如何，在中国土地上出版的《东西洋考》，不仅使更多内地中国读者有机会亲眼目睹了现代刊物，并且第一次让中国人对于西洋"新闻纸"有了一个概念[3]，对其历史变迁的基本面貌亦存有了初步印象。难怪有人把《东西洋考》的出版，等同于鸦片战争这样的大事件，"此后中文定期刊物的发行，多少模仿《东西洋考》的格式和内容，诸如香港的《遐迩贯珍》，宁波的《中外新闻》，上海的《六合丛谈》和《格致汇编》，以及北京的《中西见闻》等等，均受此影响"[4]。戈公振则称，"故我国言现代报纸者，或推此为第一种"[5]。

接下来我们把目光跳到1853年的《遐迩贯珍》。该刊物的一个更加引人注目之处（但不知为何迄今仍被研究者所忽略），是它首次把中国的邸报与西洋的报纸做了区分：前者只有上谕、奏折——这些隶属于朝廷的举动大略；后者，内备"各种信息"，而且可达平常人家。一有要事，顷刻间四方尽知其

---

[1] 爱汉者编、黄时鉴整理：《东西洋考每月统记传》，中华书局1997年版，第66页。
[2] 同上书，第25页。
[3] 方汉奇：《中国新闻事业通史》（卷一），中国人民大学出版社1991年版，第391页。
[4] 蔡武：《谈谈〈东西洋考每月统记传〉》，载熊月之《西学东渐与晚清社会》，上海人民出版社1994年版，第114页。
[5] 戈公振：《中国报学史》，生活·读书·新知三联书店1955年版，第68页。

详。泰西各国的这种常见之物，在中土却是"向无所有"①。"向无所有"四字，就刊物自身而言，不啻是一个公开宣称，有意给予中国人一个强烈刺激，从而引起他们的关注和阅读；不过由此也可推测，当时中国人对西洋报刊的认识怕是懵懂之至，故不得不特地点明"向无所有"，以促使国人了解其与中土固有交流媒介或手段之本质区别。也许是出于同样的考虑，比《遐迩贯珍》晚一年，在宁波出现了一份《中外新报》，成就了中国新闻史和新闻思想史上的一个开天辟地之举：在报名中嵌上一个"新"字，与中国原有的邸报划清界限。接续就有了1862年的《上海新报》、1868年的《中国教会新报》②。此后，关于现代报纸的知识介绍越来越多，比如《教会新报》中就有"各国新报馆数"③；有泰西报纸常常议论国事遂使官场生畏④；也有关于英国报纸之速和印度增设新报的报道⑤。

到了19世纪70年代，在十里洋场的上海，新出现一份洋人所办报纸，那就是后来赫赫有名的《申报》。《申报》与《东西洋考每月统记传》的《新闻纸略论》中所描述的新闻纸，有一点完全一致，即非常关注"加西打"，并且毫不隐讳，本馆就是"为谋业所开者耳"⑥。用戈公振的表述，它是以"营业为前提"⑦，而不是之前那些报刊所声称的传教或者传播知识。

《申报》全名叫《申江新报》，这当然已不新鲜，恰如前面提到，在报名中嵌以"新"字，在1854年的《中外新报》中就已出现。然而，《申报》用最为透彻的表达，把自己与中国旧有邸报彻底切割开：在内容上，邸报只传"朝廷之政事，不录闾里之琐屑"，新报则是"上自朝廷下及闾里……备书于纸"；"邸报之作成于上"，由上而下，新报之类则"作成于下"，来自民间。

---

① ［日］沈国威、内田庆市、松浦章编著：《遐迩贯珍》，上海辞书出版社2005年版，第714-715页。
② 1868年创刊时称《中国教会新报》，1872年8月底改名《教会新报》。为方便，一律称《教会新报》。
③ 《大法国事：禁国事免登新闻》，载《教会新报》，卷六，（台北）华文书局1968年版，第3121-3122页。
④ 《新报之速》，载《教会新报》，卷五，（台北）华文书局1968年版，第2473页。
⑤ 《印度增设新报》，载《教会新报》，卷六，（台北）华文书局1968年版，第2926-2927页。
⑥ 《论本馆作报本意》，载《申报》，清光绪元年九月十三日。
⑦ 戈公振：《中国报学史》，生活·读书·新知三联书店1955年版，第76页。

此种信息来源的不同，导致读者构成有了变化：阅邸报者为"学士大夫居多，而农工商贾不预焉"，不如外国这些报纸，"人人喜阅"。邸报的目的是"备史臣之采择"，为官史做素材，《申报》这样的报纸，"如太史之陈风"①，以反映社会之情形。特别值得关注的是，当林则徐们试以邸报为例②说明新闻纸性质和特点时，《申报》所采的却是中国传统信息交流中的另一历史坐标——"太史陈风"，来对自己做出定位。

"太史陈风"，亦即前面提到过的"采风民间"，据载是中国先秦了解民情民意的一种制度和做法。《汉书·艺文志》云：古有采诗之官，王者所以观风俗、知得失，自考正也。《礼记·王制篇》：天子五年一巡守（狩），命太师陈诗以观民风。何休曰："男女有所怨恨，想从而歌。饥者歌其食，劳者歌其事。男年六十，女年五十无子者，官衣食之，使之民间求诗。乡移于邑，邑移于国，国以闻于天子。故王者不出牖户，尽知天下所苦，不下堂而知四方。"③依林语堂的说法，春秋时期每年的春、秋季节，指派官员到乡下收集民谣，以搜集民情，就是"采诗"或"采风"，并且在他看来，这种以诗句和民谣形式记录民众对当时事件看法，就是中国新闻事业的发端④。《申报》以"太史陈风"为参照来解释新报，其意十分明显，就是要突出现代报刊的"民间"特征，表明与邸报在性质上的不同，后者则是体制内的信息流通渠道。尽管"采诗""陈风"一类，尚属于仁政意义上的"导之使言"，因而像林语堂那样，把"采诗""陈风"之类，作为现代新闻业的源头，并不能反映其真实面相⑤，同样也无助于揭示现代报刊的特殊意义，但《申报》的这个比

---

① 《邸报别于新报论》，载《申报》，清同治十年六月初八日。
② 林则徐曾说："夷人刊印之新闻纸，……即内地塘报也。"〔梁廷枏：《夷氛闻记》，见《鸦片战争》（六），上海人民出版社 2000 年版，第 35—36 页〕梁廷枏在《合省国说》中做了类似比对，美国人"最重而通行者曰新闻纸。传播于市舶所至之国，如中国之邸报"（梁廷枏：《海国四说》，骆驿、刘骁点校，中华书局 1993 年版，第 160、89 页）。也可参黄旦《媒介就是知识：中国报刊思想的源起》，《学术月刊》2011 年第 12 期。
③ （汉）何休注：《春秋公羊传宣公十五年解诂》，转引自北京大学中国文学史教研室选注《先秦文学史参考资料》，中华书局 1962 年版，第 121 页。
④ 林语堂：《中国新闻舆论史》，王海、何洪亮主译，王海、刘家林校，中国人民大学出版社 2008 年版，第 12 页。
⑤ 余英时关于对中国古代民间议论与政治的关系，有很精到的阐释，对我们认识"采风"之类亦不无启发（〔美〕余英时：《士与中国文化》，上海人民出版社 1987 年版，第 1—112 页）。

附，的确抓住了现代报刊的精神气质。此前的《教会新报》强调的是"新报"从"新闻"而来，尚没有进一步阐明"新"是何意，《申报》则以邸报做比照，表示与之非出一类，虽然其目的主要还是为争取并确立自己的读者群体，无疑也因此而在中国人头脑中进一步确立起一个新的媒介形象。后来的《申报》之所以能慢慢受到中国士大夫的关注，其站在民间立场对于中国政治的议论和批评，无形中形成对中华帝国专制统治的挑战，肯定是其中的一个重要原因①。

四、"推吾采诗邸报之法"：以旧识解新知

1895年后，19世纪前期开始进入中国的现代报刊，被中国士人群体所主动利用，民间办报蓬勃而起，从而对原有的政治和社会秩序产生了结构性影响②。从传播的角度看，此种改变之最为引人注目处，就是政治交往的通道以及表达的方式开始改变，甚至是革命性变化。

前面说过，中国传统王朝的信息传播主要是封闭性的上下循环，形成T形的传播体系："在统治阶层内横向流动的水平流程"和由统治阶层"流向被统治阶层，即自上而下的单向垂直流程"③。除了这样的渠道之外，在清朝有所谓的"清议"或"清流"④，亦即源于齐国稷下之学的士人"不治而议论"的传统。"清议"既非全来自民间，并且在野士人的表达（比如上书），亦一定是通过官方渠道才能上达。

这种帝王统掌严控"耳目喉舌"的状况，在晚清士人中激起极大不满，并成为指责批评的主要问题。在某种程度上可以这样说，晚清的政治维新首

---

① 王维江：《"清流"与〈申报〉》，《近代史研究》2007年第6期；卢宁：《早期〈申报〉（1872—1885）的政治参与》，复旦大学新闻学院博士后出站报告（未刊稿）。
② 李仁渊：《晚清的新式传播媒体与知识分子》，（台北）稻乡出版社2005年版，第23页。
③ ［日］和田洋一：《新闻学概论》，吴文莉译，中国新闻出版社1988年版，第20页。
④ 依王维江考证，晚清"清流"意义复杂，不同群体指称不一，需要分辨。这里为方便，笼而统之作为一个现象看（王维江：《谁是"清流"？——晚清"清流"称谓考》，《史林》2005年第3期）。

耳目喉舌：旧知识与新交往
——基于戊戌变法前后报刊的考察

先是瞄准了信息交往制度，并试图从中打开缺口。康有为就多次表示，沟通渠道"壅塞"，已然是中国政治最大的弊病："夫中国大病，首在壅塞，气郁生病，咽塞致死，能进补剂，宜除噎疾，使血通脉畅，体气致强"①，甚至已到了"门堂十重，重重隔绝，浮图百级，级级难通"②，让人实在难以忍受的地步。梁启超正是据此，在《报馆有益于国事》中提出"耳目喉舌"，打算在原来的政治交往结构上，横生出现代报刊及其交往。中国士人从批判旧的政治交往入手，目的是创立一种新的交往。因而，中国士人群起办报，对于晚清中国的最大意义和作用，就是在原有的上下循环的封闭渠道外，另外开辟了一个"耳目喉舌"，形成一种"新的政治人际关系"③："首先是作为分散各地的士人联络之媒介，其次是作为越过层层遮蔽中央的腐败官僚，成为士人直接向有权者进言的管道。"④

既然如此，首先就必须为现代报刊运用的正当性做出证明，以获取合法性依据和当政者的支持。于是，用以往固有的"成形的经验"，对之做出理解和解释，自是在所难免。且看上海强学会所办之《强学报》（创办于1896年1月）第一期上的《开设报馆议》：

> 古者采诗以睹民风，诵诗而知国政，专立太师之官，以主其事。盖诗者，即今之新报。……今查外国报馆，美九百六十二，德五百六十，英一百六十九，法一百二十，意大利一万零五，比利时荷兰九十四，其余欧洲各国，共二百五十。美洲小国，亦一百十五。其报馆之大，如英之太吾士者，每日出七万张，故能下情无壅，邻敌互知，识见日广，人才日多，泰西富强，盖如此也。我中国，邸报开设千年，本远出于西报之前，特未推而广之，采诗之法，又为追而复之。上下内外壅塞耳。为

---

① 康有为：《上清帝第二书》《上清帝第三书》，载《戊戌变法》（二），上海神州国光社1956年版，第152、174页。
② 康有为：《上清帝第一书》，载《戊戌变法》（二），上海神州国光社1956年版，第50页。
③ 傅勒：《思考法国大革命》，孟明译，生活·读书·新知三联书店2005年版，第56—57页。
④ 李仁渊：《晚清的新式传播媒体与知识分子》，（台北）稻乡出版社2005年版，第368页。

民隐莫达，人才日愚，又以此也。夫泰西能用吾采诗之法，以致富强，吾不能推吾采诗邸报之法，而至愚弱，甚非计也[①]。

这一段话颇值得玩味和推敲。看上去邸报、采诗和新报烩成一锅，其重点，显然在于"采诗"。"采诗"能"睹民风"，"诵诗"可"知国政"，就足以表明"诗"是民间舆情的显示器，"即今之新报"。与之相反，邸报虽也古老，但未能"推而广之"（以《申报》的说法，大约就是"作成于上"，阅者以"学士大夫居多，而农工商贾不预焉"），造成中国"民隐莫达，人才日愚"。西方各国终至"富强"，运用采诗之法——报纸，乃其根本原因。因而推广"采诗之法"，形成《泰晤士报》那样的新报，使得"下情无壅"，"识见日广，人才日多"已是当务之急。可见晚清士人已充分意识到新报是来自民间而非官方之物。这既可能是自传教士报刊以来，耳闻目睹西洋人在中国土地上的各种报刊实践而给他们带来的切身感受，也不排除是因西方人的耳提面命而得到的启发[②]。不仅如此，批评邸报未能"推而广之"，那么，报纸要突破"邸报"——原有政治传播和表达的管道和范围，类似"采诗"遍及民间并广泛反映社会意见，就是必然的逻辑。

然而，"采诗"与邸报，有一点是相通的，即从行动的主体看，都来自官方。如果"邸报"为帝王喉舌，"采诗"则是当政者的"耳目"之延伸——派人走访、体察、了解民情的一种做法，其前提是"言者无罪，闻者足戒"，表示主政者宽宏大量，放下身段倾听你的表达，并不因此获致罪罚。换言之，这是执权者在需要时张开或者延伸自己的"耳目"。因而可以推想，当康梁们以"采诗"来理解现代报刊，他们心目中报刊和当政者就可能是这样一种关

[①] 《强学报》，第一号，清光绪二十一年十一月二十八日。
[②] 比如，对康有为、梁启超有重大影响的李提摩太就不断申说："粤考古昔盛时，有诽谤之木，有蒙瞍之箴，所以通达民隐，宣政事，藉佐一代永平之治。欧洲各国有君主、民主之分，深虑下情壅蔽，因有报馆之设，其意与古相仿。""报馆之设，凡以备人耳目也。中国古无此制，然郑乡校论执政，子产勿毁者，欲就其中择善而从，此物此志也。故其论述之事，皆为当世之切要，以辅廷议之所不及。"〔[英] 李提摩太：《论报馆》《报中杂论跋》，载中国人民大学新闻系编《中国近代报刊史参考资料》（上册），第136—139页，1979年〕

系：上者借此明时局解民情，下者凭此畅所欲言，上下之间往来无阻，国家的血脉由此得以贯通，国家机体运转有序灵活自如。简而言之，办报的出发点和归宿，都是为了国家和政府，仍然是国家的"耳目喉舌"，纵然办报者出身草野。恰如有史家所看到的，此时这些报刊的创办者，无论在朝在野，不过是希望当政者采取改革的措施，既无颠覆原有政治结构之本意，更无取而代之的意图①，相反，是要得到体制内的支持。这就是梁启超《论报馆有益于国事》——首次提出报纸是"耳目喉舌"一文的基本理路：

> 觇国之强弱，则于其通塞而已。血脉不通则病；学术不通则陋；道路不通，故秦越之视肥瘠，漠不相关；言语不通，故闽粤之与中原，邈若异域。惟国亦然。上下不通，故无宣德达情之效，而舞文之吏，因缘为奸；内外不通，故无知己知彼之能，而守旧之儒，乃鼓其舌。中国受侮数十年，坐此焉耳。

虽然"通塞"之道，并非只有报馆，但报馆却是"其导端也"，因而：

> 无耳目，无喉舌，是曰废疾。今夫万国并立，犹比邻也，齐州以内，犹同室也。比邻之事，而吾不知，甚乃同室所为，不相闻问，则有耳目而无耳目；上有所措置，不能喻之民，下有所苦患，不能告之君，则有喉舌而无喉舌。其有助耳目、喉舌之用，而起天下之废疾者，则报馆之为也。……阅报愈多者，其人愈智；报馆愈多者，其国愈强。曰：惟通之故②。

首先，值得注意的是，梁启超是以"国"为对象来论述报刊之重要，"觇国之强弱，则于其通塞而已"；其次，他所谓的"国事"，是"万国并立"之"比邻之事"，是"上有所措置，不能喻之民"和"下有所苦患，不能告之

---

① 李仁渊：《晚清的新式传播媒体与知识分子》，（台北）稻乡出版社2005年版，第119页。
② 复旦大学新闻系新闻史教研室编：《中国新闻史文集》，上海人民出版社1987年版，第25页。

君",如果暂时撇开"万国并立"这一新的背景,梁启超这番话与中国传统的"去塞求通"之类相比,几乎就没有什么新意。他也毫不隐讳自己的思路,文章中追根溯源:"太师陈诗以观民风","公卿大夫揄扬上德,论列政治",就是其鼻祖,报刊不过是此种传统的"现代版"。所以,梁启超式的"耳目喉舌",仍然是长在帝国朝廷(国家)身上,甚至认为本就是其应有之义,只是未能贯彻而已。

至今无法确认梁启超的《论报馆有益于国事》在当时到底有多大的影响,但梁启超这番话并非其个人独见,而是蕴涵着当时办报或呼吁办报者的共同见识则是确切无疑。《知新报》就认为,"报纸,天下之枢铃,万民之喉舌也","不慧于目,不聪于耳,不敏于口,曰盲聋哑,是谓三病,此古今之达忧,天下之大患也"[①],这几乎是梁启超所谓的"无耳目,无喉舌,是曰废疾"的翻版。严复所办的《国闻报》,声称以"通上下"和"通中外"为宗旨,以使"人不自私其利","国不自私其治",由此,"则积一人之智力以为一群之智力,而吾之群强";"取各国之政教以为一国之政教,而吾之国强"[②]。康有为对报馆益国,同样也是很明确很坚定,只要读一读《上清帝第四书》,他心目中所描画的报纸模样就隐然可见。尤其需要值得我们注意的,他试图通过政府渠道推动办报:首先,是要求各级办报,"宜令各省要郡,各开报馆,州县乡镇,亦令续开";其次,要把报纸"日月进呈,并备数十副本发各衙门出览",由此一来,"虽宵旰寡暇,而民隐咸达,官慝皆知",中国政制从前的"蔽隔"之弊,烟消雾散,"解蔽之方,莫良于是"[③]。康有为要办的是建立在各级行政机构的官报,以陈炽的话,是"国之利器"[④]。在后来的《时务报》之争中,马上想到使之改为官报之狠计,怕也不是偶然。谭嗣同则快人快语,一语中的,报纸就是长在"国"身上的"口"("国有口矣"),非属一般个人所

---

① 吴恒炜:《知新报缘起》,载中国人民大学新闻系编《中国近代报刊史参考资料》(上册),1979年,第267页。
② 同上。
③ 康有为:《上清帝第四书》,载《戊戌变法》(二),上海神州国光社1956年版,第187页。
④ 陈炽:《报馆》,载中国人民大学新闻系编《中国近代报刊史参考资料》(上册),1979年,第231页。

有。此种"国口"的主要作用为二：一是宣讲"新政新学"，使"不得观者观，不得听者听"，好比是"予之耳，而授以目"；二是起到类似古之"乡校"的作用，允许民众有说话议论的地方，即"导之使言"①，以明执政者之得失，可保国家之安宁。

晚清帝国政府对于报纸的认识，同样在类似的脉络里。看一下李端棻请求推广学校，培养人才的折子里面所谓的"广设报馆"：

> 泰西每国报馆，多至数百所，每馆每日出报多至数百万张，凡时局政要，商务兵机，新艺奇技，五洲所有事故，靡所不言，阅报之人，上自君后，下自妇孺，皆足不出户而于天下事了然也。故在上者能措办庶务而无壅蔽，在下者能通达政体而待上之用，富强之原，厥由于是。今中国邸抄之外，其报馆仅有上海、汉口、广州、香港十余所，主笔之人，不学无术，所言皆浅陋不足省览。总署海关近译西报，然所译甚少，又未经印行，外间未有得见。今请于京师及各省并通商口岸，繁盛镇埠，成立大报馆，择购西报之尤善者分而译之，译成除恭缮进呈御览，并咨送京外大小衙门外，即广印廉售，布之海内②。

有意思的是，这一折子中的"藏书""仪器""译书馆"以及"游历"四项，都得到了光绪帝的批复，唯独不见对"广设报馆"一条有任何表示，可也没有驳回③。唯一的解释，想必光绪帝对于以报馆扩展自己的"耳目喉舌"，完全是默许和接受，故而无需多此一举。据王尔敏所言，19世纪后半期，朝野上下已明确感悟或醒觉时局之变：其中有足以影响国政之权要，如恭亲王奕訢、醇亲王奕譞、礼亲王世铎；有执行政令之督抚，如南北洋大臣等；此外是一般京官、中下层地方官吏，科甲出身占三分之一，余下则是下层知识

---

① 谭嗣同：《湘报后叙》，载复旦大学新闻系新闻史教研室编《中国新闻史文集》，上海人民出版社1987年版，第39页。
② 李端棻：《请推广学校折》，载《戊戌变法》（二），上海神州国光社1956年版，第296页。
③ 《戊戌变法》（二），上海神州国光社1956年版，第4页。

群体①。可见因变求通已是普遍诉求,而设报达聪正是其时高呼的变通之策。《时务报》由"绅宦主持"②共同创办,亦足以说明这一点。维新失败后,慈禧们之所以对《时务官报》下手,所持理由,是报刊违背了"明目达聪"之初衷,"无裨治体,徒惑人心"③。言下之意,若非如此,报刊是完全没有问题。

当然,这并不是晚清中国已经有了什么言论自由,相反,"在晚清中国,以个人的'自由、平等、天赋人权'为基础的个人权无论作为思想还是作为运动都没有发生过",中国近代所谓的"民权",是"国民权、人民权的意思",是"多数者为了反抗少数者专横自私所追求的全体人民的生存权利",与欧洲"以个人财产权为基础的市民权利从一开始就大不相同"④。与此类似,报为"国"口的认知,恐怕和英美思想传统中,从"自然法则"和功利主义政治哲学出发来理解报刊和个人言论自由、公共表达关系的理解,从一开始也是大不相同的。就1895年前后的士人报刊看,虽然大量是在得风气之先的"上海"——现代意义上的都市——而创办,然而,它们大多是立足城市,放眼国家,是在国家层面的政治评议和讨论,属于"国家报"而不是城市报,因而与这个城市本身,以及其文化和日常生活,没有什么内在的关系。这与《申报》(乃至后来的小报)很是不同。《申报》是一份不折不扣的城市报,它属于上海⑤而不是全国(或许从这样的角度,能进一步理解《申报》,可惜我们的报刊史家们几乎全忽略了这一点)。晚清士人之所以选中上海办报,既有上海的地利优势⑥,更多的怕是看中租界,租界的存在为清廷的干涉树起一道屏障,从而得享办报所不可缺少的自由空间。中国的现代报刊毫无疑义来自西方,"然而规定其实质性内容的接受的基体却是'旧中国'的"。中国固有的

---

① 王尔敏:《中国近代思想史论》,社会科学文献出版社2003年版,第338页。
② 张之洞:《鄂督张饬全省官销〈时务报〉札》,《时务报》1896年9月27日,《时务报》第6册,第9—10页。
③ 《戊戌变法》(一),上海神州国光社1956年版,第101页。
④ [日]沟口雄三:《作为方法的中国》,孙军悦译,生活·读书·新知三联书店2011年版,第50、15、49、15页。
⑤ 同上。
⑥ 时人用"南报"称之。

"耳目喉舌"，就是这样一种渗透于日常社会认知的"基体"，中国晚清是以"自身的前近代为母胎"，背负着"前近代的历史特性"，拥抱现代的新式交往[①]。

五、办报结群：开辟出新的政治交往关系

虽然"耳目喉舌"的观念和制度是古老的，但在晚清中国，毕竟试图以此嫁接来自异国文化中的一种新交往，它不能不突破原有的含义疆界，呈现跨越不同文化的意义。因此，耳目喉舌——现代报刊的介入，无论在话语层面还是实践层面，都不能不生发出新的东西，不能不体现出现代的特征。

几乎所有人都同意，公共性是现代报刊的最主要特征。按照塔尔德的说法："报纸是一种公共书信、公共的交谈"，"一支笔足以启动上百万舌头交谈"；"各地分散的群众，由于新闻的作用，意识到彼此的同步性和相互影响，相隔很远却觉得很亲近；于是，报纸就造就了庞大、抽象和独立的群体，并且将其命名为舆论"；"这就是公共头脑的宏大的一体化过程"[②]。"公共书信"和"交谈"，表明报纸是向所有人敞开，是一个公共交往的空间，具有开放性同时也具有扩张性，这与邸报截然不同。邸报是传达、通报朝廷信息和指令，报纸是嘤嘤其鸣，求其同道同声，激发众人交谈。借用伊尼斯的"传播的偏向"[③]，邸报是倚重"时间"的媒介，其意在于维持帝国王朝的安定稳固，报纸则是以"空间"为重，扩散并影响社会意见。梁启超事后回忆，办《时务报》之初衷就在于"哀号疾呼，以冀天下之一悟，譬犹见火宅而撞钟，睹入井而怵惕"[④]。因而，"今之为文，只能以被之报章，供一岁数月之迻铎而

[①] 比如，康有为自称，所以选择上海作为"推广京师之会"的另一"合群之地"，乃"沪上总南北之汇，为士夫所走集"〔《强学会报序》，载《戊戌变法》（四），上海神州国光社1956年版〕。

[②] [美]加布里埃尔·塔尔德：《传播与社会影响》，何道宽译，中国人民大学出版社2005年版，第235、245—246页。

[③] [美]哈罗德·伊尼斯：《传播的偏向》，何道宽译，中国人民大学出版社2003年版，第27—50页。

[④] [美]《蒙学报·演义报合叙》，载中国人民大学新闻系编《中国近代报刊史参考资料》（上册），1979年，第289页。

已",此种"应于时势,发其胸中所欲言。过其时则以覆瓿焉可也","岂其欲藏之名山,俟诸百世之后也"①。恰正是此类文章,"使读的人不能不跟着他走,不能不跟着他想"②。安德森所谓的"民族的共同体"③,就是以印刷媒体这种公开、同步的想象性关系为基础的。关乎此,康有为似乎是明了于胸并早有盘算:

> 中国风气,向来散漫,士夫戒于明世社会之禁,不敢相聚讲求,故转移极难。思开风气,开知识,非合大群不可,且必合大群而后力厚也。合群非开会不可……陈次亮谓办事有先后,当以报先通耳目,而后可举会④。

办报——通耳目——开会——合群,"报"为"群","群"依"报",现代报刊的切入,自然使"耳目喉舌"架构下的政治交往关系再不复如从前模样⑤。在"耳目"的共通下,晚清的报刊,在自己的身边迅速聚集起一个个共同体。比如身处旅顺的丁其忱,在读到上海出版的《时务报》第四册,勾起了他与《时务报》"总理"汪康年的旧情,于是动笔致意,对汪康年发表在该期的《中国自强策》一文尤为感佩,"议论确切,曷胜钦佩",进而让他也萌发了要求"变法制","以除痼习,振人心"的念头。《时务报》其他"详载中外时事"的文章,也让他觉得"耸动心目","法至善,意甚盛",可以起到"上以当执政者之晨钟,下以扩士君子之闻见"的效果⑥。二十来岁的毛头小伙子包天笑,读到《时务报》感到"好像是开了一个大炮","那时中国还没有所谓的定期刊物的杂志,《时务报》可算是开了破天荒";"我不曾定(订)《时务报》,只是向人借看";"一班青年学子,对于《时务报》上一言一词,都奉

---

① 梁启超:《原序》,载《饮冰室文集》第1册,中华书局1989年版,第1—2页。
② 李喜所、元青:《梁启超传》,人民出版社1993年版,第146页。
③ [美]本尼迪克特·安德森:《想象的共同体》,吴睿人译,上海人民出版社2003年版。
④ 《康南海自编年谱》,载《戊戌变法》(四),上海神州国光社1956年版,第115页。
⑤ 李伯元的《文明小史》第七回说到,永顺府知府借聚众会盟之名,捉拿本意是会文切磋的秀才。可见其时"办会"还是大不易,同时也想见出这种"办会",对当时社会上下可能带来的冲击。
⑥ 参见潘光哲《〈时务报〉和它的读者》,《历史研究》2005年第5期。潘文对于《时务报》的影响以及与各地发生的联系,有着细致、生动和多方面展示。

为圭臬。……全不免都喜新厌故"①。当然，这不是安德森式民族共同体，而是以《时务报》为点所辐射以致展开的政治交往共同体，有点如同托克维尔说的："因为每个人都微不足道，分散于各地，互不认识，不知道到哪里去找志同道合者。""有了报纸，就使他们当中的每个可以知道他人在同一时期，但却是分别地产生的想法和感受。于是，大家马上便会驱向这一曙光，而长期以来一直在黑暗中寻找的彼此不知对方在何处的志同道合者，也终于会合而团结在一起了。"②这是在过去的政治交往旧框式下想象不到并且也是不可能出现的。借用托克维尔的话，是形成了一种"思想贵族"。"一种思想上极其强大的文人贵族，尽管他们在国家的行进中没有实权。在这个批评空间中发展起来的'抽象的文人政治'从此导引了舆论，即'公众的想象力'。"③

想象力首先表现在办报与办会一体，这是晚清报刊的一个突出现象。上海《强学报》是"会"起报生，《时务报》虽不属"会"报，但脚跟甫稳，汪康年们立马萌生办会、办学堂、办藏书楼等计划④，意在扩大影响，结群求变，可见也是殊途同归（后来的"农学会""不缠足会""蒙学公会"等就是明证，《时务报》第三十八册开始专辟"会报"一栏，广泛报道各地兴会情形）。有学者甚至认为，这是"一种将学会与媒体相结合的'机关报'模式"，于日后的启示意义非同小可⑤。会与报结合固是不错，可未必就是"机关报"。机关报的背后当是一个组织，具备明确的宗旨，而晚清时期的学会，大多只是思想倾向的归聚，是因"学"——泛义上的思想、知识而会聚，恰如上海强学会宣称的，为"中国自强而立"⑥。在这样宽泛的旗帜和号召下，最多聚集一个松散的群体，不可能有一个所谓的"机关"。这种"会"虽与政治意向有关联，

---

① 包天笑：《钏影楼回忆录》，山西古籍出版社、山西教育出版社1999年版，第189—190页。
② ［美］托克维尔：《美国的民主》（下卷），董果良译，商务印书馆2003年版，第641、642页。
③ ［美］安东尼·德·巴克、弗朗索瓦丝·梅洛尼奥：《启蒙与自由：十八世纪和十九世纪》，朱静、许光华译，李隶华校，华东师范大学出版社2011年版，第16页。
④ 《吴樵信》："至应兴办之事，如来书各节，亦有缓急。"〔《汪康年师友书札》（一），上海古籍出版社1986年版，第510—511页〕
⑤ 李仁渊：《晚清的新式传播媒体与知识分子》，（台北）稻乡出版社2005年版，第111页。
⑥ 《强学会章程》，载张静庐辑注《中国近代出版史料初编》，上海群联出版社1954年版，第38—44页。

遂与中国传统的"以人为中心"的"朋党"有异①，但同样不是一个严格意义上有严密组织的"机关"。中国报刊史上所惯用的"同人报"，似更符合这样的"报"和"会"的关系。正是借助于报刊及其交往，维新运动成为中国第一个具有现代意味的社会运动②。

如果说，"清季学会的组成，无论其形式或内容，都是广泛的表露思想之转变，以及吸收西方知识之动向"，那么，在1895—1900年间中国所出现的大约73个学会③（其中不少与报纸组合一起），犹如在晚清政治"壅塞"机体上不断蓄积的湍急漩涡，使帝国的政治传播通道和交往模式基石，不断受到冲刷和磨蚀。"耳目喉舌"仍是为了国家，但帝王对于信息交往独尊与独霸的根基已被松动。梁启超在1901年不无得意亦不无夸耀地说："报馆者实荟萃全国人之思想言论，或大或小，或精或粗，或庄或谐，或激或随，而一一绍介之于国民；故报馆者，能纳一切，能吐一切，能生一切，能灭一切。"并禁不住高呼："伟哉，报馆之势力！重哉，报馆之责任！"④

作为思想和言论"荟萃"的报纸，与原有的"谕旨""上书""邸报"一类封闭性渠道截然不同。也许这些言论一开始不无"上书""清议"之痕迹，甚至可以说是一种公开的"上书"和"奏章"（类似后来的公开信）。偏偏就是这个"公开"，以康德的说法，理性的公共使用⑤，与以往中华帝国政治交往和沟通有了本质的区别：一是及时激起相互之呼应，打开了共同参与的方便之门；二是源于宋代的国家兴亡、匹夫有责之政治主体意识⑥，在报刊政治言

---

① 张玉法：《清季的立宪团体》，台北，中研院近代史研究所1971年版，第6页。
② 查尔斯·蒂利认为，现代社会运动须具备三个条件：（1）运动：即不间断和有组织地向目标当局公开提出群体性的诉求主张；（2）下列政治行为方式的组合运用（可称为社会运动的常备剧目）：为特定目标组成的专项协会和联盟、公开会议、依法游行、守夜活动、集会、示威、请愿、声明、小册子；（3）参与者协同一致所表现出的价值、统一、规模，以及参与者和支持者所作的奉献（简称为WUNC）。参见［美］查尔斯·蒂利《社会运动，1768—2004》，胡位钧译，上海世纪出版集团2009年版，第4—5页。
③ 王尔敏：《中国近代思想史论》，社会科学文献出版社2003年版，第191、31页。
④ 梁启超：《清议报第一百册祝辞并论本馆之责任及本馆之经历》，载复旦大学新闻系新闻史教研室编《中国新闻史文集》，上海人民出版社1987年版，第45页。
⑤ ［德］康德：《对这个问题的一个回答：什么是启蒙？》，载［德］詹姆斯·施密特编《启蒙运动与现代性》，徐向东、卢华萍译，上海人民出版社2005年版，第61—67页。
⑥ ［美］余英时：《朱熹的历史世界》（上），第三章，生活·读书·新知三联书店2004年版。

论和思想交往中，有了更为积极和广泛的表现：群起办报，献计奉策，指点江山，文人公开论政遂成时尚。梁启超声称自己是"纵笔所至不检束"①，十分传神地表露出其操笔作文的一种姿势和心态——居高临下，傲视一切，"有所向无前之能，有惟我独尊之概"②。正由于有这样的傲气和自信心，才能把俚语、韵语乃至于外国语法杂糅用之，毫无顾忌。报章遂被看成为"经国之大业，不朽之盛事，人文之渊薮，词林之苑囿，典章之穷海，著作之广庭，名实之舟楫，象数之修途"③。

大清"臣民"在此种"纳一切""吐一切""生一切"而又"灭一切"的政治交锋和激荡中，主体意识的觉醒和政治参与的增强，自是在所难免。随着庚子之变，八国联军攻入北京，清廷宣布新政，知识界更是风涌潮起。在进入20世纪的中国，就报刊而言，与官方离心和对立的倾向越来越明显，报刊联络的对象从上层往下移，更加切断了与官方、中央的关联或依赖，从与官方同一阵线，到以群众、国民为权力的基础来源④。1902年，梁启超不再"清议"而是开始了"新民"，"监督政府"和"向导国民"，取代其原先笼统的"国家兴亡"，成为其新认定的"报纸天职"⑤。1903年的《苏报》同样以为："报馆者，发表舆论者也。……舆论者，与官场万不兼容者也。既不兼容，必生冲突，于是业报馆者，以为之监督，曰某事有碍于国民之公利，曰某官不能容于国民，然后官场有所忌惮，或能渐改良以成就多数人之幸福，此报馆之天职也。此天职者，即国民隐托于报馆者也，苟放弃此天职，即不得谓之良报馆也。"⑥

为"国民"既是天职，"国民"与"臣民"就不能不辨。知识群体虽还是

---

① 梁启超：《清代学术概论》，东方出版社1996年版，第77页。
② 丁文江、赵丰田：《梁启超年谱长编》，上海人民出版社2009年版，第201页。
③ 谭嗣同：《报章文体说》，载复旦大学新闻系新闻史教研室编《中国新闻史文集》，上海人民出版社1987年版，第30—32页。
④ 李仁渊：《晚清的新式传播媒体与知识分子》，（台北）稻乡出版社2005年版，第155、253、316页。
⑤ 梁启超：《敬告我同业诸君》，载复旦大学新闻系新闻史教研室编《中国新闻史文集》，上海人民出版社1987年版，第54—56页。
⑥ 《论湖南官报之腐败》，载《苏报》1903年5月26日，转引自周佳荣《苏报及苏报案》，上海社会科学院出版社2005年版，第85页。

办报办会，但政治主张和宗旨由呼吁救国转向思考如何救国则实属必然。民族主义情绪激昂的日本留学生运动和国内学潮此起彼伏相互呼应，知识群体终由政治思想见解不同而分化。成立于1902年，与知识群体有着多方联系的中国教育会，明确提出"推翻君主专制统治，建立民主共和政治"，并要通过"激烈革命"达到这一目标①，《苏报》则成为其实际上的机关报。恰恰就是《苏报》，首次痛批保皇立宪为"保皇党"，划清革命与君宪之界线②，以革命报刊的角色崛起于中国，勾连起各方活动和关系，俨然是一个新的神经中枢，最终遭致清廷出手，酿成著名的《苏报》案。"如果说，在《苏报》案发生以前，反帝救亡的文字充塞报刊的版面；那么，到此案发生以后，革命排满的激越呼声便逐渐成为进步舆论压倒一切的基调了。"③

　　激越的争斗声同样在日本响起。1905年，同盟会创立，保皇派的机关报《新民丛报》和革命派机关报《民报》短兵相接，在舆论场上拼杀厮搏，打响了中国党派报纸登场的头通锣鼓，"文人论政"开始转变为"党派论政"，所谓的机关报模式于此时才算是基本成型，并成为随后中国报坛的主流。报刊改变了"论政"的方式，同时也型构了新的政治交往关系，"耳目喉舌"虽然仍是向"国"，但其实际的中心和主掌者则是政治组织，"国"之口遂变成"党派"之口，完全溢出原有的政治轨道，围绕着要一个什么样的"国"而你搏我杀。清廷由掌控信息的"中心"——"耳目喉舌"而化为舆论的边缘，被迫急起直追，由原来认为翻刻邸报是属于大逆不道，来了个一百八十度的转弯，正式推行创办政府官报。"当官报主动介入由报刊构筑的言论空间时，显现出此空间对官方权威的抨击已足够强大到让官方不得不模仿他们的方式与之对抗；然而这来往间不啻亦肯定了这种传播形式的功效。"④与其说是模仿，不如说是晚清士人把自己的政治斗争的风格和方式，也强加给了自己的对手。

---

① 桑兵：《清末新知识界的社团与活动》，生活·读书·新知三联书店1995年版，第200页。
② 周佳荣：《苏报及苏报案》，上海社会科学院出版社2005年版，第62、97页。
③ 章开沅：《论1903年江浙知识界的新觉醒》，载严昌洪、许小青《癸卯年万岁》（代序），华中师范大学出版社2001年版，第15页。
④ 李仁渊：《晚清的新式传播媒体与知识分子》，（台北）稻乡出版社2005年版，第155、253、316页。

因此，受到认可的就不只是功效，更是官方认可了这种新的政治关系之存在，认可了不同"耳目喉舌"并争的状况，于是不得不与之平起平坐，在一个层面上进行思想和舆论的争夺。一统的"国之口"不复存在，扩裂为不同党派、群体的"耳目喉舌"。到了民国初年，倏忽间冒出300多个政党，党派报纸纵横交错、互相攻讦[①]，中国报刊以及在报刊推动下的中国，就是如此从帝国迈进了共和国，并直到1949年。

六、旧知识与新交往：作为"耳目喉舌"的报刊

"耳目喉舌"是一种功能，更是一种政治交往关系的形态。中国前现代的"耳目喉舌"，是帝国政治机体上"一出一纳"之环节，由此构筑了整个帝国的政治交往网络。晚清戊戌前后的中国人，正是在这样的理念和制度基础上，接受并使用现代报刊。在他们的头脑里，就结构关系而言，报刊同样类似于固有的"耳目喉舌"，有益于帝王了解国情做出决策，从而改变中国政治交流不畅之弊病。然而，报刊的公开表达，不仅无法被整合纳入到原有的结构关系中，而且为中国传统文人讨论政治提供了体制外的通道，其同时共享，则又带来"结群"之效，形成了不同的共同体。一份报纸就是一个共同体的核心，办报办会遂成一体。原有一体的"耳目喉舌"之政治交往结构虽然仍存，但体制外政治交往的兴盛，使一家独尊成为一家之言，帝国朝廷的"耳目喉舌"不得不和各类"群体"的"耳目喉舌"分庭抗礼，中国由同人政治报刊而政党报刊，政治关系和格局四分五裂。

如果"现代现象是人类有'史'以来在社会的政治——经济制度、知识观念体系和个体——群体心性结构及其相应的文化制度方面而发生的全方位秩序转型"[②]，那么，晚清中国报刊的兴起，首先针对的是政治层面的闭目塞听，"去塞求通"改造"国"之口，是一个基本诉求，并希图借此更新知识

---

① 方汉奇：《中国新闻事业通史》（卷一），中国人民大学出版社1991年版，第1021—1030页。
② 刘小枫：《现代性社会理论绪论》，上海三联书店1998年版，第3页。

（设报达聪），重整秩序，在"三千年未有之大变局"中重新确定自身位置。因此，晚清中国现代报刊的兴起，并非建基于个体觉醒或者天生平等自由的个人主义，相反，倒是沿循着"采风"和"清议"的古训，以匹夫有责的担当和豪气，对国家政治事务发言评议。就国家与社会的二元架构而言，它们应该属于社会的力量，但并非是国家——帝国朝廷的对立面，大约类于国家内部主政者和纳谏者的关系。仅仅用"国家—社会"的一般框架，或许见到的是形而丢掉"神"。所谓的"文人论政"，表面上似是个人抒发的权利，内地里是以国家为中心的另一种"纳言进谏"，更多的不是离心力，而是向心力。从传统看，中国的"耳目喉舌"，从不是以个体自主或个性自由为发端，却一直是以"总体"——国家为基础，以整合一统为目的，亦即沟口雄三的"大同"之含义①。这种痕印，在后来的报纸实践中始终若隐若现。比如，在中国报刊史上影响卓著的新记《大公报》，以"四不主义"为方针，遵循的仍是"言论报国"，其"议论"或者"批评"，均不失为报效国家之忠心。因此，晚清中国报刊的"耳目喉舌"在认知和实践中所呈现的特点，大致呈现这样的趋势：一方面，是围绕"国家"这一中心而表达议论，甚至自以为就是国家的"中心"；另一方面，国家一统的"耳目喉舌"不复存在，分化为不同的"耳目喉舌"：同人、党派、市民以致后来所谓的阶级。李仁渊的概括很中肯："中国言论空间的运作一方面接受西方移植过来的理论，如讲求言论自由、立下理性有条理的章程，另一方面却也同时充斥着国族（或种族）之激情，对政治异己者的强烈排挤；国家存亡、种族富强的议题显然高于任何言论，包括自由民主与科学理性的追求——这些理念本身不是目的，而是强国强种的途径。"②

不能不说明，以"耳目喉舌"为线来追溯中国现代报刊的出现，试图要表明中国式"耳目喉舌"所深潜的含义及其与现代交往的交叠，从中看出中国的特殊性，并不是认为"耳目喉舌"，尤其是在功能上把报刊作为"喉舌"，

---

① ［日］沟口雄三:《作为方法的中国》，生活·读书·新知三联书店 2011 年版，第 12—15 页。
② 李仁渊:《晚清的新式传播媒体与知识分子》，（台北）稻乡出版社 2005 年版，第 247 页。

仅仅是中国的专利,但不同国家的理解以及报刊表现不一,则是无疑的。比如,在大革命前,法国社会就是由许许多多小团体组成的,而每个团体只顾自己,是一种集体个人主义,同时为人们后来熟悉的真正的个人主义做好了精神准备①。所以,同样是文人,当高擎起批评大旗时,就是准备做出"对于人类生产的有灼见的审察和公正的评判"。一个批评家,是以批评为职业的一类社会人,他"不仅具备有条理质疑的客观能力,而且能经久不息地运用这种能力","批评家是能把人引向真理的灵巧的舵手"②。用安东尼·德·巴克和弗朗索瓦丝·梅洛尼奥的话来说,法国的哲学家自认为是贤人,具有一种独立不羁的理性的傲气,是一种取代传统统治阶级的思想贵族,借助于俱乐部、沙龙、学院、报刊、书籍、论著的媒介交流意见,民间社会的文人们把他们个人的内心思想形成某种共识,形成可以与统治者意识抗衡乃至超过它的一种公众意识③。这种以平等相互交流讨论所结成"文人共和国",在17世纪和18世纪间与专制政权平行存在并一直互相纠缠一起直到后者在法国大革命中垮台④。按照基佐的研究,在英国的专制主义中,始终残存着自由主义传统。"封建贵族,至少一部分封建贵族,曾经将其事业和人民联结在一起;皇权,即使在其鼎盛时期,也从来不是权力的全部所在或不受阻挠的绝对权力;国家教会自身在开始进行宗教改革,并发动了大胆的思想上的探索。"议会与国王在17世纪40年代"开始斗争了,这是欧洲向来未曾出现过的情况"。"双方不断进行谈判,双方都不希望有什么结果,甚至并不提出对待的条件。他们彼此间的宣告与书信往来,现在并不是针对对方说话,而是向全国人民说话了。现在双方都是对全国、对舆论说话,都向着人民方面寻求力量,寻求成功。君权的根据、君权的范围、上下两院的特别权利、人民必须服从君

---

① [美]托克维尔:《旧制度与大革命》,冯棠译,桂裕芳、张芝联校,商务印书馆1992年版,第134页。
② [美]安东尼·德·巴克、弗朗索瓦丝·梅洛尼奥:《启蒙和自由:十八世纪和十九世纪》,第8、15—19页。
③ 同上。
④ Dena Goodman, *The Republic of Letters: A Cultural History of the French Enlightenment*, Cornell University Press, 1994, p.12.

主到什么限度、民团、请愿书、分配官职，全变作正式公开辩论的问题。"人民的热情空前高涨，运动前所未有地到处弥漫。"小册子，定期和不定期的杂志，在伦敦和约克以及所有大城镇成倍的增长，无远弗届。其中关于政治、宗教、历史问题、新闻、宗教经论无所不谈，此外还有计划、建议，还有骂人的文章，应有尽有，包罗万象。无论什么问题都有人提出讨论。有许多人自愿在各处叫卖，有的在法庭前，在集日市场里，或在教堂的门口叫卖，人民争先恐后地买来阅读。"[1]这与中国的情形完全不同，无论是文化传统还是对于报刊的认知和使用。韦伯经过中英比较后就斩钉截铁地说，17世纪存在于"英国的、政治上为政府所无法忽视的并且还有'政治性小册子'为其利益辩护的自信的市民阶层，在中国是没有的"[2]。

如果说法、英两国是由于社会的分化、自由、理性启蒙为报刊和批评构建了基础，那么，戊戌前后的中国则是相反，有了报纸而后才有不同的群体——同人到党派。同理，晚清中国也不存在个人主义和自由传统，无论是康熙还是光绪，都不可能像路易十五那样，在一道敕令的前言中说："我们统率着一个自由慷慨的民族，无尚光荣。"[3]有论者以为，直接把西方的"文人共和国"概念引入到中国学术实践的研究有些牵强，至少应该把其中暗含的"宗教与世俗的对立和任何西方的政治理念"驱除出去，仅仅在"知识共同体"意义上来使用"文人共和国"，才适宜作为一个分析中国书写文化传播中学者角色的理论框架[4]，可谓深有见地。最近看到有学者通过对中国户籍登记和监狱制度的考察，认为中国的个体化不是那种"个体性的、自我实现的主体，甚至也不存在福柯所谓的规训主体"，而是另一种"个体化"，是"一种在集体化了的阶层中和社群中"的"个体化"[5]。这是一个很有启发性的观点。

---

[1] ［美］基佐:《一六四〇年英国革命》，伍光建译，靳文翰、陈仁炳校，商务印书馆1985年版，第8—9、172—174页。
[2] ［德］马克斯·韦伯:《儒教与道教》，洪天富译，江苏人民出版社2010年版，第146页。
[3] ［美］托克维尔:《旧制度与大革命》，冯棠译，桂裕芳、张芝联校，商务印书馆1992年版，第152页。
[4] 周绍明:《书籍的社会史——中华帝国晚期的书籍和士人文化》，何朝晖译，北京大学出版社2009年版，第105—106页。
[5] ［美］迈克尔·R．达顿:《中国的规制与惩罚——从父权本位到人民本位》，郝方昉、崔洁译，清华大学出版社2009年版，第18页。

也就是说，中国式的"个体"即便存在，也是一种"集体化了的个体"，总是在对"集体"的依赖关系中才能呈现和被意识。沟口雄三认为，中国的近代（现代）是大同式的近代，从一开始便是一种独特的、带有社会主义性质的，反映在民权上，所主张的不是个人权利，是国民和人民的全体权利，并与经济上丰衣足食联系在一起。所以，中国的近代不是通过"个"而是通过"共"把民生和民权联结在一起，构成一个同心圆[①]。这一切，对我们思考中国报刊"耳目喉舌"的特殊性不无参考作用。

借此不难肯定一点，用欧美，尤其是美国主导的"新闻专业主义"来评判中国的报刊（最多的是选择新记《大公报》为样本），称南辕北辙或许严重了些，削足适履怕也是在所难免[②]。专业主义作为一套制度，使得一个职业的从业者们不只是谋生，而是在整个国家机器链条中不仅能找到自己的合适位置，同时也可以借此掌控他们自己的工作。专业主义意识形态的典型模式，牵涉到一种职业制度在政治经济关系中的特殊位置，以及对其成员的权威和地位的评判。正是为了这个目的，它必须中立化或者至少有效地使对立的意识形态失去效力。因此，它是不同于市场和政治的第三种逻辑[③]。换句话说，专业主义有自身凝望的绝对主体，借此知识分子有了立足社会的基点，同时也具有了反思批判并与政治和商业话语抗衡的资源。就社会渊源来说，专业

[①] ［日］沟口雄三：《作为方法的中国》，生活·读书·新知三联书店2011年版，第16—18页。

[②] 迄今为止，关于中国新闻专业主义研究最权威且最有价值的成果，是陆晔和潘忠党教授的佳作《成名的想象》（载《新闻学研究》2002年第4期）。该文通过对三种不同话语及其表现的描述，令人信服地生动展示了改革开放以来的中国新闻从业者对于"专业名望"的追求、困惑与妥协，让人获益多多。不过，文章把三种话语看成是各自独立的自足体系，同时又自觉和不自觉地将美国的专业主义话语作为镜像，因而其着力的始终是三种话语的冲突和矛盾，重点是与美国新闻专业主义话语的相谐和相悖，至于中国自身文化和报刊历史传统（在文章里仅仅作为一种似隐似显的底色）与这三种话语的牵扯，它们之间可能存在的互相继承、渗透、改造和吸收，包括不同代际新闻从业者在专业想象及其话语中所可能具有的共同文化传统之沉淀和改造，在文章中没有得到充分展现。文章的本意是试图解决中国新闻从业者是如何理解、表述和实践专业主义，亦即成名想象的问题，其实际展开则变成了美国式专业主义话语在中国的表述、实践和评判。所以，其最终的结论就只能是一种外来的新闻专业主义是如何在中国呈现（作者告诉我们是"碎片化"和"局域化"），不是中国报刊文化究竟形成了何种独有的"专业主义"想象，为何是这样的想象，其理论意义何在。依我浅见，后者而不是前者，才应是文章初始问题的必然逻辑延伸及其解决。

[③] Eliot Freidson, *Professionalism: The Third Logic*, Polity Press, 2001, p.17、106.

主义与社会分工、阶层分化，特别是中产阶级①和市场民主的崛起分不开。从政治哲学基础看，同样与"社会契约"的脉络有密切关联。报刊作为社会的独立力量，服务于公共利益，为公众看门，监督政府的所作所为。舒德森（M. Schudson）所做的美国报业社会学考察中，对之有着充分的展示②。威廉斯也认为，考察英国的"通俗报业"（popular press），不能不关注其社会基础，这就是由工业化所引起的新闻生产和发行手段的改进，由工业化和为民主斗争所导致的社会躁动与公民权问题，最后是因为广告改变了报刊制度和经济基础③。

自然，关于这方面还有待更为具体和细致的考察，比如中国不同代际的办报者，不能归于一统而是需要区别。有研究者就认为，"五四"一代比之维新一代，更注重个人生存体验而不是民族国家，因此对于政治有一种疏离感。"五四精英带着比他们任何前辈都更强烈的情绪来表达他们的个人感情，来为他们的忧思而战。"④不过在总体上，这种个人之思即便存在，也难以与"耳目喉舌"的"集体感"抗衡，这既有现实时势的原因，也不能排除文化传统的内在作用，仅用启蒙与救亡二元对立来解说，亦不免有过于简约化之嫌。以此观之，1949年后中国报纸归于一统，清一色是党的"耳目喉舌"，"能吐一切，能纳一切"，或许本就有其文化基础。当然，个体和总体的张力，也是始终隐伏其内驱赶不散，至今依然纠结，"剪不断，理还乱"。

把"耳目喉舌"作为一个描述性的概念，用经验性材料来证明它所具有的含义以及对于实践操作的影响，是本文直至目前主要想做的工作。然而，如果我们在这个基础上再深入一步，可对这个概念做进一步的思考和发掘。

---

① 在20世纪初年，晚清中国出现了"中等社会"一说，但并无明确清晰的标准和界线，就其所指，似涵盖了以士、商、职业人士等等不同阶层不同政治倾向的各种人等。按照陈旭麓所言，是一个具有特定历史内容的复杂的社会实体（陈旭麓：《近代中国社会的新陈代谢》，第十四章，上海人民出版社1992年版）。

② M. Schudson, *Discovering the News: A Social History of American Nespapers*, Basic Books, Inc., Publishers, 1978.

③ R.Williams, *The Long Revolution*, Penguin Books, 1965, p.200.

④ ［美］周明之：《胡适与中国现代知识分子的选择》，雷颐译，广西师范大学出版社2005年版，第245页。

耳目喉舌：旧知识与新交往
——基于戊戌变法前后报刊的考察

当被赋予"耳目喉舌"时，报刊（作为一个机构）就只有存在于两种可能之中：或是功能或是工具，根本没有也不可能有自身的主体地位。换言之，中国的"耳目喉舌"必然是依附于某一个集体／群体／团体的主体身上，否则在社会结构中就无容身之处。"耳目喉舌"之上有一个阿尔都塞式的"绝对主体"，在这绝对主体及其意识形态的"映照"中，报刊才看到自己的"主体"位置[①]，是对象化了的主体。康有为虽然一而再，再而三上书光绪帝，竭力倡导"设报"，可是在其《大同书》的乌托邦设计中，却看不到为"报纸"留有一席之地，或许多少也让我们悟出点什么。这与欧美国家通行的"第四等级"或者"看门狗"完全不同，后者不仅在结构上有其代表性空间，是从结构中生发出来的一个独立阶层之概念，而且报纸也因此获得了自己的主体性。无论其在实践中的表现是否尽如人意，至少在观念意识、制度安排和话语策略上是如此。

所以，"耳目喉舌"所表示的只能是一个通道，而且是单向的通道，不会是一个公共交往的空间。无论是作为实体的概念，还是在喻意层面，它所提供的意涵，都"只供通过，不供活动，目的仅在于流动"[②]。当然，不是说"耳目喉舌"不可能形成乃至促成交往空间及其关系的构成，而是说无论是推动还是促成，都需依赖于其背靠的主体的意志，是根据报刊所属的主体发出的指令，报刊没有自己的独立性。"耳目喉舌"的主体对于关系的要求和想象，就划出了这个被允许的交往空间边界和关系的性质。如"调节人与上帝的总体关系"是宗教的目的，因此，它总不把自己局限于一国人民、一个种族的疆域之中。不仅如此，这种根植于人性本身的特性在宗教身上体现得越抽象越普遍，"便愈能广泛传播，不管法律、气候、民族有何不同"[③]。那么，作为"耳目喉舌"的报刊也要结成和调节关系，不是彼岸而是此岸的人与人之间的关系。报刊隶属主体以何为利益——立足点，自然也就决定了其空间视野及

[①] ［法］阿尔都塞：《意识形态和意识形态国家机器》，载陈越编《哲学与政治——阿尔都塞读本》，吉林人民出版社2003年版，第370—371页。
[②] ［美］桑内特：《公共人的衰落》，李继宏译，上海译文出版社2008年版，第14—15页。
[③] ［美］托克维尔：《旧制度与大革命》，冯棠译，桂裕芳、张芝联校，商务印书馆1992年版，第52页。

其关系之构成，包括所能抵达的空间。齐美尔说，功能是和空间互为关联，功能可以使空间对象固定化。只不过这种确定性，并"不像一个实质的对象物的固定化——人们总是重新发现实质对象物在原来的同一个地方——而是一个转动点的真正在理念上的固定化。这个转动点按照一定的距离、相互作用和相互依附，把各种要素牢牢地凝聚为一个体系"。在这样的情况下，"交往形成的相遇，不再意味着一种力量的相互摩擦，而是意味着一种力量的相互补充，因而意味着力量的增加，力量的增加的需要并且因此也产生着一个空间的支撑点"。①简而言之，功能是交往和关系的功能，反过来，功能也可以凝聚新的关系构成一个关系的支撑点，同时又是对旧有空间关系及其支撑点的破坏和颠覆。放在这样的视野中，梁启超所谓的"有一人之报，有一党之报，有一国之报，有世界之报。以一人或一公司之利益为目的者，一人之报也；以一党之利益为目的者，一党之报也；以国民之利益为目的者，一国之报也；以全世界人类之利益为目的者，世界之报也"②，或许可以有新的读解，至少可使我们稍稍摆脱结构决定论，从报刊自身出发，来思考报刊与人类之关系。

"一人之报，一党之报，一国之报和世界之报"，看上去与平常惯用的"民间报""党报"等等似有交叠，但并非一致。"党报"可以是"一国之报"，反过来，"一国之报"也可以只是为某个政权而不是全体公民。就历史看，中国"耳目喉舌"观念下的现代报刊实践，由于不是来自西方"自然法则"那样的哲学前提，而是"天不变，道亦不变"的伦理合法性，因而不可能着眼于抽象层面的个体与个体交往及其关系，相反，大多是与办报主体所直接经验和代表的利益相连并所限，并以此种"相连的公"③，演绎出自身在道德上的天然优越性，从而将团体或党派精神转化为普遍利益——"国家民族"。在中国的

---

① [德]齐美尔：《空间社会学》，载[德]齐美尔《社会是如何可能的》，林荣远编译，广西师范大学出版社 2002 年版，第 302－303、305 页。
② 梁启超：《清议报第一百册祝辞并论本馆之责任及本馆之经历》，载复旦大学新闻系新闻史教研室编《中国新闻史文集》，上海人民出版社 1987 年版，第 53 页。
③ [日]沟口雄三：《公私》，载陈光兴、孙歌、刘雅芳编《重新思考中国革命：沟口雄三的思想方法》，（台北）社会研究杂志社 2010 年版，第 53－55、73 页。

经验中，政治总是呈现出一种"全输全赢"的态势，"由'全输全赢'博弈中胜利的一方所建立的政权制度，总是这种或那种形式的专制制度"[①]。此种非此即彼，成王败寇反映在报刊中，即是党派的"耳目喉舌"兴盛和拼杀，中间路线的既弱且难以生存，或者就是不触碰政治以自保。"五四"前后徐宝璜等人的学院派，以美国新闻学理论为主要来源，著书立说，再三申明报纸是社会的耳目与喉舌，借此希望能导报刊向"正当之方向而行，为新闻界开一新生面"[②]。可就报刊实际来看，始终未能成为主流。由此想到，用所谓"公共领域"来解释中国报刊，就需十分谨慎和小心，因为就"耳目喉舌"所蕴涵的意义及其实践，通达哈贝马斯的"公共领域"，尚缺少直接可以搭建的理论前提和得以演绎的逻辑。"公共领域"若是需要被"耳目喉舌"的主体所赋予，就已经不是哈贝马斯意义上的那个"公共领域"。沟口雄三通过对于汉字"公"的考证，发现其从来就没有公共空间的意义，所以，"对中国，整体不应以国家、社会等场的意象把握，而应作为关系拓展的意象把握；同样，个体也应作为关系的结点，放在关系中把握，才最接近实际情况"[③]。倘若如此，讨论公共领域就不应是有没有或是不是一类的判断，而是应该换一种提问的方式：报刊以及围绕报刊是一种什么样的关系，谁确定了这样的关系。

因而，文章最后面临的问题，就是如何认识或者评价"耳目喉舌"？或者在旧知识与新交往中的"耳目喉舌"之"转型"？现就综合上面所述，对之在理论上做一点很不成熟的概括，一方面以供批判和讨论，另一方面，希望能激起进一步的思考和研究：

第一，如果前现代中国的"耳目喉舌"，大致可归之于哈贝马斯所谓的"朕即国家"式的"代表性"公共领域，那么，现代报刊引入中国后的确也引起一个转型，但不是向"资产阶级公共领域"的转型，我目前虽然尚不能提

---

① 邹谠：《中国革命的阐释——宏观历史与微观机制》，载邹谠《中国革命再阐释》，何高潮等译，（香港）牛津大学出版社 2002 年版，第 141 页。
② 徐宝璜：《新闻学》，载松本君平、休曼等《新闻文存》，中国新闻出版社 1987 年版，第 281 页。
③ ［日］沟口雄三：《公私》，载陈光兴、孙歌、刘雅芳编《重新思考中国革命：沟口雄三的思想方法》，（台北）社会研究杂志社 2010 年版，第 53－55、73 页。

出一个确切的概念，但有一点很明确，晚清的"办报"而"结群"，主要是建立在"人际关系"上，是"群"天然具有的"义"，笼罩甚至代表了个体，而不是反之，由基于主体意识的私人组成。①

第二，"耳目喉舌"既然是以"群分"，就不能不以群中的"领袖"或者一种"主张"为依归，因而其主要不是作为一个公共讨论和批判的场域，而是宣扬不同政见和主张的通道，是不同"意见领袖"的工具。故而，代表谁，谁为代表，经常成为"耳目喉舌"之纷争重点，《时务报》就是一个典型的个案。

第三，此种"办报群体"并非国家所属，在结构上在国家之外，但意识上则是在国家之内，至少不是国家的对立面。"耳目喉舌"所延续的更多是历史悠久的"清议"传统，是现代版的"清议"，"国"乃其诉求的对象和目标。

第四，犹如李仁渊所见，"西欧公共领域的发展模式是资产阶级与知识分子的结合，而中国的发展显然更系于士人阶层的政治角色"②。尽管"士"的地位和作用，随着中国社会的断裂③而发生了翻天覆地的变化，但"文章报国"的精神脉络或明或暗绵延不绝，并且成为"耳目喉舌"的文化基础，这与构成"资产阶级公共领域"的基础——"公民"精神不同，与欧美大众化报纸兴起后的专业主义有别，中国士人认同的是政治使命感，不是职业角色④。

哈贝马斯在提及"公共领域"研究的问题来源时曾经这样说道："如果从历史的角度能够把握住我们今天所理解的'公共领域'的复杂结构，那么，我们就可以不去对这个概念进行社会学解释，而用它的某个核心范畴对我们所处的社会系统地加以理解。"⑤"耳目喉舌"自然算不上一个社会核心范畴，但是，它与"公共领域"却是有着不同的观念、想象和操作方式，正因如此，

---

① 康有为、汪康年均以明代"复社"做比，似颇能说明问题（汤志钧：《康有为政论集》，中华书局1981年版，第163页；《汪穰卿先生传记》，中华书局2007年版，第40页）。
② 李仁渊：《晚清的新式传播媒体与知识分子》，（台北）稻乡出版社2005年版，第372页。
③ 许纪霖：《"断裂社会"中的知识分子（编者序）》，载许纪霖编《20世纪中国知识分子史论》，新星出版社2005年版，第1—4页。
④ 这个想法受到迈克尔·舒德森启发，他在比较斯蒂芬斯和索尔伯里时说，从前者向后者的转变"是一种从带有使命的人向带有角色（超然的记者）的人的转变"（[美]迈克尔·舒德森：《新闻的力量》，刘艺娉译，展江、彭桂兵校，华夏出版社2011年版，第100页）。
⑤ [德]哈贝马斯：《公共领域的结构转型》，曹卫东、刘北城译，学林出版社1999年版，第4页。

如果我们也能对之发展的历史脉络及其形态有所把握，对于思考和理解我们媒介系统，应该能够提供某些益处，至少可以打开另外一个视野，即除了我们所习惯的政治经济以外的层面——文化，从而丰富我们对于中国传播现代转型及其与中国现代化进程关系的认识。

本文为教育部人文社科重点研究基地重大项目"中文传播思想史"（01JAZJD860002）的阶段性成果。

作者：黄旦，该文发表时系复旦大学新闻学院教授
原载《学术月刊》2012年第11期

遴选意见

《耳目喉舌：旧知识与新交往——基于戊戌变法前后报刊的考察》一文，以华夏特色的"耳目喉舌"隐喻为拆解线索，对清末变局中支撑国人兴办现代报刊的理念及制度基础进行了深入的考辨。作者调用了丰富的中外学术资源，颇具力度地分析了晚清中国现代报刊所承载的新旧交接的历史特性，并对这一方向的研究援用"公共领域""专业主义"等域外成说有所辨误与点醒。该文引证绵密，文笔融雅，文字筋道，是一篇值得阅读，而且需要慢阅读的新闻史论佳作。

写作回眸

创变求新而后知不足

《耳目喉舌：旧知识与新交往》一文的题目是我正在写的一本书的名字，该文是全书的绪论部分。隐约记得初次成稿后，拿去参加当年11月在武汉大学召开的跨文化传播学术会议，并在会上做了报告。后来又做了大的修改，在第二年夏天借上海《学术月刊》社召开的第一届"传播视野中的中国研究"学术讨论会，做了第二次宣读，评点人给予了不少鼓励。2012年底在《学术月刊》发表。2013年又被人大复印资料《中国近代史》而不是《新闻与传播》全文转载，这倒是我没有想到的。

写文章本就是为解决自己想到的问题，不可能一边写一边考虑什么体验或者经验，那也不是学术研究的状态。况且从文章成形到最后发出，期间至少有一年半时间。从文章发表到现在，倏忽间又已是两年有余，即便有那么丁点的什么刺激，也早已无影无踪。因此，实在说不出什么，除非是从头硬编。但又不便违拂了中国社会科学院新闻与传播研究所的好意，以免耽误了他们的整个工作，只好勉为其难，针对文章本身说两句。

就现在看，我自己对这篇文章可以肯定的有这么三点：

第一，跳出了原有报刊史研究的方式和路径。再也不是报道了什么，发挥了什么功能，而是从"耳目喉舌"进去，以此来分析原有的知识沉淀与新的媒介实践所发生的碰撞和变化，从而在新报刊史书写探索上，取得了一点进展。在2007年《新闻大学》发起的中国新闻史书写的讨论中,以及2011年复旦的"超越结构功能主义"的讨论会上,我都就中国报刊史研究提出过看法。这篇文章的发表,或许可以看成是我的那些想法在研究实践中的落实和体现。

第二,文章气度和格局还是比较大。并不就报刊谈报刊,而是试图将之纳入中国文化语境和脉络——"耳目喉舌"的来历及其含义变迁,来把握晚清报刊及其实践,突出其中的特殊性。

第三,文章四不像。是历史又不完全是历史;是新闻传播的问题,但又试图与其他学科,包括既有理论对话。不囿于学科界线,完全是开放的。按我自己的设想,是以历史为经验性材料,对传播研究本土化做一点尝试。

当然,文章的不足很明显,概括一下同样有三:

第一,对于中国古代官制了解甚少,因而在这方面比较干瘪。由此也影响了对于"耳目喉舌"的梳理以及进一步展开,显得不够丰满。

第二,对于清史以及清代邸报状况所知还不够。现在更多是从结构关系上讨论,但这种结构关系在具体实践中的体现究竟如何,有何复杂性,与明代相比是否有什么不同,等等,都没能有更多更丰富展示。

第三,概念化能力很弱。文章最后虽然质疑了现有的一些理论,但至多只是说明不是什么,说不清究竟是什么,无法提炼出一个可以取代的概念。由此充分体现出缺少社会科学系统训练的软肋。

媒介使用、媒介评价、社会交往与中国社会思潮的三种意见趋势

陆晔

陆 晔
Lu Ye

作者小传

复旦大学新闻学院教授,复旦大学信息与传播研究中心副主任。曾为美国南加州大学安纳伯格传播学院富布莱特访问学者、香港中文大学新闻传播学院博士后、英国诺丁汉特伦特大学媒介系访问学者、香港中文大学新闻传播学院访问学者、香港城市大学英语与传播系访问学者、香港大学中国媒介研究中心访问学者、英国格拉斯哥大学媒介研究中心访问学者。

主要研究领域:
媒介组织与新闻生产、受众与效果、广播电视产业与节目策略。

主要研究成果：

独著论文有《影像都市的建构与体验——以2010上海世博会为个案》（《新闻大学》2012年第2期）、《媒介使用、媒介评价、社会交往与中国社会思潮的三种意见趋势》（《新闻大学》2012年第6期）、《媒介使用、社会凝聚力和国家认同——理论关系的经验检视》（《新闻大学》2010年第2期）、《社会控制与自主性——新闻从业者工作满意度与角色冲突分析》（《现代传播》2004年第6期）、《动机、认知、职业选择——中国新闻教育现状与问题调查报告》（《新闻大学》2004年冬季号）、《权力与新闻生产过程》（《二十一世纪》2003年6月号）、《探析市场重构的范式与议题——全球化背景下的美国广电业》（《现代传播》2001年第3期）、《出售听众——美国商业音乐电视台对流行文化的控制》（《新闻与传播研究》2000年第1期）、《适度竞争、协调发展：上海广播电视改革模式探讨》（《新闻与传播研究》1998年第2期）等。

与人合作的论文：

Media Use, Social Cohesion, and Cultural Citizenship: An Analysis of a Chinese Metropolis（Hongkong: Chinese Journal of Communication，第一作者）、News Media Use, Perception, and Efficacy: A Multi-level n Analysis of Media Participation Intention in China（Hongkong: Chinese Journal of Communication，第二作者）、《中国公众媒介知识水平及其影响因素——对媒介素养一个重要维度的实证分析》（《新闻记者》2009年第5期，与周葆华合作）、《报告文学的"事实演绎"：从不同历史时期的文本管窥中国知识分子与国家关系之变迁》（《传播与社会学刊》2008年第6期，与郭中实合作）、《从媒介使用到媒介参与：中国公众媒介素养的基本现状》（《新闻大学》2008年第4期，与周葆华合作）、《媒介素养的"赋权"作用：从人际沟通到媒介参与意向》（《新闻学研究》2007年第92期，与郭中实合作）、《媒介素养、政治认知、媒介功能与媒介使用：理论关系初探》（《传播与社会学刊》2006年第1期，与郭中实、周葆华合作）、《成名的想像：中国社会转型过程中新闻从业者的专业主义话语建构》(《新闻学研究》2002年第71期，与潘忠党合作)、《美国数字电视：在权力结构与商业利益之间的曲折发展》(《新闻与传播研究》1999年第3期，与赵月枝合作）等。

著作：

《新传播形态下的中国受众》（副主编）、《交往与沟通：变迁中的城市（中国传播学评论·第五辑)》（主编）、《媒介素养：理念、认知、参与》（合作，第一作者）、《媒介素养特辑（中国传播学评论·第三辑)》（主编）、《电视时代：中国电视新闻传播》。

还著有教材：《当代广播的电视概论（第二版)》（与赵民合著）、主编《当代广播电视概论》（与赵民合著）；担任华夏出版社"传播、文化、社会译丛"（2003—2013）副主编。

媒介使用、媒介评价、社会交往与中国社会思潮的三种意见趋势

陆 晔

内容提要：

本研究从经验层面检视当今中国社会思潮的三种意见趋势与媒介使用、媒介评价、社会交往之间的关系。研究发现，公众对改革开放和中国社会发展总体持正面肯定评价，但也存在着自由主义、新左派、文化保守主义三种不同社会思潮的意见趋势。电视对社会思潮的影响很大，无论偏向哪一种意见趋势都会积极关注电视内容。互联网的作用不可小觑，上网行为对自由主义思潮偏向，和新左派与文化保守主义意见趋势偏向，预测方向完全相反。与媒介使用相比，媒介评价和社会交往对当今中国社会思潮意见趋势的影响要来得更大。

关键词： 社会思潮 媒介使用 媒介评价 社会交往

中国当下被认为自由主义、新左派和文化保守主义（新保守主义）三种思潮鼎立[1]，代表三种现代化模式的选择和冲突[2]。它们与当下中国政治中心均有部分的一致性与重叠性[3]。这些概念都复杂、有歧义、含混[4]，学理边界模糊、争议不断[5]，但即便提出商榷的学者也承认当今中国确实存在这样的思想倾向[6]，作为社会思潮进行解读也具有合理性[7]。这三种思潮交织缠绕[8]，其形成与20世纪90年代后期中国知识分子的迅速分化有关[9]，1990年代后半期，自由主义和新左派是民间思想舞台上的主要角色，形成二元对立，新世纪文化保守主义出现了，二元对立变成了三角关系[10]。以往对这三种思潮的讨论，往往集中在思想界和知识分子内部。那么，在普通民众当中，是否也存在与这三种社会思潮共生的意见趋势？若存在，在人口统计指标上有哪些特点？与大众媒介的关系又如何？本研究力图从经验层面检视中国公众如何持有与这三种社会思潮共生的意见趋势，及其与媒介使用、媒介评价、社会交往之间的理论关系。本研究无意也无力参与这三种社会思潮的学术论争和评判，只希望针对当今中国社会思想状况，提供来自传播学的阐释和借鉴。由于这一议题的经验研究几近空白，本研究仅为开端，更精确的理论模型还需在后续研究中完善。

---

[1] 徐友渔：《进入21世纪的自由主义和新左派》，2007年，爱思想网站（http：//www.aisixiang.com/data/15141.html）。萧功秦：《从清末改革想到当代改革》，《炎黄春秋》2011年第4期，第23－29页。
[2] 郑大华：《中国文化保守主义研究的几个问题》，《天津社会科学》2005年第2期，第129－136页。
[3] 萧功秦：《从清末改革想到当代改革》，《炎黄春秋》2011年第4期，第23－29页。
[4] 甘阳：《中国自由左派的由来》，2000年10月1日、2日《明报》专稿，爱思想网站（http：//www.aisixiang.com/data/12647.html）。
[5] 席云舒：《自由主义、启蒙主义与知识分子——兼就〈进入21世纪的自由主义和新左派〉与徐友渔先生商榷》《社会科学论坛》2011年第4期，第95－113页。
[6] 李劼：《中国当代思想界的真实图景》，2007年，爱思想网站（http：//www.aisixiang.com/data/15482.html？page=1）。
[7] 任剑涛：《解读"新左派"》，《天涯》1999年第1期，第35－46页。
[8] 王岳川：《中国90年代的激进主义、保守主义和自由主义》，1999年，原载《日本金泽大学文学部丛刊》，中国战略与管理研究会网站（http：//www.cssm.gov.cn/view.php？id=12645）。
[9] 刘军宁：《新左派不是自由主义的对头》，2007年，刘军宁博客（http：//junningliu.blog.163.com/blog/static/118902444200952493620890/）。
[10] 徐友渔：《进入21世纪的自由主义和新左派》，2007年，爱思想网站（http：//www.aisixiang.com/data/15141.html）。萧功秦：《从清末改革想到当代改革》，《炎黄春秋》2011年第4期，第23－29页。

一、概念阐释与研究问题

1. 当今中国社会思潮：自由主义、新左派、文化保守主义及其分野

社会思潮是社会意识的一个重要现象，当代中国社会思潮异常活跃，呈现空前的多样性[①]。萧功秦认为，一种新思潮的出现，往往深刻反映了社会面临的困境，从1980年代始，中国知识分子经历了两次思想分化——80年代末自由主义与新权威主义、90年代末以来自由主义与新左派之间的思想论战——正是在此基础上，知识分子在中国应采取何种政治选择与发展目标以及一系列重要国际国内问题上，形成自由派、新保守主义与新左派三种不同的价值与思想倾向[②]。其思想资源都出自西方的学术界，但都面对1990年代以来中国改革开放中凸显的社会问题[③]，涉及对中国国情基本判断、对当代中国重大问题的认识[④]，是中国知识界着眼于中国的改革实践，对重大现实问题进行的思辨[⑤]，也在现代性的整体反思和更宽广的全球背景上展开讨论[⑥]。其主要对立和争论体现在以下几个方面：市场经济与社会不公，中国加入WTO和全球化，中国国情，如何看待"文化大革命"，如何评价五四新文化运动，中国的现代化，与极端民族主义立场有关的国际问题[⑦]。

[①] 赵曜：《当代中国社会思潮透视》，《中国特色社会主义研究》2002年第1期，第36—41页。
[②] 萧功秦：《当代中国知识分子的思想分化及其政治影响》，2007年，中国战略与管理研究会网站（http://www.cssm.gov.cn/view.php?id=12642）。
[③] 甘阳：《中国自由左派的由来》，2000年10月1日、2日《明报》专稿，爱思想网站（http://www.aisixiang.com/data/12647.html）。谢岳：《"新左派"与自由主义的政治学之争》，《上海交通大学学报（哲学社会科学版）》2003年第1期，第19—24页。任剑涛：《解读"新左派"》，《天涯》1999年第1期，第35—46页。
[④] 余科杰：《当代中国自由主义思潮的历史演变及其基本特征》，《毛泽东邓小平理论研究》2004年第11期，第77—83页。
[⑤] 杨继绳：《论自由主义与新左派——中国的一场跨世纪争论》，2001年，影响力中国网站（http://www.impactchina.com.cn/gerenzhuanlan/xueshu/2012-10-10/6779.html）。
[⑥] 许纪霖：《两种自由和民主——对"自由主义"与"新左派"论战的反思》，2001年，共识网（http://www.21ccom.net/articles/sxpl/sx/article_2012011051752.html）。
[⑦] 徐友渔：《当代中国社会思想：自由主义和新左派》，《社会科学论坛》2006年第6期，第101—115页。

持自由主义观点的学者①大多主张以市场经济为导向的改革，认为现行改革中严重的不公正并非正常的市场经济的结果，而是权力牟取巨额不当利益造成的，这恰恰与长期实行的计划经济体制有关，也正是市场化改革不充分的结果。因此，规范市场经济体制，倡导政治体制改革，以法治制衡权力，排除权力参与对经济改革成果的掠夺，是自由主义者对中国现状和未来的普遍看法，也是与新左派的分歧所在②。

甘阳将中国新左派称为自由左派，认为其形成于1990年代初，经历了两个阶段，第一阶段着眼于中国国内的政治经济过程，第二阶段更多关乎中国与外部世界的关系，合起来正对应当代中国的基本主题即"改革"与"开放"③。在汪晖④看来中国的问题已经同时是世界资本主义市场中的问题。因此市场必须受国家和社会力量调控⑤。过度的市场化改革是社会不公的根本原因⑥。新左派继承的历史遗产包含1949年以后主流革命政治话语⑦，和对毛泽东思想的继承创新⑧，对"文化大革命"的基本理念抱有相当积极的肯定，对当今中国

---

① 茅于轼：《什么是经济的自由主义》，《读书》1996年第12期，第114－119页。盛洪：《在历史中理解经济自由主义》，2001年，中评网（http://www.china-review.com/sao.asp?id=4527）。许纪霖：《两种自由和民主——对"自由主义"与"新左派"论战的反思》，2001年，共识网（http://www.21ccom.net/articles/sxpl/sx/article_2012011051752.html）。徐友渔：《新世纪对自由主义的重新诠释》，1997年，爱思想网站（http://www.aisixiang.com/data/12662.html?page=1）；《1996年——自由主义》，《社会科学论坛》2005年第3期，第144－148页。秦晖：《自由主义、社会民主主义与当代中国"问题"》，《战略与管理》2000年第5期，第84－92页。朱学勤：《1998：自由主义的言说》，1999年，爱思想网站（http://www.aisixiang.com/data/200.html）。
② 杨继绳：《论自由主义与新左派——中国的一场跨世纪争论》，2001年，影响力中国网站（http://www.impactchina.com.cn/gerenzhuanlan/xueshu/2012-10-10/6779.html）。韦长伟：《新左派与自由主义的论争：产生、分歧与前景》，《创新》2011年第3期，第23－26页。
③ 甘阳：《中国自由左派的由来》，2000年10月1日、2日《明报》专稿，爱思想网站（http://www.aisixiang.com/data/12647.html）。
④ 汪晖：《当代中国的思想状况与现代性问题》，《文艺争鸣》1998年第6期，第7－22页。
⑤ 王绍光：《建立一个强有力的民主国家——玛雅与王绍光谈民主》，2007年，爱思想网站（http://www.aisixiang.com/data/15048.html?page=1）。崔之元：《制度创新与第二次思想解放》，2007年，爱思想网站（http://www.aisixiang.com/data/12724.html?page=1）。
⑥ 谢岳：《"新左派"与自由主义的政治学之争》，《上海交通大学学报（哲学社会科学版）》2003年第1期，第19－24页。
⑦ 杨继绳：《论自由主义与新左派——中国的一场跨世纪争论》，2001年，影响力中国网站（http://www.impactchina.com.cn/gerenzhuanlan/xueshu/2012-10-10/6779.html）。王世诚：《当代中国新左派的历史遗产与未来》，《探索与争鸣》2006年第10期，第12－14页。
⑧ 公羊编：《思潮：中国"新左派"及其政治影响》，中国社会科学出版社2003年版。

融入市场经济与全球化的总趋势提出质疑与挑战①,因此与老左派形成某种共鸣②。相比自由派对现行改革的批判,新左派要严厉得多,基本上是持全盘、彻底否定的态度,甚至主张不改革③。

20世纪90年代以"国学热"为标志,文化保守主义思潮回潮④。2004年12月28日,《原道》编委会为庆祝创刊10周年举办"共同的传统——'新左派''自由派'和'保守派'视域中的儒学"学术座谈会,是三足鼎立的三种思潮的公开碰撞。文化保守主义的关注焦点既是思想文化,也有社会政治与现实⑤,具有强烈的文化民族主义色彩⑥,面对全球性现代化进程重新估价中国传统文化的价值⑦。在现实层面,它力图在市场经济条件下重建传统文化⑧,具有民族本位与反"西化"倾向⑨。

当今中国多元的社会思潮作为学术文化观点和实践,如何在转型中国的社会层面与其他因素相互作用?过往研究往往论断多于实证⑩。公众当中是否存在与这三种社会思潮共生的意见趋势?又与哪些因素相关?便是一个值得从经验层面探讨的重要理论问题。

2. 传统媒介、互联网与当今中国社会思潮

大众媒介对人的意识形态、价值观、政治态度会产生深远影响。美国政治传播学者通过实证研究发现,使用不同形态的媒介,如读报和看电视,在受

---

① 萧功秦:《当代中国知识分子的思想分化及其政治影响》,2007年,中国战略与管理研究会网站(http://www.cssm.gov.cn/view.php?id=12642)。
② 任剑涛:《解读"新左派"》,《天涯》1999年第1期,第35—46页。
③ 徐友渔:《当代中国社会思想:自由主义和新左派》,《社会科学论坛》2006年第6期,第101—115页。
④ 黄玉顺:《"文化保守主义"评议——与〈原道〉主编陈明之商榷》,《学术界》2004年第5期,第142—145页。
⑤ 蒋旭东:《90年代文化保守主义研究述评》,《教学与研究》1999年第11期,第47—51页。
⑥ 张拴平:《当代中国文化保守主义的研究述略》,《社会科学研究》2001年第2期,第84—85页。刘黎红:《近10年来近代文化保守主义研究综述》,《哲学动态》2001年第11期,第21—25页。
⑦ 李维武:《文化保守主义再度兴起的实质、原因与影响》,《学术研究》2008年第3期,第33—45页。
⑧ 陈明:《保守:思潮与主义——九十年代学术重读之四》,《博览群书》2002年第12期,第33—36页。
⑨ 姜志强:《当代中国社会思潮的发展轨迹》,《广西社会科学》2006年第2期,第9—13页。
⑩ 赵曜:《当代中国社会思潮透视》,《中国特色社会主义研究》2002年第1期,第36—41页。王建光:《当代社会思潮及其对中国的挑战》,《探索与争鸣》2004年第10期,第14—16页。朱士群:《当代中国社会思潮:回应与引领》,《安徽师范大学学报(人文社会科学版)》2008年第7期,第390—394页。

众有关政治和社会公共事务认知方面，产生的效果有本质差别①。国内主流政治学者从社会思潮控制机制的角度，将传播视为社会思潮内在的运动方式②。从现实层面看，自由主义、新左派、文化保守主义的兴起与影响，和大众媒介关系密切。1997年11月28日朱学勤在《南方周末》组织了一组纪念当代自由主义思想家伯林逝世的文章，是中国知识界一次面向公众对自由主义理念的全面阐述③。文化保守主义在公众当中产生的巨大影响力，被认为与大众媒介尤其互联网促成中国思想空间的开放有关④。新左派思潮的成型也与大众媒介的推动和催化分不开⑤，不仅大量译介西方马克思主义获得媒介关注⑥，而且与自由派知识分子的理论论战在媒介上展开，学者们也在互联网上切磋、国内外彼此呼应⑦。一项有关新左派思潮对大学生影响的调查报告显示，大学生对新左派学者的不少观点持赞同态度，接触的途径主要是互联网和广播，一半以上的大学生曾浏览过五个以上相关网站，如乌有之乡、毛泽东旗帜、谓我自然、新湘江评论等。

具体到社会思潮与媒介的关系，大体可分为媒介使用和媒介评价两个面向。其中媒介使用部分可参考政治传播的相关研究。有关媒介与政治兴趣、认知、态度、参与在不同概念关系、不同维度的影响，已被一再证实⑧。但有

---

① Iyengar, S., *Is anyone Responsible How Television Frames Political Issues*, Chicago: The University of Chicago Press, 1991.
② 王炳权、梅荣政：《论社会思潮的传播与控制》，《求实》2005年第11期，第81—83页。
③ 徐友渔：《1996年——自由主义》，《社会科学论坛》2005年第3期，第144—148页。
④ 李维武：《文化保守主义再度兴起的实质、原因与影响》，《学术研究》2008年第3期，第33—45页。
⑤ 陈明：《保守：思潮与主义——九十年代学术重读之四》，《博览群书》2002年第12期，第33—36页。
⑥ 同上。
⑦ 萧功秦：《当代中国知识分子的思想分化及其政治影响》，2007年，中国战略与管理研究会网站（http：//www.cssm.gov.cn/view.php?id=12642）。
⑧ Scheufele, D. A., Shanahan, S. & Kim, S., "Who Cares about Local Politics? Media Influences on Local Political Involvement, Issue Awareness, and Attitude Strength", *Journalism & Mass Communication Quarterly*, 79(2), 2002, pp. 427-444. Aart, K. & Semetko, H. A., "The Divided Electorate: Media Use and Political Involvement", *The Journal of Politics*, 65(3), 2003, pp.759-784. Brug, W. van der, Semetko, H. A. & Valkenburg, P. M., "Media Priming in a Multi-Party Context: A Controlled Naturalistic Study in Political Communication", *Political Behavior*. 29(1), 2007, pp.115-141.Kim, D.& Johnson, T. "A Victory of the Internet over mass media? Examining the Effects of Online media on political Attitudey in South Korea," *Asian Journal of Communication*, cd(1), pp.1-18,2006. Yao, Q., "Media Use, *Postmaterialist Values*, and Political Interest: The Making of Chinese Environmentalists and Their Views on Their Social Environment", *Asian Journal of Communication*. 18(3), 2008, pp. 264-279.

关当今中国社会思潮与大众媒介尤其新媒介关系的实证研究几近空白。将媒介使用作为自变量引入本研究，无疑有助于加深对社会思潮与传播互动机制的理解，也有助于拓展有关媒介使用效果的相关阐释框架。

早在1980年代美国学者就通过经验研究发现受众的媒介信任和意识形态倾向有关[1]。然而基于中国的媒介可信度评价研究，多是将公信力作为因变量，极少被视为理论模型中的自变量进行考察[2]。作为一项探索性研究，有必要将媒介评价加入媒介与社会思潮关系中进行讨论。由于中国媒介的特殊性，一方面报纸、广播、电视、杂志、互联网这些不同类别的媒介，常因宣传管理和媒介特质而呈现出议题、内容、观点等多方面的差异性，可能导致公众不同的可信度评价；另一方面，如一项有关中国农村政治信任的研究发现中央政策和地方执行之间的断层，使得老百姓对中央的政治信任要高过地方政府[3]，与之类似，内生于中国政治架构之中、覆盖不同地域的媒介（中央级媒介、地方媒介），以及海外媒介，也有可能在可信度评价上不同。

因此本研究将传统媒介使用、互联网使用、媒介评价作为三组自变量，提出研究问题如下：

> 研究问题1：传统媒介使用如何与当今中国三种社会思潮的意见趋势相互作用？
> 研究问题2：互联网使用如何与这三种社会思潮的意见趋势相互作用？
> 研究问题3：公众的媒介评价如何与这三种社会思潮的意见趋势相互作用？

3. 个体的社会交往模式及其影响

个体的社会交往模式是庞大的概念丛。在日常生活当中社会交往的内在规律变化多端，会根据不同情况，在个体认知的不同层面发生互动。在政治

---

[1] Gunther, A., "Attitude Extremity and Trust in Media", *Journalism Quarterly*, 65(2), 1988, pp.279-287.
[2] 沈菲、张志安：《媒介公信力再探：公信力评价个人层面效果分析》（2012年），将与本文同期刊出。
[3] Li, L., "Political Trust in Rural China", *Modern China*, 30(2), 2004, pp.228-258.

传播研究中，社会交往一向是研究者关注的焦点之一，如社会信任（邻里关系、社交圈）和政治制度信任、投票承诺之间的关系[1]。美国"威斯康辛学派"的研究发现，社会交往网络会令个体接触到各种不同的政治观点，尤其在与他人谈论社会公共事务时，若遭遇不同的意见，就会"迫使"个体重新思考和定义自己在社会问题上的立场态度，其中朋友圈子的大小、差异性和社会交往的多元性，都会对政治认知和政治参与产生影响[2]，尤其多元社会交往网络显著的正向贡献[3]。尽管政治传播研究往往将社会交往作为媒介使用与政治参与影响模型的前置变量[4]，但由于有关社会思潮、媒介使用与个体社会交往模式关系的实证文献极其缺乏，本研究作为一项尝试，暂时将社会交往的理论位置与传统媒介使用、互联网使用和媒介评价并置，提出探索性的研究问题如下：

研究问题4：个体的社会交往模式如何影响三种社会思潮的意见趋势？

二、测量

1. 人口统计指标

本研究数据来自复旦大学《新传播形态下的中国受众》数据库，总样本

---

[1] Kim, J., "'Bowling Together' isn't a Cure-All: The Relationship between Social Capital and Political Trust in South Korea", *International Political Science Review*, 26(2), 2005, pp. 193-213.

[2] McKuen, M., Speaking of politics: Individual conversational choice, public opinion, and the prospects for deliberative democracy, In J. Ferejhon & J. Kuklinski(Eds.), *Information and Democratic Process*, 1990, pp. 59–99. Urbana: University of Illinois Press.McLeod, J., Scheuffle, D., Moy, P., Horowitz, E., Holbert, L., Zhang, W., Zubric, S., & Zubric, J., Understanding deliberation: The effects of discussion networks on participation in a public forum. *Communication Research*, 26(6), 1999, pp. 743-774.

[3] Leighley, J. E., "Social interaction and contextual influences on political participation", *American Politics Quarterly*, 18, 1990, pp. 459-475.Scheufele, D., Hardy, B. W., Brossard, D., Waismel-Manor, I. S., & Nisbet, E., "Democracy based on difference: Examining the links between structural heterogeneity, heterogeneity of discussion networks, and democratic citizenship, " *Journal of Communication*, 56, 2006, pp. 728-753.

[4] Scheufele, D. A., Nisbet, M. C., & Brossard, D., "Pathways to participation? Religion, communication contexts, and mass media", *International Journal of Public Opinion Research*. 15, 2003, pp.300-324.Nisbet, M. C., Moy, P., & Scheufele, D. A. Religion, communication, and social capital, Paper presented to the Political Communication Division of the International Communication Association, San Diego, CA, May 2003.

量 N=37279。人口统计指标包括以下：性别（1=男性，2=女性占 50.6%）；年龄（均值 43.07，标准差 15.39）；教育程度（中位数：初中）；个人收入（中位数：1000~1199 元）；家庭收入（中位数：2500~2599 元）；样本地域特征（1=直辖市/省会市辖区占 44.4%；2=地级市市辖区占 22.0%；3=县或县级市占 33.6%）；是否党员（1=从未入党；2=曾经和现在是党员占 11.5%）；是否团员（1=从未入团；2=曾经和现在为团员占 39.7%）。

2. 社会思潮的意见趋势

这一组变量（N=30720）考察公众对改革开放和中国社会发展的看法，力图呈现出自由主义、新左派、文化保守主义三种社会思潮在公众中的意见趋势。我们设计了一组 14 个采用五级量表来进行测量的题项，询问公众的主观看法（1 表示非常不赞同，5 表示非常赞同）。从各题项的均值和标准差看，公众总体上对改革开放持正面肯定评价。通过因子分析，剔除了荷载不清晰的 3 个题项，余下 11 个题项分为三个清晰的因子[①]（参见表 1）。因子一为自由主义思潮的意见趋势（中国的政治改革需要扩大老百姓的民主参与；媒体和老百姓需要更有力地监督政府；中国经济要进一步跟世界经济接轨；经济发展需要更进一步扩大市场的力量；总的来说，我国的改革开放很成功。信度系数 0.78）。因子二是文化保守主义思潮的意见趋势（为保护中华文化，应当少放外国电视节目和电影；为保护我国经济，要严格限制外国商品的进口；中国传统文化比西方文化更优越。信度系数 0.68）。因子三代表新左派思潮的意见趋势（改革开放抛弃了优良的革命传统；改革开放造成了社会的过度不平等；总的来说，今天的中国社会比改革开放以前更糟了。信度系数 0.65）。这三个因子是本研究的因变量。

[①] 本研究所有的因子分析，提取方法均为主成分分析法。旋转法：具有 Kaiser 标准化的正交旋转法（Varimax Rotation）。

表1　公众对改革开放和中国社会发展的看法（1=非常不赞同，5=非常赞同）

	自由主义思潮的意见趋势	文化保守主义思潮的意见趋势	新左派思潮的意见趋势	均值	标准差	alpha	解释的方差%
因子一：自由主义思潮的意见趋势						.78	25.80
1. 中国的政治改革需要扩大老百姓的民主参与	.79	-.02	.07	4.23	.92		
2. 媒体和老百姓需要更有力地监督政府	.77	-.00	.06	4.24	.93		
3. 中国经济要进一步跟世界经济接轨	.77	-.03	-.01	4.18	.94		
4. 经济发展需要更进一步扩大市场的力量	.64	.15	-.05	4.15	.91		
5. 总的来说，我国的改革开放很成功	.62	.26	-.13	4.13	.94		
因子二：文化保守主义思潮的意见趋势						.68	16.96
6. 为保护中华文化，应当少放外国电视节目和电影	-.01	.85	.18	3.13	1.31		
7. 为保护我国经济，要严格限制外国商品的进口	-.03	.79	.24	3.08	1.31		
8. 中国传统文化比西方文化更优越	.33	.62	-.00	3.70	1.13		
因子三：新左派思潮的意见趋势						.65	16.38
9. 改革开放抛弃了优良的革命传统	-.01	.21	.78	3.01	1.26		
10. 改革开放造成了社会的过度不平等	.23	.06	.77	3.42	1.25		
11. 总的来说，今天的中国社会比改革开放以前更糟了	-.27	.12	.70	2.23	1.25		

3．媒介使用

本研究的媒介使用（N=37279），分为传统媒介使用和互联网使用两个面向，每一个面向都由媒介接触时间（见表2）和媒介内容关注度组成。

表2　平均每天媒介接触时间（小时）

	看电视	读报	听广播	读杂志	上网
均值	3.24	.35	.35	.27	1.23
标准差	2.17	.60	.96	.63	2.28

传统媒介的媒介内容关注度分为电视、报纸、广播内容关注度三维度。电视内容关注度由三因子构成：电视新闻关注度（本地新闻、其他国内新闻、国际新闻关注度，α=0.80），电视评论关注度（评论类内容、财经类内容关注度，α=0.69），电视娱乐关注度（娱乐类内容、生活服务类内容关注度，α=0.63）。报纸内容关注度三因子如下：报纸新闻关注度（本地新闻、其他国内新闻、国际新闻关注度，α=0.97），报纸评论关注度（评论类内容、财经类内容关注度，α=0.91），报纸娱乐关注度（娱乐类内容、生活服务类内容关注度，α=0.93）。广播内容关注度三因子为：广播新闻关注度（本地新闻、其他国内新闻、国际新闻关注度，α=0.97），广播评论关注度（评论类内容、财经类内容关注度，α=0.93），广播娱乐关注度（娱乐类内容、生活服务类内容关注度，α=0.92）。杂志阅读内容比较复杂，在本研究中暂不考虑。

互联网使用这一面向，除了互联网使用时间（见表2）外，还有两个维度。一是公众使用互联网从事不同活动的频率：因子一是上网浏览、社交、娱乐（玩网上游戏；在线收听、观看或下载各类视频音频；使用QQ、MSN、SKYPE等聊天工具；浏览新闻；使用搜索引擎。α=0.94）；因子二是上网使用论坛、博客（在论坛、博客发言或更新博客、主页等；浏览论坛或博客。α=0.86）；因子三翻墙是一个单独的题项（使用"翻墙"软件），这是一个极具中国特色的互联网使用方式。另一维度是各种不同原因对公众使用互联网的重要程度三因子：获取"另类"信息动机（获得一些平常不容易看到的内幕信息；接触到国内媒体上不大看得到的境外信息；了解报刊、电视、电台上看不到的话题和观点。α=0.97）；社交动机（结交不同背景的人；扩大社交范围；保持自己的社交圈。α=0.97）；表达动机（无拘无束地想说什么就说什么；针对各种现象、问题发表评论或参与讨论；充分表达自己的想法和观点。α=0.96）。

4. 媒介评价

本研究另一组自变量是媒介评价（表3），由问卷中两组独立问题组成：

不同种类媒介可信度评价（其中电视最高，杂志最低），覆盖不同地域媒介可信度评价（中央级媒介最高，海外媒介最低）。

表3 媒介可信度评价（1=非常不可信，10=非常可信）

	报纸 N=33393	电视 N=36750	广播 N=29940	杂志 N=29215	互联网 N=26309	本地媒介 N=36029	中央级媒介 N=36093	海外媒介 N=28453
均值	6.83	7.55	6.52	5.58	5.65	7.40	8.10	6.78
标准差	2.213	2.054	2.320	2.353	2.501	2.069	1.906	2.298

5. 社会交往

本研究最后一组自变量是社会交往。有两个维度，一是两因子组成的社会交往范围（表4），因子一为交往中上层（由与经理人员、办事人员、私营企业主、专业技术人员、党政领导干部、个体工商户、商业服务业员工这七种人群交往程度的主观评价组成，α=0.85）；因子二为交往底层（由与产业工人、农业劳动者、无业、失业或半失业者的交往程度的主观评价组成，α=0.56）。另一维度是朋友圈子特质（表5），因子一是朋友圈相异（我的朋友圈子里面有从事各种不同职业的人，我的朋友圈子里面有来自各个社会阶层的人，我结交的朋友们有各种各样的业余生活喜好。α=0.78）；因子二是朋友圈相同（我大多数的朋友都和我有相似的家庭经济背景，我大多数朋友跟我在生活中有相似的兴趣爱好，我大多数朋友和我的生活品位都差不多。α=0.74）。

表4 社会交往范围：您和下面这些人交往频率如何（包括各种方式和形态的交往）
（N=25861。0=从不，1=很少，5=经常）

	交往中上层	交往底层	alpha	解释的方差%
因子一：交往中上层			.85	35.62
1. 经理人员	.83	-.00		
2. 办事人员	.80	.09		

续表

	交往中上层	交往底层	alpha	解释的方差 %
3. 私营企业主	.75	.27		
4. 专业技术人员	.70	.07		
5. 党政领导干部	.64	-.03		
6. 个体工商户	.56	.50		
7. 商业服务业员工	.55	.49		
因子二：交往底层			.56	20.13
8. 产业工人	.35	.56		
9. 农业劳动者	-.15	.74		
10. 无业、失业或半失业者	.02	.76		

表5　朋友圈子特质：下列说法多大程度符合您的情况（N=33834。1=非常不符合，5=非常符合）

	朋友圈相异	朋友圈相同	alpha	解释的方差 %
因子一：朋友圈相异			.78	35.04
1. 我的朋友圈子里面有从事各种不同职业的人	.87	.12		
2. 我的朋友圈子里面有来自各个社会阶层的人	.80	.11		
3. 我结交的朋友们有各种各样的业余生活喜好	.79	.23		
因子二：朋友圈相同			.74	33.10
4. 我大多数的朋友都和我有相似的家庭经济背景	.05	.83		
5. 我大多数朋友跟我在生活中有相似的兴趣爱好	.17	.82		
6. 我大多数朋友和我的生活品位都差不多	.25	.74		

三、数据分析和研究发现

多元线性回归模型（表6）显示，人口学变量当中多个选项显著预测社会思潮的意见趋势。其中年龄与三种意见趋势都是正向关系，尤其年龄越大越显著正向预测文化保守主义思潮和新左派思潮的意见趋势。越倾向于自由主义思潮的人，偏向于男性、党团员、较高的教育程度和个人收入，且越有可能来自县、县级市这样的"小地方"。持新左派意见趋势的人，偏向于较高的家庭收入、非党非团员，且越是来自直辖市或省会城市这样的大都市。意见趋势上的文化保守主义者则较为集中在低教育程度、低家庭收入人群中。

表6 社会思潮的意见趋势与人口学变量、媒介使用、媒介评价、人际交往的线性回归模型（N=16215）

	自由主义思潮的意见趋势	文化保守主义思潮的意见趋势	新左派思潮的意见趋势
人口学变量			
性别（女）	-.03***	.01	-.01
年龄	.02*	.11***	.05***
教育程度	.04***	-.07***	-.01
个人收入	.03**	.01	.01
家庭收入	.01	-.03*	.02*
样本地域特征	.02*	.01	-.07***
党员（是）	.02**	.01	-.04***
团员（是或曾是）	.07***	-.01	-.03**
R方（%）	5.0***	5.4***	1.0***
传统媒介使用			
媒介使用时间			
看电视时间	.01	.010	.011
读报时间	.00	.002	.033**
听广播时间	.00	-.002	.052***
读杂志时间	.03***	-.036***	-.016*
电视内容关注度			
电视新闻关注度	-.00	.031***	.015*
电视评论关注度	.02*	.022*	.010
电视娱乐关注度	.06***	.036***	.044***
报纸内容关注度			
报纸新闻关注度	.05***	-.007	.002
报纸评论关注度	.01	.011	.012
报纸娱乐关注度	-.02*	.006	-.004

续表

	自由主义思潮的意见趋势	文化保守主义思潮的意见趋势	新左派思潮的意见趋势
广播内容关注度			
广播新闻关注度	.04***	-.013	-.049***
广播评论关注度	.01	.013	-.027**
广播娱乐关注度	.03**	-.017*	-.053***
增加的R方（%）	3.1***	1.1***	0.9***
互联网使用			
上网行为			
上网时间	-.01	-.01	.01
浏览社交娱乐	.04*	-.07***	-.04*
使用论坛、博客	.04***	-.06***	-.03*
翻墙	-.03***	.02**	.01*
上网动机			
社会交往动机	-.01	.02	.05***
意见表达动机	-.00	.03	.06***
获取"另类"信息动机	.05***	-.03*	.03*
增加的R方（%）	0.9***	0.7***	0.4***
媒介评价			
不同类别媒介可信度评价			
电视	.05***	.06***	.01
报纸	-.01	-.01	-.06***
广播	.02	-.04**	-.01
杂志	-.06***	.07***	.04***
互联网	-.01	.03**	.06***
覆盖不同地域媒介可信度评价			
本地媒介	.00	.06***	-.06***
中央级媒介	.23***	.02	-.06***
海外媒介	.04***	-.06***	.07***
增加的R方（%）	8.9***	1.8***	1.5***

续表

	自由主义思潮的意见趋势	文化保守主义思潮的意见趋势	新左派思潮的意见趋势
社会交往			
社会交往范围			
与社会中上层人群交往程度	-.08***	.01	.00
与社会底层人群交往程度	.06***	.05***	.06***
朋友圈特质			
拥有与自己相异的朋友圈	.15***	.01*	.04***
拥有与自己相同的朋友圈	.17***	.05***	.04***
增加的R方（%）	5.3***	1.8***	0.8***
总的R方（%）	23.2***	9.6***	4.6***

* $p<0.05$，** $p<0.01$，*** $p<0.001$

传统媒介和互联网使用都对社会思潮的意见趋势有预测作用。从媒介使用时间上看，读杂志时间长，正向预测自由主义、反向预测文化保守主义和新左派思潮的意见趋势；而且偏向新左派的人群，会更经常读报和听广播。在传统媒介内容关注度的三组变量上，以报纸内容关注度和社会思潮之间的关系最弱，只有报纸新闻关注度和报纸娱乐关注度分别正向和反向预测自由主义思潮的意见趋势；电视内容关注度总体上与社会思潮的三种意见趋势都是正向关系——对电视内容关注度越高的人，在意见趋势上越偏向文化保守主义；越关注电视娱乐内容的人，越既可能认同自由主义思潮，也可能越认同新左派思潮，只不过前者同时还会越关注电视评论，而后者同时越关注电视新闻。广播内容关注度的三个变量，都反向预测新左派思潮的意见趋势，也就是说，无论更多喜欢哪类广播内容，都更不认同新左派思潮。广播新闻和娱乐关注度均正向预测自由主义思潮；而文化保守主义思潮的意见趋势则与广播娱乐关注度是反向关系。

互联网使用上，尽管上网时间与社会思潮无涉，但上网行为和上网动机都与社会思潮在不同变量上呈现出一些显著的预测关系。自由主义思潮的偏向者，和新左派与文化保守主义偏向者，上网行为恰恰相反：前者更偏爱网络的浏览、社交、娱乐功能，也喜欢在论坛、博客上浏览、发帖，但较少使用翻墙软件；后两者不经常上网浏览、社交、娱乐，也不经常使用论坛、博客，但却更多翻墙。这一特征在文化保守主义者身上更为显著。偏向新左派思潮意见趋势的人，上网动机无论社会交往、意见表达还是获取其他渠道不易获得的"另类"信息，比其他二者都更明确和强烈；自由主义思潮偏向者只与获取"另类"信息有正向关系，同时这一动机的重要性越高，就越不会偏向文化保守主义。

从增加的 R 方看，有关媒介评价的这组变量，对于社会思潮的预测力是很强的，甚至在自由主义思潮这一因变量上，超过了人口学变量的预测力。从媒介类别上看，对电视可信度评价高的人，会显著认同自由主义和文化保守主义思潮；越相信报纸的公信力，则越不认同新左派思潮。对杂志和互联网的信任程度，正向预测文化保守主义和新左派思潮；不过越相信杂志就越不认同自由主义思潮。自由主义偏向者对中央级媒介的可信度评价更高；更具本土、地方特质的文化保守主义者，对地方媒介可信度的评价更高；新左派思潮的意见趋势持有者则认为国内媒介无论中央级还是地方媒介都不可信，他们更相信海外媒介，在这一点上他们与自由主义者达成一致，与文化保守主义者完全不同。

社会交往是另一组对于社会思潮有较强预测力的变量。从社会交往范围看，与社会底层打交道越频繁，以及不管其拥有与自己相同还是相异的朋友圈，都有助于在社会思潮的意见趋势上有更强的判断，这些变量均强烈正向预测三种社会思潮。同时也要注意到，那些越多与社会中上层打交道的人，越不会形成自由主义的思想倾向。

四、结论与讨论

作为一项开创性实证研究，本研究首先描摹出当今中国社会思潮的大致样貌：一方面公众对改革开放和中国社会发展基本持正面肯定的评价，另一方面也确实因对中国现状和未来的看法不一致，存在着自由主义、新左派、文化保守主义三种社会思潮的意见趋势。

其次，人口学变量对社会思潮有一定预测作用。年纪越大越能形成对社会较为固化的看法。显然高教育程度和高收入者，多为改革开放的受益者，因此偏向自由主义思潮，对改革开放正面肯定，并寄望于中国未来进一步加大改革力度和融入世界。样本地域特征在预测自由主义和新左派思潮上的反向特征，说明越是小地方越直接感受到改革开放带来的正面变化，且相对较少受到全球化的直接冲击，因此这一类人会较多关注市场经济和全球化的积极意义；而那些生活在大都市、更直接体察到资本主义消费文化影响的人，更可能着眼于对市场经济的批判。由于很多时候党团员不仅是个体政治身份也代表社会主流认同的方向，因此可视为自由主义思潮更接近社会主流，新左派思潮相对更边缘。低教育程度、低家庭收入与文化保守主义思潮的正向关系也说明持这一意见趋势的人群处于相对弱势的社会地位。

本研究的四个研究问题都获得了有价值的答案。杂志这一较小众、内容多样的媒介种类，与偏向自由主义意见趋势的人群的生活方式比较吻合，但与新左派和文化保守主义者的生活形态都格格不入。电视作为最普及、受众广泛的媒介，对社会思潮的影响是很大的，无论偏向哪一种社会思潮都会积极关注电视内容，尤以偏向文化保守主义思潮的人群为甚。偏向新左派和文化保守主义意见趋势的人群都不关注广播内容，这或许与广播中较多流行文化元素有关，比如音乐广播频率在广播收听市场上的巨大优势。

与媒介使用相比，媒介评价和社会交往对当今中国社会思潮意见趋势的影响要来得更大。个体的社会交往与社会思潮意见趋势之间的共振关系十分明显，尤其朋友圈子，无论是自己的同好还是异类，都有助于个体形成对社会的看法。值得关注的是，三种不同社会思潮的人群，在传统媒介和互联网使用，以及两个不同维度的媒介评价上，都有着较为明晰的分野。尤其广播内容关注度和上网行为这两组变量上，偏向自由主义、更处于社会主流地位的人群，和相对边缘、弱势，偏向新左派和文化保守主义意见趋势的人群，有着完全相反的预测方向。这可被视为不同种类、不同地域覆盖的媒介，已经在很大程度上形成了信息内容、意见观点、价值取向等多维度的多元互补。

另外，针对同一种类媒介，媒介使用、媒介评价、媒介信任对同一因变量的预测关系，既有可能同向（如偏向文化保守主义意见趋势的人，对广播内容关注度和广播可信度评价都比较低），也有可能相反（如偏向自由主义意见趋势的人，读杂志的时间较长，对杂志可信度的评价却较低）。这其中更为复杂的概念关系和理论建构，有待在下一步研究中拓展和完善。

说明：

1.本研究所有的因子分析，提取方法均为主成分分析法。

旋转法：具有Kaiser标准化的正交旋转法（Varimax Rotation）。

2.由于篇幅所限，媒介使用部分的因子分析表格未列出。读者如需要可与作者联系。

作者：陆晔，该文发表时系复旦大学新闻学院教授，
复旦大学信息与传播研究中心副主任
原载《新闻大学》2012年第6期

遴选意见

《媒介使用、媒介评价、社会交往与中国社会思潮的三种意见趋势》一文，关注社会发展与社会思潮，并将其与传播学研究联系起来，提出了具有重要理论意义和重大现实意义的研究问题，即在公共知识分子中存在的自由主义、文化保守主义和新左派之争，是否也存在于民众之中？如果存在，其思潮与人口特征、社会交往、传统媒介使用、互联网使用以及媒介可信度评价的关系是什么？这一研究问题的提出具有开创性。从方法上来说，本文是一项严谨的经验研究的成果，值得后来者借鉴。

写作回眸

为传播学研究积累实证经验

　　《媒介使用、媒介评价、社会交往与中国社会思潮的三种意见趋势》一文，刊载于《新闻大学》2012年第6期，是复旦大学信息与传播研究中心《新传播形态下的中国受众》一组共7篇论文之一，同时刊出的还有《新传播形态下的中国受众》项目说明，统一交代了项目缘起和研究方法。现本文单独刊出，特将项目说明的相关内容呈现于此，供读者参考。

　　包括本文在内的7篇论文，使用的数据均来自复旦大学新闻学院"211"工程三期重点学科建设项目《中国当代社会变迁和大众传媒》（项目编号：211XK03；项目负责人：李良荣）。在复旦大学新闻学院的大力支持下，复旦大学信息与传播研究中心承担了该项目子课题《新传播形态下的中国受众》，于2009年完成了《新媒体技术环境下的上海受众》问卷调查，并在中文核心期刊和英文SSCI期刊发表了相关研究成果。在此基础上，课题组于2010年开展了《居民生活和媒体使用》全国问卷调查，作为《新传播形态下的中国受众》研究的数据库。

　　本次调查的开创性意义有三。

　　首先，本研究的样本目标总体为全国31个省、直辖市、自治区（不含港澳台）的所有城镇、农村家庭户中的18岁以上的常住人口，不仅具有全国的代表性，而且覆盖范围广，在每一省（直辖市、自治区）内部（省会城市市辖区、地级市城市市辖区、县和县级市）都能满足比较研究的需要，进行独立个案分析。自1970年代末传播学受众研究引入中国以来，本土研究取得了长足发展，但多数调研要么在全国范围内考察某一类型受众（如视听率、互联网用户调查），要么样本集中在某一地域或研究目标聚焦受众的某类行为，且对策性大于理论性。像本研究这样，从传播学、社会学、政治学、心理学理论出发，对全国受众较为完整全面的描述和概括，尚属首次。

其次，本次调查的问卷包含6部分内容，即媒体使用、日常生活与新媒体、媒体认知与评价、认同与态度、个人背景资料，以及家庭视听设备情况。这其中不仅包含了传统受众研究的内容，如受众针对传统媒介使用在时间、内容选择上的基本行为、内容偏好和评价，还包含了针对互联网、手机等新媒介对受众媒介接受行为和受众群体内部构成改变的相关测量，如新媒介的互动性和社交性。更重要的是，本次调查直面中国改革开放和社会转型的现实问题，通过对受众媒介认知与评价、认同与态度的考察，力图整合"受众－用户－公众"的概念框架，无论是对加深有关中国媒介－受众－社会关系的理解，还是对拓展传统传播学受众研究理论的视野和深度，都具有重要的理论意义。

最后，作为首次大规模全国范围的受众研究，本研究为中国传播学研究积累了重要的实证经验，提供了十分必须的基础性数据库，具有长远的意义。

本项目执行，包括抽样、访员培训、入户访问、数据录入等，由CSM媒介研究完成。抽样方法采取的是分层的多阶段概率与规模成比例（PPS）的随机抽样方法。全国受众总体划分为31个大层，即31个省、直辖市、自治区。北京、上海、天津、重庆四个直辖市，大层内细分为2层：市辖区子层，县和县级市子层。西藏因人口分布和调查实施的可操作性，大层内细分为2层：省会城市（拉萨）市辖区子层、县和县级市子层。四个直辖市和西藏以外的其他26个省和自治区大层内再细分为3层，分别为：省会城市市辖区子层、地级市城区/城市子层，县和县级市子层。为满足对总体的估计也同时满足对各层抽样框各自总体的估计，样本量确定为34110户，其中除西藏外每大层抽取1110户，西藏抽取810户，每户抽取1名符合资格的家庭成员作为被访者。样本抽取流程为：1.根据有关部门公开的区县市人口统计资料用PPS方法抽取需要调查的区县市；2.各办事处到当地统计局（民政局、公安局）搜集居家村委会的名称及户数资料，用PPS方法抽取需要调查的居家村委会；3.各地收集抽中居家村委会中居住居民户地址资料，采用等距抽样的方法抽取相当于要完成问卷2倍的地址进行访问。最终CSM媒介研究按照这个抽样设计并结合其执行经验，在抽样操作中对各地样本量作了上调，实际完成问卷总量为37279户。

本次调查采用了访员入户面访的形式，由CSM媒介研究2010年7月15日到10月23日展开。访问员、复核员培训与管理流程如下：1.访问员、复核员培训需要经过基础培训、项目培训、模拟访问、试访等环节合格后方可参加正式访问工作；2.培训合格的访问员可以发放问卷等资料进行入户访问；3.问卷等需要分批发放，以控制质量和进度；4.入户访问时间：（特殊项目按具体项目要求执行）城域：休息时段（节假日可全天）即非节假日的当地常规上班时间不可入户访问；乡域：自行安排；5.抽样地址需要3次接触（同一天最多接触2次，2次间时间间隔2小时以上）不到才可以放弃。最终完成每份问卷平均耗时大约61分钟。本次调查除了CSM媒介研究按操作流程进行复查之外，本课题组为保障数据质量设计了单独的复查问卷，委派了专门人员展开了独立的即时复查，及时发现并纠正问题，复查中发现有问题的访问不予采用。总复查面积超过样本总量的20%。采用World Association for Public Opinion Research（WAPOR）推荐的访问成功率计算方式，最终本次调查的成功率为：省会城市为62%；非省会城市各地为69%。2011年6月，CSM媒介研究完成了全部数据录入和基本的数据清理工作之后，本课题组对数据做了全面清理和确认，数据中出现逻辑错误所涉及的样本占总量低于0.3%；由于漏答形成的缺省值最多的低于1%，绝大多数在0-0.3%之间。因此本次调查在执行和数据录入两个方面比较严格，为数据质量提供了保证。

根据抽样设计和具体执行中的调整，样本需要加权处理，以更准确地与母本的分布相吻合。CSM媒介研究的统计专家对加权系数的计算步骤作了如下说明：

"我们共有88个子层，在每一子层（抽样框）中，我们将被访者分成18-24岁男性、25-34岁男性、35-44岁男性、45-59岁男性、60岁以上男性、18-24岁女性、25-34岁女性、35-44岁女性、45-59岁女性、60岁以上女性十个组。假设第i子层，第j年龄性别组的样本个数为nij，第i子层，第j年龄性别组的最新的政府常住人口数为Nij，则第i子层，第j年龄性别组的wij：wij=Nij/nij。"加权后，样本总量增长至986163.44，为使加权后样本总量不变，权重变量作了修正。通过加权前后样本在几个主要变量中的分布对比，显示抽样及执行完成中，样本蕴含了偏重城市居民的倾向。因此使用本调查的数据来估测母本参数时最好对样本进行加权，以矫正抽样中的系统偏误。目前由于尚不确定加权影响，此次提交的论文中一部分使用了未加权的样本。本文分析的是加权后的数据。

… 治学例话 全国新闻传播学优秀论文品鉴（第一辑）

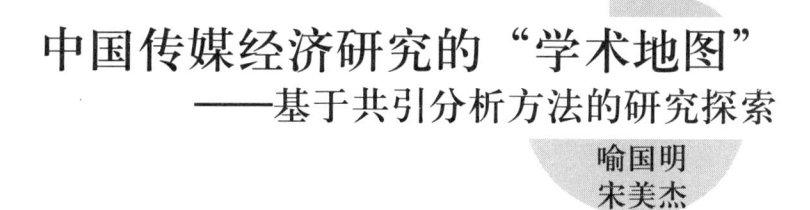

3

中国传媒经济研究的"学术地图"
——基于共引分析方法的研究探索

喻国明
宋美杰

喻国明
Yu Guoming

作者小传

男，1957年9月生。1989年中国人民大学研究生毕业，法学（新闻学）博士。现为中国人民大学新闻学院教授，国家长江学者奖励计划特聘教授。

现任职务及主要社会兼职：

国务院学位委员会新闻传播学学科评议组成员、中国人民大学新闻与社会发展研究中心（国家级社会人文学科重点研究基地）主任。同时兼任：北京市社会科学联合会副主席、中国传媒经济学会会长、中国传播学会副会长、中国电视艺术家协会高校委员会副会长、《中国传媒发展指数（蓝皮书）》主编、《中国社会舆情年度报告（蓝皮书）》主编等。

主要研究领域：

新媒体研究，舆论学，传媒经济与社会发展，传播学研究方法。

主要学术成就：

自 20 世纪 80 年代以来，喻国明一直走在新闻传播学理论和实践探索的前沿，早在 80 年代中，他所提出的关于"传—受互动方格"理论、新闻体制选择的多维性理论以及他对中国新闻改革现实动因和未来走向的分析，等等，都是极富建树的理论创新成果。进入 90 年代以后，喻国明的研究进一步转入将学术前沿的理论与现实的传播实践接轨的方向上来。他一方面广泛吸取国际学术界的最新理论研究成果，另一方面做了大量把握中国传播实际的极有认识和操作参考价值的调查研究项目，有针对性地提出了"必读（视、听）性"的概念；提出了报纸不但是"新闻纸"而且也应该成为"有用纸"的概念；提出了传播产业是一种"影响力经济"的概念。2000 年来，他在新闻传播实践领域，提出了具有广泛影响的"传媒业发展的拐点论"，"从'增量改革'到'语法革命'"以及"整合力是传媒发展的核心竞争力"，均在中国传媒的发展中起到了重大指导作用。近年来，喻国明主要研究领域集中在网络舆情监测、大数据挖掘和将认知神经科学引入到传播学中，出版了"中国社会舆情蓝皮书系列"，提出了具有广泛影响的"社会安全阀""舆论的社会代偿机制"等观点；通过对传媒业相关数据挖掘，形成了中国传媒产业的宏观衡量指标体系——中国传媒指数，出版了"中国传媒指数蓝皮书系列报告"，对中国传媒业的发展进行实时"把脉"；在国内首次将认知神经科学实验手段（如 EEG、ERP 和眼动仪）等引入到传播学研究，并利用该研究方法发表了一系列交叉性科学研究成果，同时也带动了国内传播学研究范式的革新，在喻国明团队的相关带动下，国内新闻传播学界出现了一系列进行类似研究的组织和机构。喻国明公开发表的学术论文和调研报告有 400 余篇。自 1979 年至 2010 年底，其在新闻学与传播学领域的论文发表量居全国第三位，被引文率居全国第二位。

宋美杰
Song Meijie

作者小传

女，1986年10月出生。现就职于福建师范大学传播学院，中级职称，讲师。2013年毕业于中国人民大学新闻学院传媒经济学专业，文学（新闻传播学）博士。主要研究方向为健康传播、网络舆情，代表作《行为理论下的健康信息寻求模型构建——基于北京居民健康信息调查》。

中国传媒经济研究的"学术地图"[①]
——基于共引分析方法的研究探索

喻国明　宋美杰

内容提要：

本文以范式理论为框架，采用共引分析与社会网络分析的方法，结合多元统计分析的数据处理手段，利用 Bibexcel、Citespace 等科学知识图谱的可视化技术，构建出了中国传媒经济研究的学术地图，对中国近十年来传媒经济研究的学术共同体状况与研究问题进行了梳理与归类，进而探究大陆传媒经济的研究范式和科学发展阶段。

关键词： 传媒经济　学术研究　学术地图　范式理论

---

① 本文为中国人民大学科学研究基金（中央高校基本科研业务费专项资金资助）、中国人民大学"985工程"新闻传播研究哲学社会科学创新基地的支持项目成果。本文使用的"中国"一词是指中国内地，不含台湾、香港和澳门地区。

一、本项研究的角度与方法

"范式"一词是由托马斯·萨缪尔·库恩在其1962年的著作《科学革命的结构》一书中正式提出的，是库恩科学观的中心概念。在此书中，库恩用"范式"一词来表示范例、模式、模型等，后又扩大到包括范例在内的重大科学成就，以及科学共同体成员共同持有的一整套规定等。事实上，"范式"这一概念与两个问题紧密关联："科学共同体"和"科学发展模式"。范式革命论是库恩在对自然科学研究史的基础上提出的，但是社会科学研究者发现社会研究领域也存在相似的现象，于是社会科学家将范式与范式革命概念移植到了自己的研究领域。

传媒经济研究的取向较多，包括存在经济学取向、管理学取向、传播学取向、交叉取向等多种争论。从这些取向来看，传媒经济研究范式与传播学范式、经济学范式的关系最为密切，由于本文所研究的对象"传媒经济学"为归属于新闻传播学之下的学科，因此应先对传播学范式进行梳理。

传播学与社会学、心理学、经济学，信息论、系统论与控制论等多学科相互交叉，如施拉姆所言，传播学就如一个"公共汽车站"。波特（1993）、麦奎尔（2002）等学者区分了传播研究的三大范式：社会科学范式、诠释范式和批判分析范式[1]，这种研究典范"三分法分类模式"（trichotomous scheme）似乎更为传播学者所接受[2]，Fink & Gantz（1996）从10个方面对245篇传播学研究学术刊物上的论文进行内容分析研究，发现研究者对传播研究的这三个典范的认同度（conformity）总体较高[3]。

---

[1] 参见［英］丹尼斯·麦奎尔《麦奎尔大众传播理论（第四版）》，崔保国、李琨译，清华大学出版社2006年版，第3章。

[2] Fink, E. J. &W. Gantz, "A content analysis of three mass communication research traditions: Social science, interpretive studies, and critical analysis", *Journalism Mass Communication Quarterly*, 73(1), 1996, pp.114-134.

[3] 金兼斌：《传播研究典范及其对我国当前传播研究的启示》，《新闻与传播研究》1999年第2期。

在传播学的同一范式内部，还存在坚持不同的看法和研究重点的学术共同体（学派 school），如法兰克福学派、文化研究（伯明翰）学派、政治经济学派、多伦多学派、芝加哥学派、耶鲁学派等[①]。这些学派一般拥有比较一致的主张，有核心人物，甚至有的就集中在某一个研究机构。

基于以上的研究综述与研究问题，本研究涉及"范式""科学共同体""科学图谱"几个关键概念，这些概念之间也存在着紧密的内在关联，因此，寻找一个可操作、可以实现并有较强信度与效度的研究方法是研究的关键所在。

目前对于我国传媒经济学领域动态与进展的描述和分析主要采用两种方法：内容分析法与文献综述法。内容分析方面，研究者多选取新闻传播学目前的四大期刊（《新闻与传播研究》《国际新闻界》《新闻大学》《现代传播》）所刊载的文章为研究对象，分析其作者、研究领域、研究方法等方面。此外，也有一些国内学者通过梳理每个年度传媒经济研究领域公开发表的有代表性的论文、研究报告等，基于研究者的专业判断，用文献综述的方式来梳理本年度传媒经济研究的总体状况与学术进展。

眺望其他学科我们发现，文献计量学的相关方法已经成为一种重要的关于学科进展的研究范式，由此所描述出来的科学共同体与学术地图得到了学界较为普遍的认可。引文分析方法中的共引分析与共词分析方法已经广泛应用于经济学、医学、图书馆学等学科以及战略管理、知识管理等研究领域。相对于内容分析法，引文分析法更能体现知识基础与研究问题之间的关联。

事实上，库恩本人也认为对于知识图谱的研究，"访谈和问卷发放一般都用不上，这种共有的原始资料（共同吸收的文献）倒往往最能说明共同体的结构……我应当说，这些著作是一个共同体的'专业基体'要素的主要来源"[②]。

[①] 刘海龙：《大众传播理论：范式与流派》，中国人民大学出版社2008年版，第90页。
[②] [美]托马斯·库恩：《必要的张力——科学的传统和变革论文选》，范岱年、纪树立译，北京大学出版社2004年版。

1. 共引分析

科学知识图谱研究是一个以科学学为基础涉及应用数学、信息科学及计算机科学等交叉科学领域，是科学学和信息计量学的新发展，基本原理是分析单位（科学文献、科学家、关键词等）的相似性分析及测度。[1]根据不同的方法和技术绘制不同类型的科学知识图谱。主要的研究方法为共引分析方法。

1973年美国情报学家亨利·斯莫尔（Small）和前苏联情报学家依林娜·马沙科娃（I.V.Marshakova）基于文献耦合概念提出共引分析的研究方法（被称为共引、同被引），已成为目前文献计量学中应用最广泛的引证分析方法之一。

共引，是指若两篇文献被另一篇文献同时引用，则说明这两篇文献之间存在着密切的关系，经常一起被引用的著者表示他们在研究主题的概念、理论或方法上是相关的[2]。同被引的次数越多，他们之间的学科专业关系就越密切，距离也就越近[3]。共引分析就是利用相关数据库，挖掘具有一定学科代表性的文献，以共引频率为对象，利用多元统计方法，分析文献之间错综复杂的关系，以使得它们所代表的学科、专业结构可视化[4]。共引分析经过不断的延伸与实践，目前主要有作者共引、论文共引、期刊共引与学科（专业）共引几类，这些以不同目标为节点的共引研究都可以为传媒经济学所用，来揭示传媒经济研究的发展现状和变化情况。共引分析这一研究方法的引入，可以为传媒经济学的研究前沿分析、领域划定和研究成果评价提供新的探索路径，并且可以借助数据统计手段和相关软件实现学术地图的可视化。

---

[1] 刘则渊、王贤文、陈超美：《科学知识图谱方法及其在科技情报中的应用》，《数字图书馆论坛》2009年第10期。
[2] 罗式胜、范并思、吴永臻：《文献计量学概论》，中山大学出版社1994年版，第218-220页。
[3] 路红、凌文辁、吴宇驹、黄丹丹：《基于著者同引分析的组织行为学研究知识地图绘制》，《科技进步与对策》2010年第2期。
[4] 宋丽萍、徐引篪：《基于可视化的作者同被引技术的发展》，《情报学报》2005年第24期，第193-198页。

2. 文献选择

在新闻传播学领域中，国外已有应用引文分析法进行研究的尝试。1984年Tankard等人首次采用共引方法分析新闻学研究领域前沿热点[1]。2005年两位华人学者Chang & Tai对2000~2002年间 *Journalism and Mass Communication Quarterly* 进行文献共引网络分析，试图展示传播学科"无形学院"的面貌[2]。但是，在传媒经济领域中，国内外目前都尚无采用如此严谨的引证分析的方式进行研究。

传媒经济已经成为学术研究热点，近年有统计显示，传媒经济方面的论文已达到1000余篇，专著超过200部[3]。本文的意图是构建传媒经济的学术地图并进一步探索传媒经济的研究范式，因此学术论文是本研究的主要分析资料。目前国外的引文数据库主要有SCI、SSCI和AHCI，而国内包含社会科学的数据库仅有CSSCI和CNKI。由于分析单位为高被引论文，目前仅有CNKI数据库可以查到某学科下的论文被引频次，因此本研究采用CNKI为论文筛选的基础数据。

由于大陆传媒经济学没有专业期刊，关于传媒经济的研究散落在各种期刊之中，因此本研究选择了CNKI的"新闻与传媒"数据库（586597篇，3个子库）和"出版"数据库（6265篇）。从两个大库中筛选出了1998年至2009年12年间以传媒经济为主题的，所有被引频次在1次以上的论文总共731篇（简讯、硕博论文不包含在其中），共有引文（参考文献）3027条。去除综述文章[4]以及相同题目发表于不同期刊的文章后得到净化后文献727篇，引文（参考文献）2977篇，引文作者1701人。

---

[1] Tankard, J.W. Jr., Chang Tsan-kuo & Tsang Kuo-jen, "Citation networks as indicators of journalism research activity", *Journalism Quarterly*, 61, 1984, pp.89-96.

[2] Chen, C.M.& Kuljis.J., "The rising landscape: a visual exploration of superstring revolutions in physics", *Journal of the American Society for Information*, 54(5), 2003, p 435.

[3] 李思屈、曾丽颖、胡倩、张碧霞:《中国新闻传播研究30年12大热点》,《中国传媒报告》2008年第1期。

[4] 共引分析的基本原理在于共同被引用的两篇文章间相似性的概率较大，而综述性文章多是对一年发表的新闻传播总体领域文章的盘点和总结，无法体现共引分析的特点，故此去除。

3. 操作步骤

在分析了大量关于共引分析的研究后发现，虽然两者的研究方法上存在一些差别，但是基本的研究流程可以概括为如下几项：

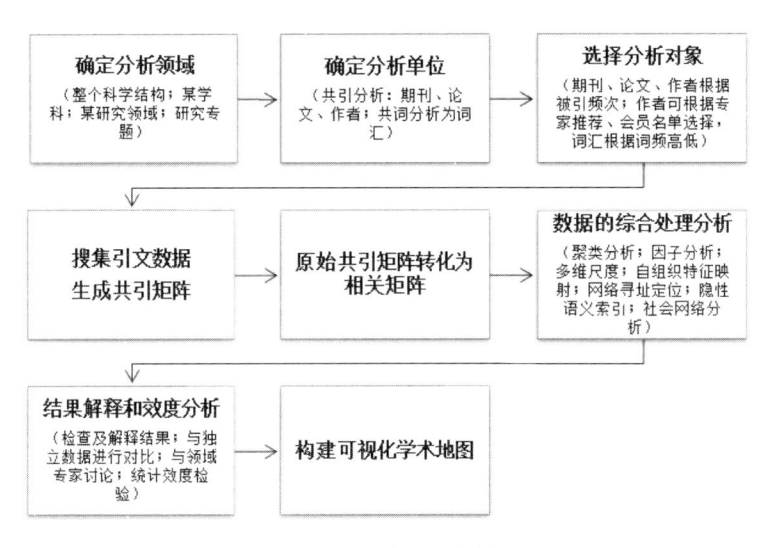

图1 学术地图构建的操作步骤

二、数据处理与分析

1975年，库恩在《再论范式》一文中承认《科学革命的结构》中的"范式"一词无论实际上还是逻辑上都很接近于"科学共同体"，"一种范式是，也仅仅是一个科学共同体成员所共有的东西"[1]。科学共同体是产生科学知识的单位，是在科学发展的某一历史时期该学科领域中持有共同基本理论、基本观点和基本方法的科学家集团。[2]科学工作者们由于学科的不同而分成不同的科学家团体，有的科学家由于学识广博、研究领域宽泛，同时属于好几个团

---

[1] [美]托马斯·库恩：《必要的张力——科学的传统和变革论文选》，范岱年、纪树立译，北京大学出版社2004年版，第288页。
[2] 石磊等：《哲学新概念词典》，黑龙江人民出版社1988年版，第249页。

体。而范式实际上则是科学共同体拥有共同的信念、价值标准、技术手段等，因而某学科的科学共同体是该学科存在范式可能的前提。本文着力于探究传媒经济研究的科学共同体状况以及高被引用的"典范"文献的研究范例，来描画目前大陆传媒经济的学术地图，进而推及传媒经济的研究范式。

首先采用瑞典科学家佩尔松（Persson）开发的文献计量学研究软件Bibexcel进行作者共引分析的共现矩阵构建。首选选取了被引频次在4次及以上的作者，共76人（去除国外作者后剩余65人）。通过Co-occurrence的数据分析方法查询65个作者中每两人间的共同被引用次数，建立了65×65的作者被共引矩阵。

1. 核心研究者——发表、引用与中心度分析

表1 传媒经济研究者综合排序（部分）[1]

排序	作者	被引量	发表量	中心度	总分
1	喻国明	54	21	64.063	88.5
2	李良荣	30	12	57.813	61.1
3	曹 鹏	9	32	20.313	49.5
4	黄升民	29	8	32.813	43.3
5	胡正荣	22	3	42.188	38.7
6	邵培仁	21	6	31.25	35.5
7	陈力丹	12	6	34.375	31.5
8	周鸿铎	20	2	31.25	30.7
9	魏永征	15	5	26.563	28.3
10	昝廷全	16	4	20.313	24.6
11	蔡 雯	11	4	23.438	23.2
12	张国良	14	3	21.875	23.1
13	陆小华	9	2	29.688	23.1
14	朱春阳	4	8	23.438	23.0
15	赵曙光	13	1	26.563	22.9
16	孙正一	9	4	25	22.7

[1] 统计了被引频次在4次及以上的作者的发布传媒经济论文的数量（727篇入选文章中）、被引用的次数（被727篇传媒经济高被引文献所引用的次数）和中心度（65位作者形成的共引网络中心度），采用三个变量等权重的分配方式（三个变量合计满分100），计算出了65位作者的排名，最高分为88.5，最低分为3.3分。

续表

排序	作者	被引量	发表量	中心度	总分
17	陆　地	10	1	28.125	21.8
18	刘　洁	8	0	31.25	21.2
19	唐绪军	9	1	26.563	20.4
20	吴信训	8	5	17.188	19.1
……					

在社会网络分析中，通过分析各节点的中心度数据，可以判断研究者在传媒经济研究领域的学术影响力、研究领域的跨度与桥梁作用以及在研究中的控制地位。中心度的判定包括度数中心度、中间中心度、接近中心度与特征向量中心度等多种分析视角。度数中心度一般测量一个点的核心地位与其他点直接关联的关系，如果一个点与许多点直接相连，则该点具有较高的度数中心。高中心度说明该研究者在传媒经济这一学术群体中处于核心的地位，是该领域的权威，在所属领域地位高。

分析被引频次在4次及以上的传媒经济研究者的论文被引量、论文发表量和其构成的社会网络中的度数中心度计算出类传媒经济研究者的综合排序的前20位（如表1所示）。发表量高，表明该研究者积极参与传媒经济的研究，较为活跃。高被引量则表明其研究质量较高，影响力大。对比同一研究者三个指标的相对差别，可以得出以下发现[①]：

（1）高发表量、高被引量、高中心度的"领军"研究者

喻国明在传媒经济的论文发表量排第二位，而论文被引量和中心度都居第一位。黄升民同样具有较高的发表量，被引量排序第三、中心度排第五。这类在传媒经济领域保持活跃并且有较大学术贡献和影响力的"三高"作者可以称为大陆传媒经济研究的领军人物。

（2）以教材、学术著作为核心的"影响力"研究者

胡正荣、邵培仁、周鸿铎、昝廷全、张国良、赵曙光等人在近十年间发

---

① 通过查找20位高被引研究者的主要研究领域后，排除了主要研究方向并非传媒经济学的李良荣、陈力丹、魏永征、蔡雯、张国良等人，由于以上数据的取得是基于1998—2009年间被引用次数大于1次的传媒经济论文，不包括传媒经济书籍，因此在涵盖范围上不一定可以包含总体。

表的传媒经济领域文章数量并不多，但是都有着较高的被引频次和较高的中心度。其原因是上述研究者编著了大量传媒经济基础教材和学术著作，并被圈内的研究者广泛引用，具有较强学术影响力。因此上述研究者可以归为中国传媒经济研究中的奠定学科研究基础的"影响力"研究者。

（3）高发表量、低被引量的"实践型"研究者

曹鹏在近十年来传媒经济研究领域的论文发表量居第一位，但是有着相对较低的被引量和中心度，这种情况事实上存在于大陆传媒经济研究者之中。由于传媒经济与传媒业现实的发展情况紧密关联，很多传媒业的从业者也将实践经验的总结发表于各类期刊之上。这非常有利于传媒经济研究实际资料和经验的获取，但是由于学术水平和价值不高，因此被引量与重要性偏低。

2. 无形学院——传媒经济研究者的社会网络分析

"无形学院"这个词由英国著名科学家罗伯特·波义耳约在1646年提出，指的是英国皇家学会的前身——由十几名杰出的科学家组成的非正式小群体。在20世纪60年代，这个词为科学社会学家所借用，系指科学界的非正式交流群体。美国科学社会学家普赖斯用这个术语指那些从正式的学术组织中派生出来的非正式学术群体。1972年，黛安娜·克兰出版了《无形学院——知识在科学共同体中的扩散》（1972）一书。该书把无形学院定义为：研究领域的合作者群体中的少数多产科学家形成的交流网络[①]。通过分析传媒经济研究者之间基于共引关系形成的社会网络可以探究出这个群体内部是否形成了基于共同研究领域或研究兴趣而形成的小圈子。

表2 传媒经济研究者"社会圈"

	传媒经济研究者引文派系圈						
1	喻国明	黄升民	邵培仁	陈力丹	陆小华	刘洁	周笑
2	喻国明	胡正荣	赵曙光	周鸿铎	李良荣	陆地	
3	喻国明	黄升民	胡正荣	邵培仁	蔡雯	刘洁	

[①] 彭克宏主编：《社会科学大词典》，中国国际广播出版社1989年版，第1150页。

续表

	传媒经济研究者引文派系圈					
4	黄升民	陈力丹	陆 地	邵培仁	孙正一	
5	喻国明	李良荣	胡正荣	郭庆光	周鸿铎	唐绪军
6	喻国明	刘 洁	吴信训	曹 鹏		
7	黄升民	胡正荣	陆 地	赵曙光		
8	黄升民	陆小华	屠忠俊	朱春阳		
9	喻国明	邵培仁	魏永征	陈力丹		
10	喻国明	蔡 雯	郭全中			
11	黄升民	周 笑	谢耘耕			

将数据转化为二值的对称矩阵后输入 UCNET 软件进行派系分析，将派系的最小成员值设为 3，得到了 25 个派系，之后采用杜卡山（Kadushin）的"社会圈"合并各派系共享 2/3 的成员，而后再合并共享 1/3 的成员。得到了 11 个传媒经济研究的"社会圈"。同一个"社会圈"之中的研究者的研究领域或研究问题较为相近，可以形成传媒经济群体内部的"无形学院"。

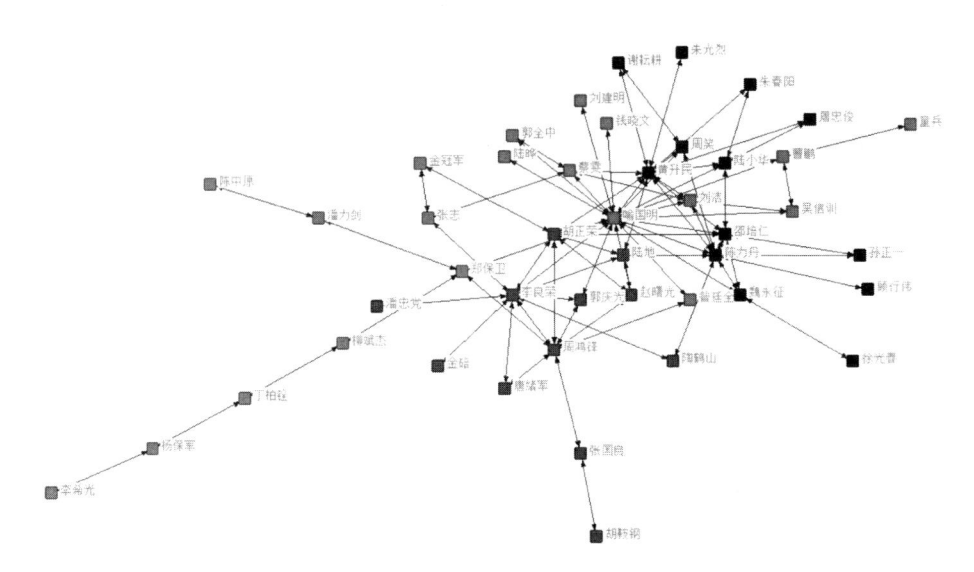

图 2 传媒经济研究者共引分析网络关系

而通过派系分析可以发现喻国明、黄升民、李良荣、胡正荣是25个派系中交叉最多的共享成员，这说明以上4位研究者在传媒经济领域的研究兴趣与成果最为广泛，与较多的其他研究者研究领域相近。也表明传媒经济研究群体中已经出现了无形学院所特有的"文献内容间联系加强……有一个思想领袖，他提出理论或方法上的创新"。但值得注意的是，共引分析网络中有65个研究者，而以上的"社会圈"仅由25位研究者共享[①]。这也揭示多数所谓的"传媒经济研究者"仅是偶尔对某个传媒经济问题进行暂时性研究。

进一步借助社会网络分析，可以划分为4个群体，各群体分别形成了以喻国明、周鸿铎、李良荣、胡正荣、黄升民等为核心的研究者群。同一个群体内部关注的问题与研究的路径较为相近。

3. 研究进路与范式探究——基于统计与共引分析

首先，将获得的原始被共引矩阵转化为相关矩阵，采用Spss18.0软件的Pearson相关系数方式转化为相关矩阵，之后，将采用因子分析、聚类分析、多维尺度分析和社会网络分析的方式来综合判别传媒经济研究中的学术群体状况。首先聚类分析、因子分析结果，结合MDS图呈现的散点群落状况，可以将高被引量的传媒经济作者划分为四个大群体，属于以上同一圈层的研究者被共引的频次较高，这说明他们更可能采取相似的研究进路与研究范式（见图3）。

经过对以上研究者被引论文的逐篇分析可以发现MDS图总坐标轴所代表的区分性意义：横坐标表示研究领域，原点左侧偏向于实务研究，原点右侧偏向于理论研究；纵坐标表示学科基础，原点上部越偏向于经济学学科基础，原点下部越偏向于新闻传播学学科基础。从MDS图整体来看，传媒经济实务用研究较偏重于新闻传播学基础，而传媒经济理论研究偏重于经济学学科基础。

---

① 朱春阳、周笑、周鸿铎、赵曙光、喻国明、谢耘耕、吴信训、魏永征、屠忠俊、唐绪军、孙正一、邵培仁、陆小华、陆地、刘洁、李良荣、黄升民、胡正荣、郭全中、郭庆光、陈力丹、曹鹏、蔡雯等。

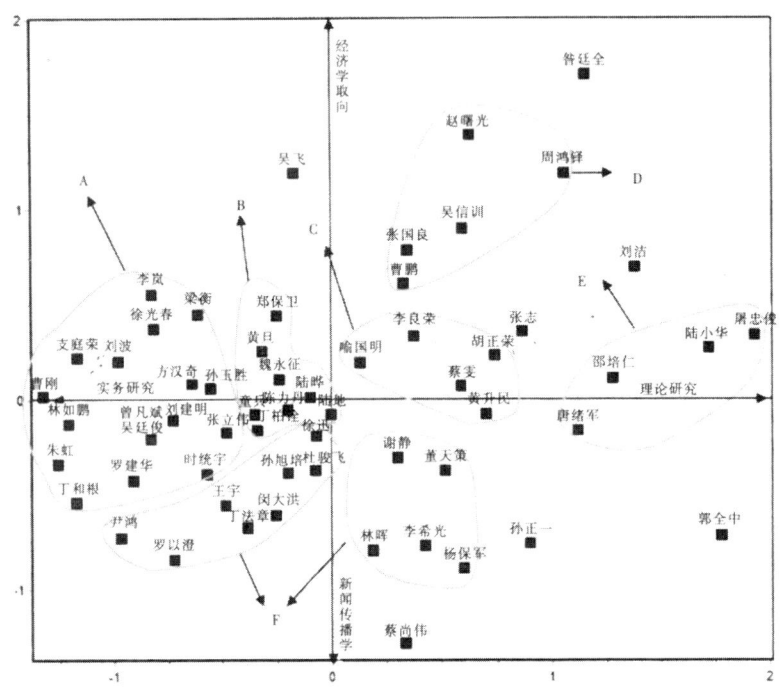

图 3 传媒经济研究者小群体图谱

（1）传媒经济核心研究者群

C 群：传媒经济核心研究者，包括：喻国明、李良荣、黄升民、胡正荣，以上几位研究者处于共引网络的核心，是被引较多、影响力较大的传媒经济研究者。他们的特性是处于新闻传播学基础与经济学基础的交接地带，但较侧重于传媒经济理论研究。

传媒经济的核心研究者都处于经济学学科基础与新闻传播学学科基础的交接地带，其学科背景与研究领域同时跨越两个学科：喻国明的研究方向包括新闻传播理论、传媒经济与社会发展、传播学研究方法，黄升民偏重于广告、媒介经营与产业化，李良荣在新闻理论、宣传学、当代世界新闻媒体方面都有研究，胡正荣的研究方向包括传播学理论、传播政治经济学、媒介发展战略等。

由于中国传媒经济学起步较晚，因此即使是传媒经济领域的核心研究者也有不少是以新闻传播学的学科背景为依托，其优势在于充分借鉴新闻传播学的专业基础，但从另一方面来说也限制了传媒经济学的独立性，而较广泛的研究领域，也会造成传媒经研究难以深化。

（2）实务研究取向

A 群——传媒经济应用研究者群，包括：梁衡、时统宇、李岚、支庭荣、林如鹏、刘波、朱虹、罗建华、孙玉胜、张立伟等，这一群体研究者的特征是注重于传媒经济现实问题的研究，并且研究基础与学科基础较偏重于经济学。

这批研究者较侧重于研究传媒业发展过程中实际存在的各种问题与现象，较多地运用管理学、营销学等应用经济学科的理论和知识，对报业、广电业以及整体传媒产业集团化、跨行业、产业集群、组织与管理、市场与经营、资本运营、竞争战略等多方面的传媒业某一时期的现实性问题进行研究。

由于 A 群内部多数研究者所研究的问题具有暂时性与阶段性，并且研究的持续性较差，研究领域较为分散，因此还较难区分出基于某个媒体或基于某一具体领域的应用传媒经济小群体，但从其内部各点间的距离接近性可以有一定的认识。

（3）传媒经济理论研究取向

D 群：理论传媒经济研究者，包括：周鸿铎、吴信训、曹鹏、赵曙光，以上几位研究者的特点是较侧重于传媒经济理论研究，并且更偏向于经济学学科基础，更倾向于从经济学与传媒经济的视角去研究传媒经济理论问题。

相对于应用传媒经济学研究，这个研究者群体之间的距离较大，这说明他们的共引频次低，从一个侧面表明他们的研究领域和对于传媒经济学的看法存在一定的差距。从以上研究者出版的与传媒经济学的合著或专著来看，其研究领域中都将经济学理论和实践紧密联系起来,通过经济学理论来解释传媒经济的现象。但是曹鹏更加关注报纸的市场定位以及资本运作,而赵曙光更关注媒介集团中的并购、业务结构等经营管理问题,吴信训更倾向于从产业层面来研究传媒经济,周鸿铎则对媒介产品本身有较多的兴趣。另外,昝廷全也是对经济学学科基础倚重较高的研究者,他从系统经济学理论着手来研究传媒经济问题。

(4)媒介经营管理研究取向

E群:媒介经营领域研究者,包括:邵培仁、屠忠俊、唐绪军。

管理学也是传媒经济研究中的一种重要理论范式,对管理经济学中的"经济"一词,奥地利经济学家米歇尔·霍夫曼认为即指在经济过程中运用经济要素的收益,包括生产率(劳动要素收益)、盈利率(资本要素收益)和经济性(企业行为收益)三方面[1]。媒介经营领域的研究视角是站在媒介组织的立场上,通过把媒介组织看成"企业"的市场主体,借鉴已有管理学理论,来思考媒介组织在经营管理中的问题。这种研究视角和西方传媒经济研究中的"公司研究"方法较为类似,媒介经营与管理的主要研究领域包括:媒介战略管理、媒介领导、媒介计划与决策、媒介生产与媒介产品、媒介市场与媒介营销、媒介人力资源管理、媒介财务管理、媒介组织结构,等等。

唐绪军与屠忠俊是报业市场的专业研究者,唐绪军的《报业经济与报业经营》、屠忠俊的《报业经营管理》在传媒经济研究领域被广泛认可,而邵培仁的《媒介管理学》《媒介经营管理学》《媒介管理学经典案例》被引频次较高。

(5)学科交叉研究者群

B群:学科交叉—偏应用研究者群,包括:郑保卫、黄旦、魏永征、陆晔、陆地、陈力丹、丁柏铨。这些研究者处于经济学学科基础与新闻传播学科基础之间,传媒经济应用研究与传媒经济理论研究领域之间,具有很强的

---

[1] 陈佳贵、杜莹芬:《企业经济学的形成与发展》,《首都经济贸易大学学报》1999年第1期。

交叉性特征。

他们的特性是，大多本属于新闻传播类的权威研究者，主要学科基础为新闻传播学，但由于传媒经济学与新闻传播学的交叉性，很多研究者发表了对于传媒业实际问题与传媒经济理论或学科的探讨性文章，但在研究领域偏向上，还较偏重于传媒经济应用研究。如郑保卫的《论媒介经济与传媒集团化发展》，魏永征的《报业无形资产初探》《中国传媒利用业外资本合法性研究》，陆晔《WTO背景下中国广播电视业的市场重组：特征与矛盾》，陆地的《略论"两电"市场的双向不完全对称开放》等。

（6）新闻传播学学科基础研究者群

F群：新闻传播学学科基础群，包括徐迅、孙旭培、杜俊飞、王宇、闵大洪、丁法章、尹鸿、罗以澄、谢静、董天策、林晖、李希光、杨保军。这部分研究者的位置处于新闻传播基础区域的应用传媒经济学与理论传媒经济学交叉区域。他们的研究基础和研究问题主要是新闻传播学，仅有部分研究者发表了少量的与传媒经济相关的论文。正如前文对研究者在传媒经济共引社会网络中扮演的角色部分的描述，他们处于传媒经济共引网络的原因在于为传媒经济与新闻传播学相关的某些问题提供参考借鉴，因而并不属于传媒经济研究群体。

此外，在传媒经济研究者群体中还存在一些较为孤立的散点，他们大多是研究某一问题的专门性研究者。如蔡尚伟侧重于文化产业研究、刘洁侧重于研究中国媒介产业布局与产业区域联合、张志的研究集中于广电业的政府规制、孙正一侧重于媒体资本运营研究。

三、传媒经济的研究领域

任何一项研究都是建立在以往研究的基础之上，通过梳理之前的研究成果，反思研究的不足以寻找新研究的落脚点，借鉴有洞见的研究而为新的研究寻求理论、事实、数据乃至观点的支撑。这一研究的操作流程是研究者所进行学术研究需遵循的基本途径，而在一篇论文中则表现为成果与引文或参考文献之间的关系。

分析本研究涉及的731篇传媒经济论文，共得到关键词1524组，其中关键词出现频次在5次以上的如表3所示。

表3 传媒经济高频关键词

关键词	频次	关键词	频次	关键词	频次	关键词	频次
传媒产业	143	新闻媒体	12	网络媒体	7	广播电视	6
中国传媒业	65	中国传媒产业	12	传统媒体	7	传媒业改革	6
传媒业	61	媒介市场	10	媒介融合	7	书评	5
传媒经济	43	文化产业	10	传媒经营	7	新闻教育	5
媒介经济	24	新闻媒介	9	传媒业发展	7	传媒管理	5
传媒经济学	22	核心竞争力	9	大众传媒	7	多元化经营	5
新闻传播业	20	新闻传媒业	9	资本运营	7	收视率	5
传媒产业化	19	传媒集团	8	媒介产业	6	传媒竞争	5
媒介管理	18	体制改革	8	报业竞争	6	全球化	5
传媒市场	17	资本市场	8	新闻传播	6	新闻传播学	5
报业市场	17	新闻改革	8	美国传媒业	6	广告经营	5
传媒发展	16	中国传媒	8	中国新闻业	6	市场竞争	5
媒介经营	13	传媒体制	7	电视媒体	6	电视产业	5
报业集团	13	电视节目	7	现代企业制度	6	报业经营	5
WTO	12	新媒体	7	传媒集团化	6	传媒改革	5

总体看来，传媒产业化、媒介经营管理、传媒体制改革与制度、传媒资本运营、集团化等问题是传媒经济研究关注较多的核心问题，报业、电视、网络新媒体是关注较多的媒介。

选取了历年关键词词频的前30%生成了传媒经济研究高频关键词的词汇图谱，可以发现图中的关键节点包括：传媒产业、中国传媒业、传媒业、传媒经济、传媒经济学，围绕以上5个研究对象形成了传媒经济的5个主要研究问题群。

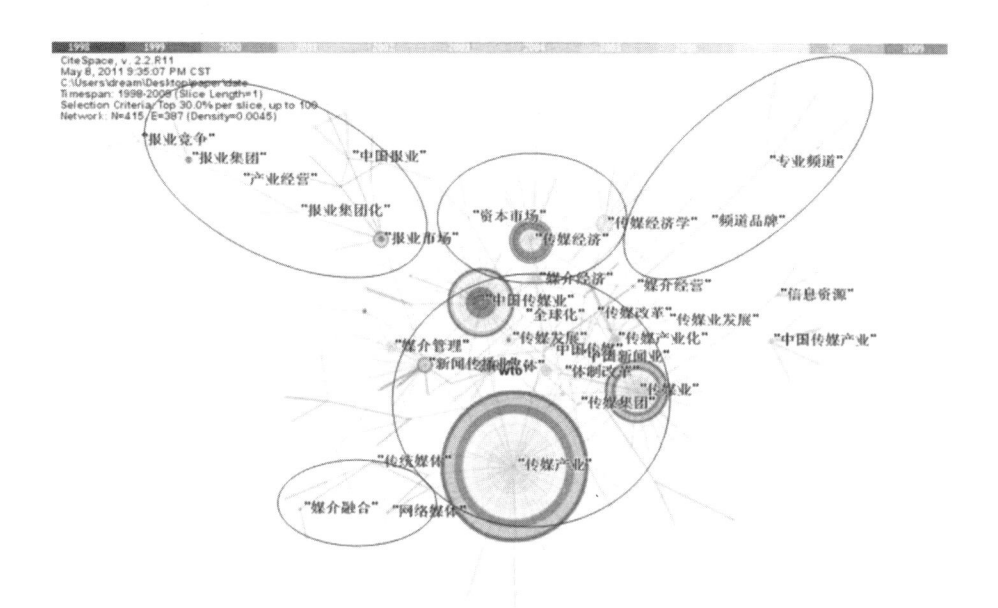

图 4　传媒经济研究问题群划分

总体上，结合上述关键节点发现，网络高频关键词共勾勒出近 10 年来传媒经济研究 4 个相互区隔较大的主要研究领域：传媒产业研究、传媒经济研究、电视运营研究与报业市场研究，还有一个新兴的研究热点——媒介融合研究。

分析入选的传媒经济研究文章的文章内被引量，发现被引次数在 3 次及 3 次以上的论文 29 篇，仅占所有引文的 1.3%，这说明传媒经济研究所倚重的知识基础非常分散，较难探寻研究的典范。构造了 29×29 的共引矩阵，共引频次为 1 次的有 26 组，共引频次为 2 次的有 2 组，共引频次为 0 次的有 811 组，有共引关系的文献仅占 3.329%，极弱的相关性依然无法良好地支持因子分析、聚类分析与多维尺度分析，输入至 Ucinet 中也仅发现了非常松散的社会网络关系图。

以派系分析的方法，设定每个派系至少包含 3 个行动者，得到了传媒经

95

济高被引论文的 6 个派系划分：

1. 报业经济与报业经营 | 整合传媒 | 媒介市场与资本运营

2. 整合传媒 | 国际化背景下的中国媒介产业化透视 | 媒介经营与产业化研究

3. 传播理论 | 新闻学导论 | 大众传播模式论

4. 新闻学导论 | 传播学教程 | 报业经济学

5. 媒介经济学——一个急速变革行业的原理和实践 | 传媒经济学的研究范式：传媒经济研究的一个基础问题 | 传媒经济学研究的简要回顾

6. 传媒经济学的研究范式：传媒经济研究的一个基础问题 | 传媒经济学研究的简要回顾 | 当代西方新闻媒体

结合聚类分析、文献具体研究内容与派系分析结果尝试实现传媒经济研究领域的划分。派系 5 与派系 6 共享 2 个成员，可以归并为一个派系，派系 3 与派系 4 共享 1 个成员，但具体分析其派系成员发现，派系 3、4 主要是新闻传播的相关教材，因而可以归并为一类，最后将原来的 6 个派系归并为 4 个。

按照派系归并结果，以 4 类进行小群体分析后得到了如图 5 的社会网络分析图，节点的大小代表共引网络中文献度数中心度的高度，节点的颜色代表所属的小群体。

结合具体的文献内容，可以将基于共引网络的传媒经济研究划分为以下 4 个主要研究领域：

1. 传媒经济基础理论研究领域：传媒经济的基础理论、传媒经济研究历程与存在问题的梳理、传媒经济学范式的探究；

2. 媒介经营、管理研究领域：包括报业、广播电视以及传媒产业整体的媒介经营与管理问题；

3. 传媒市场与资本运营研究领域：主要包括传媒业市场运作、资本运营以及媒体市场化产业化等问题；

4. 新闻传播学中关涉传媒经济的研究领域：新闻传播学研究对象的现实

化是媒介与媒体，这与传媒经济研究的实体是一致的，在新闻传播学的大领域中也会涉及与传媒经济相关问题的研究。

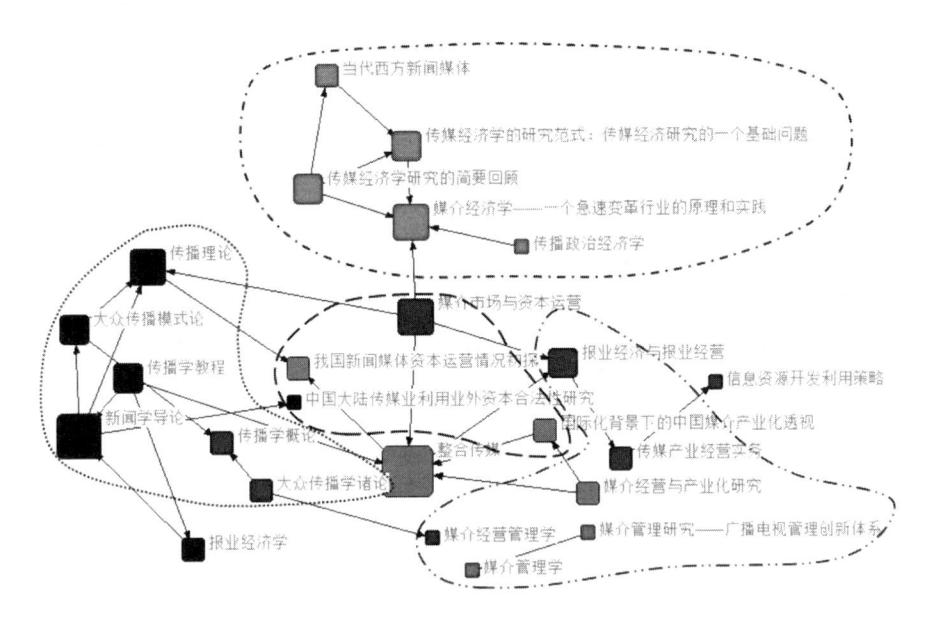

图 5　传媒经济研究者小群体图谱

四、传媒经济的学术地图

学术共同体的主体一般是由许多有着共同追求、遵循同一范式、有着很强的专业取向的人所组成的团体。判断学术共同体的标准有：内聚性，一个学术共同体往往有以权威的学术带头人为组织的，而把众多有才华的学者或专家吸引到自己的身边。学术共同体越成熟，其内聚性也越强，吸引力也越大；封闭性，学术共同体不是一般的社会团体或组织，有其高度的专业权威性以及赖以从事活动的专门领域[①]。

---

① 苌光锤、李福华：《学术共同体理论研究综述》，《中国电力教育》2010 年第 21 期。

传媒经济已经形成了一个较为稳定的研究者群体，并且有明显的学术超星即权威的学术带头人。但是由于制度原因，中国传媒经济是新闻传播学的下级学科，由于主观原因，传媒经济研究者跨学科研究者多，很少专注于传媒经济的研究，这导致目前传媒经济的研究群体与新闻传播学的学术研究群体交叉混同，并没有形成一个独立的、具有较高排他性的传媒经济研究专门的群体。即便是学术带头人也都是基于新闻传播专业，并且跨越多个研究领域，因而传媒经济研究还没有形成一个独立的学术共同体，依然是嫁接在新闻传播学研究之上。

近十年来，传媒经济主要的研究问题包括传媒集团化、传媒体制改革、报业市场、媒介产业化、资本运营等，可以划分为传媒经济基础理论研究领域、媒介经营管理研究领域、传媒市场与资本运营研究领域、新闻传播学中关涉传媒经济的研究领域，已经形成了较为清晰和集中的研究问题与领域。由于传媒经济引文量较小，所以得到的高被引文献有限，但已有的共引文献，即作为典范和知识基础被引用参考的文献大多为基础的教科书，无法充分辨析其研究进路、研究方法与研究中的价值取向。这一方面说明，大陆传媒经济研究还较为基础，处于起步期，也说明目前还少有传媒经济研究者共同承认的学术成就。

综合上述分析，虽然基于应然角度探讨传媒经济研究的范式已有众多结论，但是从实然角度（基于本文的数据和分析方法）可以判断大陆传媒经济研究还没有存在明确清晰的范式。

五、研究局限与展望

本研究的有效性很大程度上受制于研究资料的充分与完善，本研究以传媒经济研究的高被引学术论文为研究对象，这一方法在经济学、管理学、生物学、医学、情报学、图书馆学甚至台湾传播学等学科都取得了很好的研究信度与效度。然而在应用到传媒经济学研究中遇到的问题是，传媒经济学术论文的参考文献过少，大量论文甚至没有参考文献。这就导致基于研究前沿与知识基础映射的研究问题与参考文献的对应关系断裂。这个无法克服的现实问题导致本研究的资料有限，甚至无法对研究领域与研究范式一章进行更为深入的探讨，而这一章应是本研究的重点。

然而正是这个研究的巨大缺陷与问题暴露出目前大陆传媒经济学的知识基础与研究方法的较低层次，也印证了本文关于传媒经济学术共同体尚未完全形成的结论。这虽然推翻了本研究的假设与初衷，但是有着深刻的反思和反省的意味，值得每个参与传媒经济的研究者继续探讨。

作者：喻国明，该文发表时系中国人民大学新闻学院教授、
中国人民大学新闻与社会发展研究中心副主任
宋美杰，该文发表时系中国人民大学新闻学院2011级博士研究生
原载《现代传播（中国传媒大学学报）》2012年第2期

遴选意见

中国的传媒经济研究起步虽晚但发展很快，众多学术背景不同的研究者满怀着开拓的热情投身于这一研究领域，贡献出了他们异彩纷呈的智慧。但是，这一研究领域到底都有哪些学者，关注了哪些问题，取得了哪些研究成果？说得清楚的人并不多见。《中国传媒经济研究的"学术地图"——基于共引分析方法的研究探索》一文以范式理论为框架、采用共引分析的方法，首次尝试着给出了答案，为后来者编制出了一份指引良多的"学术地图"，功莫大焉。

写作回眸

传播学的理论创新需要范式与方法的创新

发轫于第一次世界大战宣传技巧分析的传播学研究借鉴政治学、心理学、社会学等亲缘学科的基础理论及研究方法，发展至今形成了独立的知识谱系和研究范式，提出了诸多有助于我们理解传播现象、把握传播规律的理论假设。但自1983年"第三人效果"提出之后，这一领域再无重大的、至少是能够引起关注、带动后续研究的理论发现。其陷入困境的缘由之一，就在于既有研究范式、研究方法的理论开拓的效用已经进入到一个"平台期"。传播学研究应该、并且也完全有可能通过新的理论范式和研究方法的引入开拓新的研究空间，以新的研究范式带来传播学研究的延展、整合与创新。

基于这一点，我和我的研究团队近十年来进行了一系列研究方法和理论范式创新的探索，虽然成果不少并获得了学术共同体的广泛认可与好评，但其中的艰辛和磨砺却是难以道与人知的。新范式新方法的探索本身就充满了"九曲十八弯"式的"柳暗花明"，而要让外界接受这一创新当然也得有一个过程。

以本篇获奖论文《中国传媒经济研究的"学术地图"——基于共引分析方法的研究探索》为例，它的研究起始于2011年9月，完成于该年10月底。这是以范式理论为框架，采用共引分析与社会网络分析的方法，结合多元统计分析的数据处理手段，利用Bibexcel、Citespace等科学知识图谱的可视化技术，构建中国传媒经济研究的学术地图，对中国近十年来传媒经济研究的学术共同体状况与研究问题进行了梳理与归类，进而探究大陆传媒经济的研究范式和科学发展阶段。

科学知识图谱是近年来文献计量学领域比较新兴的研究方法，它不仅能揭示某一领域的知识来源、知识结构关系及演进规律，并且能够以图形表达和呈现，其绘制主要包括引文分析和共词分析两种。其中，共词分析是通过对文献中集中出现的词汇进行统计，分析某一学科领域研究主题或研究方向的专业术语共同出现在一篇文献中的现象，从而判断学科领域中各个研究主题间的关系，纵向和横向展示出学科领域的研究热点、发展进程、未来趋势以及领域之间的关系，展现该领域的研究现状；而共引分析与其类似，但更关注文献之间的共同引用某篇文献的现象，据此呈现出某概念或主题之下学术成果之间的关联与结构。事实上，这种科学知识图谱的研究方法同样也可以应用于舆情研究，尤其是大数据下的舆情研究，将舆情场域中的相关文本加以聚合处理，精准地呈现出某一议题下舆情的核心成分、议题的基本维度与彼此之间的关系构造，等等。因此将这种方法引入传播学研究领域无疑是具有重要意义和价值的。

但俗话说："生人面丑。"这也同样适用于一种新的研究方法和范式进入到一个传统学术领域的状况——由于人们对于它的隔膜而产生诸多的不理解与不接受。本文的经历正是这样。最初我是把它投向了我最为看重的中国社会科学院新闻与传播研究所主办的本领域最具权威性的期刊《新闻与传播研究》，半个月后的2011年11月15日我收到了责任编辑给我的电邮："喻老师：您好！大作已拜读，也和其他老师交换了意见，感觉文章下了挺大功夫，做得很细致，不过《新传》近些年未发过研究综述类的选题，所以觉得有些可惜。不好意思啊，但相信您能理解。"显然，编辑部把这篇文章看成了是对于中国大陆传媒经济学研究的综述了。我复信言明它的意义主要不在于它的研究对象，而是一种对于传播学发展具有巨大开拓潜质的新的研究方法和范式。又过了15天，2011年11月30日我又收到了责任编辑代表编辑部给我的第二封回信："喻老师：您好！编辑部对于您的文章和意见是非常重视的，经过我们再次研究，以下意见仅供您参考：的确如您所言，这篇文章尝试运用比较前沿的方法来梳理传媒经济研究中学科主题与研究者之间的关系，我们能够理解这不是一般性的研究综述。但是，尽管研究方法很重要，根据刊物定位，《新闻与传播研究》更重视研究的选题内容和论证，可以说选题一直是放在第一位的，所以近年来，我们没有发过梳理学科主题与研究者关系的文章。或者说，如果运用这一方法深入分析网络舆情等前沿性问题，也许更适合《新传》。"编辑部以研究内容不符合本刊特色为由，我便不好再说什么了。随后我将这篇文章转投中国传媒大学的学报《现代传播》，编辑部迅速做出回应，刊登在《现代传播（中国传媒大学学报）》2012年第2期上。

本来我以为事情就此画上了句号。不料一年多以后事情发生了戏剧性的反转，某天我意外地接到来自中国社会科学院新闻与传播研究所的一纸通知："尊敬的喻国明、宋美杰同志：您好！在中国社会科学院新闻与传播研究所2013年举办的首届（2012年度）全国新闻传播学优秀论文遴选中，您的大作《中国传媒经济研究的"学术地图"——基于共引分析方法的研究探索》荣膺优秀论文……"不久之后，在该所主办的一次年会上，我被隆重颁发了该文获奖的荣誉证书。

提起这段掌故只是想说明，一种新的研究方法和理论范式在"小荷才露尖尖角"的时候，其实是缺少"早有蜻蜓立上头"的。唯其如此，才显得这样的"蜻蜓"的宝贵。而我们如果是那个"小荷"，在没有蜻蜓立上头的时候，也不必灰心和放弃，而应该更使自己长得"更高更强更大"才是希望之所在，也是责任之所在。研究者对真正的创新应该有自信：社会的认可有时会迟到，但永远不会缺席。

非常感谢中国社会科学院新闻与传播研究所的宽容与大度，以及对于创新成果的不吝扶持与褒奖。谢谢你们。

（喻国明　执笔）

网络意见领袖社区的构成、联动及其政策影响：以微博为例

曾繁旭
黄广生

曾繁旭
Zeng Fanxu

作者小传

出生于 1978 年 11 月 3 日。现为清华大学新闻与传播学院副教授。中国传媒大学博士，哈佛燕京学社（2010—2011 年）、香港浸会大学以及香港城市大学访问学者。曾任中山大学传播与设计学院副教授、中国社会科学院农村发展研究所博士后，并兼任《南方人物周刊》资深编辑多年。著有《表达的力量：当中国公益组织遇上媒体》（上海三联书店，2012），并在 *Chinese Journal of Communication*、*China：An International Journal*、《新闻与传播研究》《国际新闻界》《传播与社会学刊》（香港）、《新闻学研究》（台湾）等学刊发表论文多篇。研究方向为政治传播、科学传播以及风险沟通。

黄广生
Huang Guangsheng

作者小传

出生于 1988 年 2 月 6 日。现为香港中文大学新闻与传播学院在读博士研究生。于中山大学传播与设计学院获得学士与硕士学位。曾在《传播与社会学刊》(香港)、《开放时代》等学刊发表论文多篇。研究方向为政治传播。

网络意见领袖社区的构成、联动及其政策影响：以微博为例

曾繁旭 黄广生

内容提要：

随着互联网技术的发展，依托微博、豆瓣、校内网等社交媒体（SNS）的新技术优势，联合传统媒体，在众多公共事件中，一个基于网络平台的意见领袖社区渐趋出现并形成网络。他们的内部区隔不断被打破，并与底层社会有了沟通。这一群体对于互联网的创造性运用，推动了公民参与和政策变迁。本文以"宜黄拆迁"议题和其他若干拆迁维权议题为个案，从社会网络理论视角出发，运用社会网络分析方法对基于网络平台的意见领袖群体在公共事件中结成的虚拟社会网络的特征、网络内部的互动机制进行考察，并对该群体的政策影响加以分析。本文认为，是否有意见领袖群体的关注，导致了公共议题发展的差异。

关键词： 网络意见领袖　社会网络　微博　底层社会　公共政策

一、引言

随着市场经济进程的推进，社会阶层分化，利益主体随之多元。但贫富分殊日趋严重，整个社会呈类金字塔结构，由分化走向断裂①，与此同时，制度化利益表达机制付之阙如，上访、群体性暴力事件等频发②。

于此背景之下，媒体成为替代性的民意表达和公共参与（civil engagement）渠道③，尤其是网络媒体，成为民意表达和公共参与的重要途径，在公共议题建构和舆论监督中扮演驱动作用④。

在一系列公共事件中，网民显示出了巨大的舆论能量，这一借助网络等新媒体发表言论的群体被称为"新意见阶层"⑤。周瑞金先生甚至将"新意见阶层"定位为"走出政改困境的第一推动力"⑥。近几年刚刚崛起的微博，也让很多人乐观了起来。由于"宜黄拆迁"议题的成功，学者胡泳在《时代周报》撰文，认为"一种可观的微博政治在中国业已形成"⑦，意见领袖连岳也认为存在中国维权的"微博路径"。而这一切依赖于网民的"围观"所凝聚的民意。

国内现有的互联网方面的研究大多技术中心地认为互联网由于其技术性的优势有助于公共参与。比如片面强调互联网实时同步、超越时空等技术性

---

① 陆学艺：《当代中国社会阶层研究报告》，社会科学文献出版社 2002 年版。孙立平：《断裂——20 世纪 90 年代以来的中国社会》，社会科学文献出版社 2003 年版。杨继绳：《中国当代社会各阶层分析》，甘肃人民出版社 2006 年版。

② 于建嵘：《当前中国能避免社会大动荡吗》，2009 年在早稻田大学的演讲，参见 http：//www.chinavalue/General/Artical/2009-5-7/174670.html，2011 年 1 月 7 日访问。孙立平、沈原、郭于华、晋军、应星、毕向阳：《以利益表达制度化实现长治久安》，《领导者》2010 年第 33 期。

③ 李艳红：《大众传媒、社会表达与商议民主——两个个案分析》，《开放时代》2006 年第 6 期。汪凯：《转型中国：媒体、民意与公共政策》，复旦大学出版社 2005 年版。曾繁旭：《形成中的媒体市民社会：民间声音如何影响政策议程》，《新闻学研究》2009 年第 100 期，第 187—220 页。

④ 展江：《舆论监督与媒体驱动型公众参与——一种公民社会的视角》，《自然之友通讯》2010 年第 1 期。

⑤ 鄢烈山：《重视"新意见阶层"的意见》，《浙江日报》2010 年 1 月 3 日。周瑞金：《"新意见阶层"在网上崛起》，《炎黄春秋》2009 年第 3 期。

⑥ 周瑞金：《"新意见阶层"在网上崛起》，《炎黄春秋》2009 年第 3 期。

⑦ 胡泳：《微博：看客如何实现落地？》，《时代周报》2010 年 11 月 25 日。

优势，认为互联网为公民政治参与提供了便捷、廉价的管道，并减少政治力量对公民表达和公共参与的干预①。于是，现有的文献似乎给予我们一个错觉，互联网的技术特性貌似确保了其作为替代性民意表达的理想渠道。

其实，以往的研究也在告诫我们，每每一种新传播技术的诞生，便容易叫人错觉这必然成为推动社会变迁的动力，而陷入技术决定论的陷阱。笔者认为，单就互联网的技术特性进行分析是不够的。互联网的出现确实改变着社会与国家之间的互动模式，也在一定程度上促进了公共参与，但是这种改变并非仅仅依赖于互联网本身的技术特点。杨国斌在《中国互联网的力量》（The Power of the Internet in China）一书中，也对"技术决定论"进行了反思。认为技术决定论者忽略了技术和社会之间的复杂人类经验和制度安排②。巴隆（Barlow）也指出："从历史的经验来看，传播技术本身的特点并不足以保证能带来社会变迁。社会变迁的动力来自技术、对技术的创造性应用以及社会条件的互动过程。"③

笔者的此项研究发现，互联网并非如我们预设的那般，在任何议题中都能成为底层表达的渠道。本研究的实证数据显示，议题关注度和意见领袖息息相关。依托于各种新媒体平台，意见领袖已经形成了虚拟的线上社区，这一社区在驱动公众参与和推动政策回应等方面的作用日益显著。笔者的观察发现，公共议题能否受到关注关键在于互联网上的表达是否嵌入到意见领袖社区中。互联网上的"喃喃自语"只有进入意见领袖的社区之中，才能上升为公共表达，并进而引起公共舆论的关注，出现政策回应的可能。

在日益兴起的消费者权益保护运动、环境保护运动以及各种重大公共事件中，意见领袖浮出水面，通过与新媒体和传统媒体积极互动，在媒介故事和媒介评论里面展开话语实践，叙说悲情，表达民意，推动公共论辩与民众参与。比如消费者权益的维权律师王海、孙志刚事件当中的著名学者、"周

---

① 李俊清：《论互联网络在中国民主化进程中的作用》，《晋阳学刊》2004 年第 2 期。周巍、申永丰：《论互联网对公民非制度化参与的影响及对策》，《湖北社会科学》2006 年第 1 期。
② Guobin Yang, The Power of The Internet in China: Citizen Activism Online, Columbia University Press, 2009.
③ 转引自黄荣贵《互联网与抗争行动：理论模型、中国经验及研究进展》，《社会》2010 年第 2 期。

老虎"事件中唇枪舌剑的维权律师、"厦门 PX"事件当中的专栏作家连岳、2009 年"劳工尘肺"事件中上书人力资源和社会保障部的六位学者等。事实上，意见领袖和新、旧传媒的互动成为社会变迁过程中的一个重要线索。在这样的背景下，本文将聚焦于这个基于网络平台的意见领袖社区。

那么，究竟互联网时代的意见领袖和传统媒体时代的意见领袖有什么区别和联系？呈现出怎样的新特点？互联网上的意见领袖社区如何构成？他们如何通过联动机制结成网络社区？该社区对于公共议题和政策变迁又有何影响？我们将运用社会网络的分析方法，对这一意见领袖社区进行考察。

以上问题都是目前的意见领袖研究或者新媒体与公共政策研究所尚未充分回答的。具体而言，我们很少看到相关的研究，致力于还原互联网表达、意见领袖网络社区和公共议题形成之间的逻辑。而且，以往的互联网意见领袖研究也多缺乏相关的实证数据的支持，泛泛而谈，更从未对意见领袖所形成的网络社区进行考察，无法看清楚这一网络社区内部的互动和构成。

所以，本文将以"宜黄拆迁"议题和其他若干微博拆迁维权议题为研究个案，尝试对以上的问题做出回应。本研究将从社会网络的理论视角出发，对这一意见群体的网络社区在公共议题中结成的社会网络、网络内部的活动机制及其后果进行考察。

二、背景与文献：新技术背景下意见领袖社区的形成

在中国，公共知识分子被认为是最早的传媒意见领袖。中国的知识分子和国家长期处于一种复杂的动态关系之中。实证研究数据表明，无论是身处体制内还是体制外，知识分子更倾向于改革现状，常对政府保持批评姿态[①]。在表达机制不畅的现实语境下，知识阶层的表达欲望得不到伸张，知

---

① 唐文方：《中国民意与公民社会》，中山大学出版社 2008 年版。

识分子亟须一个发声的平台。20世纪80年代新启蒙运动时期，在社会改革进程受阻的背景下，知识分子难以在体制内部突破，只能在体制边缘和体制外部寻求空间。所以许多知识分子力图摆脱政治意识形态的话语，超越学科的知识建制，通过民间的运作方式，在受控的公共传媒的夹缝和边缘之中，建构一个跨学科、公共的思想界，通过民间的自由论坛或公共传媒，讨论社会生活和公共事务[①]。

而进入20世纪90年代，知识分子开始放弃宏大叙事，着眼于日常政治议题，自下而上推动政改。当时恰逢中国传媒开始出现了市场化趋势，并由此带来了新闻专业主义文化的发育，媒体需要找到一种形式，将社会的声音自下而上传达出来。《南方都市报》等都市类媒体率先开辟评论版面，提供了新的表达空间。这些具有一定公共性的传媒平台成为了知识分子、时评人、专栏作家等介入社会的重要途径。这个时期的意见领袖的构成开始多元化。

21世纪以来，随着互联网技术的快速发展和普及，草根网友、公民记者、商人、娱乐明星、明星官员等也加入了意见领袖的行列，队伍不断扩充，意见领袖渐趋多元。凭借互联网的技术特性，意见领袖在公共政策中的作用日趋突出。

本文所关注的意见领袖群体，他们通常不是事件的当事人，并不存在具体的利益关联，而是以消息源、专栏作家、网络写手、专家学者等身份参与到议题中，发挥了意见领袖的作用。由于常规化民意表达机制的缺乏，民意往往是散沙状的，难以形成规模并变得可视化。在这样的特殊语境下，这些意见领袖扮演了重要的角色：他们将松散的民意汇集起来，运用他们本身所积累的社会身份权力，为底层民意代言，进而促成国家与社会的互动和策略性调解[②]。

---

① 许纪霖、罗岗等：《启蒙的自我瓦解：1990年代以来中国思想文化界重大论争研究》，吉林出版集团有限责任公司2007年版。

② 由于常规化利益表达机制的缺失，学者李艳红（2001）认为经由媒体平台的话语运动促成的表达只是一种象征表达，其国家与社会的互动也只是象征互动。媒体只是构造了一个对社会不满的民意景观，而政策回应的主动权掌握在政府机构手中。只是出于政权合法性的考虑，政党必须对民意做出一定的反应，以彰显其合法性。而徐桂权（2010）认为，舆论的机制是随机的、不确定的，民意传递的渠道是不透明、非常规的；对于具体的事件，官方往往会根据具体的利害关系与可能后果，以及本身政策实施的"节奏"作出反应。所谓"策略性调解"强调政府部门对民意表达的回应方式的不确定性。

随着互联网技术的发展，牛博网、一五一十部落、价值中国网等网站的出现，这一群体得以在虚拟空间聚集，而微博、豆瓣、校内网等社交网络也成为重要的沟通平台。由于新技术超越时空、同步性等特点，这一意见领袖群体社区得以逐渐形成，得以建构一个虚拟的共同体，便利地交流和互动，并打破了这一群体内部各主体——比如律师、媒体人、商人和娱乐明星——之间原有的区隔。与此同时，也打破了与底层社会的阶层区隔，并与底层社会有了沟通的可能。

由此，在网络意见领袖群体驱动之下，网络意见领袖群体内部各主体之间、网络意见领袖群体和普通网友之间，逐渐生成了一个虚拟的社会网络。值得引起重视的是，在新媒体平台上，这一网络意见领袖群体的虚拟社会网络在政策过程中发挥着越来越重要的作用，一定程度上形成了国家与社会良性互动的新模式。基于网络的这一意见领袖群体对互联网的创造性运用，推动了公民参与和政策变迁。

然而，意见领袖群体内部各主体之间所形成的网络及其在新媒体平台上的运作，迄今为止还没有得到关注。尤其是社区网络的相互连接和互动及其对公共议题的影响，尚未被观察。

以往的相关研究主要有两个路径，其一较多关注的是传统媒体上的意见领袖。这一路径的研究与知识分子的研究有诸多的交叉，散落在思想史、社会思潮、知识分子、市民社会等相关研究领域的文献里。许多文献或是探讨知识分子与传媒的关系，透视知识分子在转型时期的角色变迁，运用了诸如"知识分子的传媒化""媒介知识分子"等概念[1]；或是探讨知识分子借助媒介平台表达己见、影响社会的问题，主要围绕在中国社会进程中公共知识分子

---

[1] 田秋生：《传媒中的公共知识分子现象》，《当代传播》2005年第1期。赵建国：《"公共知识分子"与媒介知识分子》，《新闻界》2007年第1期。温波：《大众传媒时代知识分子与媒体关系研究》，暨南大学硕士学位论文，2007年。赵勇：《从知识分子到知道分子——大众媒介在文化转型中的作用》，《当代文坛》2009年第2期。林铁、张建永：《媒介知识分子：公共性与议程设置》，《学术界》2010年第10期。丁苗苗、吴飞：《再论"下沉的声望"——从公共知识分子与媒介知识分子的角度》，《学术界》2010年第10期。

如何通过传媒开拓公共领域、表达意见、讨论公共事务、引导公共舆论[①]。比如，徐桂权等就对这一意见领袖群体在报纸时评版中的作用做了较为深入的考察，对时评人不同历史时期的话语实践做了较为全面的梳理。[②]

另一路径则重点关注互联网上意见领袖的讨论。比如对互联网上是否存在意见领袖、意见领袖在公共议题中的作用、互联网上的意见领袖拥有的新特点等问题的探讨[③]。

这两个研究路径都存在着一定的局限。第一个研究路径的问题在于先入为主地将传达民意的意见领袖设定为公共知识分子，而忽略了其他主体的存在。另外一个路径虽然看到了在新媒体环境下意见领袖群体有新特点。但是，新在哪里，这一些新的特点对公共议题有些什么新作用，鲜有实证数据的支持。更为重要的是，尚未关注到意见领袖在新媒体环境下的社区化，以及这种意见领袖社区化对公共参与和公共政策变迁的意义。

在公共议题的形成过程中，意见领袖社区扮演了非常重要的角色。本文将通过个案的梳理和比较，实证这一过程。具体而言，就是实证地说明意见领袖社区、媒体和公共议题关注度之间的因果关系。展现意见领袖社区如何借用媒体平台（尤其微博等社交媒体），推动公共议题形成和发展的过程。

本文在对意见领袖社区和公共议题关注度之间的因果关系进行考察的同时，也首次对这一群体的社区做出经验性的描述。通过个案梳理，本文将对这一群体的构成、内部网络、活动机制以及社会后果进行分析。具体而言：这一群体究竟是由哪些社会角色组成？在微博这一新媒体平台上，这一群体的社区网络呈现怎样的形态？这一群体如何推动公共参与和社会变迁？

---

① 许纪霖：《20世纪中国知识分子史论》，新星出版社2005年版。许纪霖、罗岗等：《启蒙的自我瓦解：1990年代以来中国思想文化界重大论争研究》，吉林出版集团有限责任公司2007年版。徐桂权、任孟山：《时评作为一种利益表达方式：传播社会学的考察》，《开放时代》2010年第2期。

② 徐桂权：《社会生产、媒介呈现与言论表达：当前中国大陆公共议题建构的一种考察路径》，《新闻学研究》2009年总第100期。徐桂权、任孟山：《时评作为一种利益表达方式：传播社会学的考察》，《开放时代》2010年第2期。

③ 杜筠：《网络传播中意见领袖的角色分析》，《东南传播》2009年第5期。段兴利：《网络意见领袖的产生、特征及培养》，《科学·经济·社会》2010年第3期。

为了更好地测量意见领袖社区对公共议题的影响，我们运用了社会网络的分析方法，分析意见领袖社区中各主体之间的相互连接，以及网络中资源的交换和流动，具体在微博中而言就是信息的转发和评论，也即这一网络形成带来的社会资本。

目前已经有一些学者使用社会网络的分析方法考察互联网等新技术如何增加社会资本，促进公共参与。比如认为互联网能够强化已有社会网络，并有助于形成新的社会网络[1]；互联网能够营造网络社区的归属感，增加社会资本，促进公共参与[2]；互联网虚拟社会网络所形成的弱邻里关系能够成为集体行动的动员工具[3]。许多NGO的组织领导者也认为依凭社会网络的建立所带来的社会资本有助于NGO的倡议和行动。正是基于此，我们沿用了这一路径，从社会资本的理论视角出发，运用社会网络的分析方法，对意见领袖社区网络进行测量和分析，考察这一网络的搭建所建构的新型互动关系，以及这种互动关系在塑造公共议题、引导公共舆论、推动政策变迁中的作用。

综上所述，本研究的新意在于：首先，在互联网和公共议题关注度这一关系模式的基础上引入意见领袖社区网络这一变量，这更符合现实的逻辑，还原公共议题发展的更为复杂的动态过程；其次，从社会网络的理论视角出发，将意见领袖群体之间形成的网络作为一个社区来观察；第三，微博作为一种新的网络平台，国内相关研究还比较不足，本文则将考察意见领袖群体对这一新平台的创造性运用，以及他们在线上线下的互动，并强调了其与新技术平台的互动关系，从而探索新技术与社会变迁的可能逻辑。

---

[1] Elin, Larry, "The Radicalization of Zeke Spier: How the Internet Contributes to Civic Engagement and New forms of Social Capital", 2003; Norris.p., "The Bridging and Bonding Role of Online Communities", 2004. 以上均转引自黄荣贵《互联网与抗争行动：理论模型、中国经验及研究进展》，《社会》2010年第2期。

[2] Wellman, B.,et. al., "Does the Internet Inerease, Deerease, or Supplement Social Capital", 2001, pp.436-455. 转引自邓建国《Web2.0时代的互联网使用行为与网民社会资本之关系考察》，复旦大学博士学位论文，2007年。

[3] Hampton, Keith N., "Grieving for a Lost Network: Collective Action in a Wired Suburd", 转引自黄荣贵《互联网与抗争行动：理论模型、中国经验及研究进展》，《社会》2010年第2期。

三、议题选择和方法说明

进入 21 世纪以来，中国的城市化进程伴随着经济发展快速推进。在城市化的名义下，一场轰轰烈烈的造城运动铺展开来，引发了大规模的征地和拆迁。但由于现有制度的缺陷，在城市空间跃进式扩张的过程中出现了一系列矛盾和问题，地方政府、利益集团强制征地，单方面制定土地补偿标准等乱象迭起。据《南方周末》截至 2010 年 4 月份的统计，近 3 年来发生的拆迁自焚或活埋事件就有 9 起，加上最近江西宜黄的自焚事件，一共 9 起。从 1991 年国务院公布第一部城市房屋拆迁的法规《城市房屋拆迁管理条例》至今，已经有将近 20 年的时间。这 20 年，在传统媒体和互联网上，出现了大量关于"征地拆迁"议题的报道，引发了公众舆论的关注，也在一定程度上促成了政策的变迁。

2007 年由《南方都市报》网眼栏目操作的"重庆最牛钉子户"事件，将"征地拆迁"议题引入高潮。而 2009 年 11 月"成都市民唐福珍抗拒暴力拆迁而自焚死亡"事件，则使得争议多年的拆迁管理条例的修订或废止问题提上了政策议程。2009 年 12 月 16 日，国务院法制办邀请民法、行政法专家参加修改《城市房屋拆迁管理条例》的研讨会。

2010 年"江西宜黄的拆迁自焚"事件中，钟如九成功利用微博平台，获得大量博友的转发支持，也顺利嵌入网络意见领袖群体的网络，与其形成了频密的互动。钟如九策略性的微博表达，得到了媒体人、学者、商人甚至娱乐明星等意见领袖组成的社会网络的呼应和支持，成功实现了多舆论场域的互动，最终赢得政策回应。

本文将以"宜黄拆迁"议题和其他若干拆迁维权议题为个案，关注这一网络意见领袖群体的力量。通过在线参与式观察、社会网络分析等方法，对这个议题的动态传播过程进行解剖。本文的材料主要涉及传统媒体的相关新闻文本的收集和新浪微博相关信息的截图。此外，本文也运用在相关出版物上公开发表的相关消息来源、从事报道的新闻记者以及政府部门工作人员的访谈资料，致力于多角度还原议题传播过程。

为凸显新技术平台上的意见领袖及其网络在议题和公共舆论中的作用，本研究运用了社会网络分析方法。借助社会网络分析软件 UCINET 绘制出微博社会网络图，并计算出点度中心度。

具体操作包括以下步骤：

首先，统计参与到"宜黄拆迁"议题中的微博意见领袖。这些意见领袖主要包括以下几类：第一，绝大多数的是加 V 认证的微博名人，虽然部分名人未申请加 V 认证，但众所周知，其现实身份为某一领域的知名人士，拥有大量微博粉丝；第二，在具体议题当中由于高度卷入而上升为临时话语权力中心，拥有大量粉丝的普通网友，在具体议题当中他们也是意见领袖；第三，部分传统媒体也开辟有微博，是传统媒体在微博上的延伸，同样具有话语权力，本文将其称为"微博媒体"，这部分也在统计之列。

根据以上对微博意见领袖的定义，本文采用滚雪球的方式，从一个意见领袖的新浪微博出发，统计2010年9月11日到2010年9月30日期间关于"宜黄拆迁"议题的微博信息，统计意见领袖所转发的其他意见领袖微博。采用同样的方法不断重复，统计出这一议题意见领袖群体的名单。他们大多是微博被多次转发的名人。本次统计共录得新浪名人97人，另外有"微博"媒体16个，当事人钟如田、钟如九微博，共计115个。

值得注意的是，滚雪球的方法虽然不如完整的数据抓取可能涵盖或穷尽所有相关的名人微博，但在意见领袖社区中被关注和转发较多的微博必然会通过滚雪球的方式被找到，而且这一统计方法更可以表现整个意见领袖社区内部的互动以及整体样貌。

其次，统计这些微博意见领袖之间的相互转发情况。在"宜黄拆迁"这一具体议题中，微博意见领袖之间对议题信息的相互转发不仅促成了信息流动，也建构了一种相互关系，这一关系形成了一个庞大的网络。本研究通过"宜黄拆迁"议题微博信息的截图，对相互转发数据进行人工统计，并用

EXCEL 制作出其相互转发关系的矩阵。A 和 B 之间存在相互转发关系，则记为 1。这里面存在三种情况：A 转发了 B 的信息；B 转发了 A 的信息；A 和 B 之间相互转发。不存在相互转发关系，则记为 0。表 1 为相互转发关系数据矩阵局部，横为转发者，列为被转发者。

表 1 相互转发关系数据矩阵局部

	刘长	邓飞	笑蜀	凤凰社会能见度	钟如九	谭人玮	张洪峰	梁树新	头条新闻	王令律师	周至美	潇湘晨报	魏英杰	梓唯-5hi	赵何娟	张欧亚	潘石屹
刘长	0	1	1	0	0	1	1	1	0	0	1	1	1	0	1	1	0
邓飞	1	0	1	0	0	1	1	0	0	0	1	1	1	0	0	1	1
笑蜀	0	0	0	0	0	1	0	0	0	0	1	0	1	0	0	0	0
凤凰社会能见度	0	0	1	0	0	0	0	0	0	0	1	0	0	0	0	1	0
钟如九	1	1	1	0	0	1	1	1	0	0	1	1	1	0	1	0	1
谭人玮	0	0	0	0	0	0	0	0	0	1	1	0	0	0	0	0	0
张洪峰	1	0	1	0	0	1	0	0	0	0	0	0	0	0	0	1	0
梁树新	1	0	0	0	0	0	0	0	0	0	0	0	0	0	0	0	0
头条新闻	1	1	1	0	0	0	0	0	0	0	0	0	0	0	0	0	1
王令律师	1	1	1	0	0	0	0	0	0	0	0	0	0	0	1	0	0
周至美	1	1	1	0	0	1	0	0	0	0	0	0	0	0	1	0	0
潇湘晨报	0	0	0	0	0	0	1	1	0	0	0	0	0	0	0	0	0
魏英杰	0	0	0	0	0	0	0	0	0	0	1	0	0	0	0	0	0
梓唯-5hi	0	0	1	0	0	1	1	1	0	0	0	0	0	0	1	1	1
赵何娟	0	1	0	0	0	0	0	0	0	0	0	0	0	0	0	0	1
张欧亚	0	0	0	0	0	0	0	0	0	0	0	0	0	0	0	0	0
潘石屹	0	0	1	0	0	0	0	0	0	0	0	0	0	0	0	1	0

再次，将相互转发关系矩阵输入社会网络分析软件 UCINET 之中，绘制

出相互转发所形成的微博社会网络图。其中，A结点的箭头指向B结点，意味着A结点转发了B结点的信息。记为1。反之，则意味着B结点转发了A结点的信息，同样记为1。若两结点之间箭头为单向，意味着只是其中的一方转发了另一方的信息。若两结点之间的箭头为双向，意味着双方相互转发。由此可以看出，这一网络意见领袖群体的互动状况，描述出网络意见领袖群体的互动关系。

最后，通过对其进行点度中心性（point centrality）的分析，透视这一社会网络图的特征，并进一步分析这些特征如何扩大意见领袖在公共议题和公共舆论中的影响力。根据统计，笔者发现了其中的两大特殊群体。其一为点出度（outdegree）高的群体，其二为点入度（indegree）高的群体。一个结点指向其他结点的箭头数量记做点出度（outdegree），一个结点被其他结点所指的箭头数量记做点入度（indegree）。点入度较高的，也即处于核心地位、信息被大量转发者，为提供意见的意见领袖。与此同时找出那些点出度较高的，也即大量转发与本议题相关信息的微博意见领袖。

另外，笔者也对整个网络的点度中心势进行了分析，这一概念主要指涉整个网络的整合度。中心势越接近于1，整个网络越具有集中的趋势。若是点入度中心势越接近于1，说明信息被大量转发者具有集中趋势；而若是点出度中心势越接近于1，说明大量转发与本议题相关信息的意见领袖越具有集中趋势。这有助于我们找出哪些意见领袖是意见的提供者，哪些意见领袖是积极的转发者，以及各自的构成呈现出怎样的特点，是多元还是集中？

四、网络意见领袖社区与议题关注度

汹涌的互联网民意似乎容易让我们相信，普通网民已经成为新的意见阶层，成为公共舆论的主体。但是，他们真的成为了新的意见阶层了吗？究竟是谁在引导公众的注意力？谁在引导公共舆论？

我们的研究发现，真正在引导公众注意力的是网络意见领袖。笔者认为，是否有网络意见领袖群体的介入,导致了议题关注度的差别。这里的"议题关注度"包括了传统媒体的关注度和互联网上网友的关注度。而互联网上网友的关注度其实也可以作为网友对议题的参与度,也即议题关注度在某种程度上也是"公众参与度"。

在"宜黄拆迁"议题中,由于钟如九议题的特殊性[①],才使得这一议题受到网络意见领袖群体的关注,进而在他们的推动下,利用线上线下的媒体资源,使得这一议题成为媒介热议题,并最终上升为政策议题。这一议题之所以成功,关键在于网络意见领袖的介入。而其他议题由于比较常见,难以嵌入意见领袖的社区网络中,所以无法有大的影响,没能吸引大量的公众关注议题并参与其中,因此结果自然不同。

笔者观察了若干微博上的征地拆迁议题,由于其维权微博没能受到网络意见领袖群体的关注,许多议题淹没在微博信息快速流动的洪流里,没法形成备受瞩目的公共议题。根据笔者的不完全统计[②],有以下若干微博:包括"刘翠红拆迁维权微博"[③]"武汉拆500平米只赔80"[④]"同是拆迁受害者"[⑤]"大年三十遭遇偷拆"[⑥]和"第二个钟如九"[⑦]。其关注度见表2[⑧]。

以"刘翠红拆迁微博"为例,在这5个微博中,其关注度算是最高的,但其微博的被转发和被评论数量也很低,大多数微博的转发和评论数都低于4次,其最受关注的一条微博信息,被转发也才78次,评论27次。其他几个微博被转发和评论的数量就更少了,并不受公众关注。

---

① 一些意见领袖认为"宜黄拆迁"议题由于其议题具有新闻性,才备受关注。"北京厨子"认为:钟家要是不自焚的话,现在只能跟"武汉拆500平米只赔80"一样到处叨逼叨逼叨逼叨逼,所有人听了以后都会说,咳,现在这事情多了去了。谭人玮也认为:唐福珍自焚后,再有自焚就很难引起媒体兴趣了。这次江西宜黄是因为有三个人自焚,另加跳楼,另加官员见死不救还不让救。每一次极端事件被报道后,都抬高了同类事件报道的门槛。
② 统计时间为2011年4月10日上午8时。
③ 微博主页:http://t.sina.com.cn/1903599272,现改名为"淮安小汤"。
④ 微博主页:http://t.sina.com.cn/profile.php?uid=1821729471&inviteCode=1821729471。
⑤ 微博主页:http://t.sina.com.cn/2000827545。
⑥ 微博主页:http://t.sina.com.cn/1447056801。
⑦ 微博主页:http://t.sina.com.cn/1983700457。
⑧ 统计时间为2011年4月10日上午10时。

表2 其他拆迁维权微博的关注度统计表

维权微博	微博关注度
刘翠红拆迁微博	1341
武汉拆500平米只赔80	1328
大年三十遭遇偷拆	61
同是拆迁受害者	37
第二个钟如九	4

根据上文笔者的统计数据显示，钟如九的微博被网络意见领袖群体中的97位转发。因为网络意见领袖的积极介入，钟如九的微博得到了大量的关注，网民在意见领袖的驱动下积极参与到议题的评论和转发中。这导致了议题上升为公共议题。

钟如九作为一个底层社会的抗争者，其社会网络和社会资本是有限的，因此钟如九作为底层弱势的网络传播力也必然处于弱势，在微博上拓展网络需要一个漫长的过程。她的微博起初就像是一个私人的会客厅。而她作为抗争者，需要拓展她的虚拟社会网络，使得其微博得到更多人的关注，需要公众参与其中，投以注视的目光，积极转发和评论，使其微博变成一个公共舞台。

这个潜能的挖掘取决于一个关键的变量，也就是网络意见领袖群体对此事的介入。在微博上具体体现为，意见领袖群体对当事人微博信息的转发和评论。也即钟如九的表演需要嵌入到意见领袖的社区网络里，才能得到更多人的关注。钟如九的表演无论好歹，需要他们这些高级观众来代言，告诉所有普通网友，这件事值得关注，这件事情才受到大众的附和，钟如九的虚拟社会网络才能得到拓展。也只有在网络意见领袖社区的推动下，引导公众的注意力，激发公众的参与，"宜黄拆迁"议题才能成为公共议题。钟如九最受关注的一条微博被转发13227次，评论3167次，另有多条微博信息的转发和评论数都超过1000次。

意见领袖网络社区在议题发展的过程中扮演了非常重要的角色，这才使得钟如九的微博受到更多的关注，具体体现在议题发展的几个阶段上（详见表3）。

表3 议题不同发展阶段中意见领袖的表现和作用

议题发展阶段	日期	事件	意见领袖表现和作用
议题萌芽期	9月10日	在传统媒体遭到新闻审查管制的时候，意见领袖运用自媒体突破议题封锁，使得议题在9月12日得以见报。	在2010年9月11日16:13，《民主与法制时报》记者王琪，在其QQ博客上贴出关于"宜黄拆迁"的博文，并获大量点击。随后被转载到新浪乐居等论坛。媒体人周至美、朴抱一、张洪峰等，也第一时间在微博上传播此消息。①
议题升温期	9月16日	微博直播"昌北机场女厕攻防战"。	邓飞的直播让议题成为网络热议题，迅速升温。
议题持续期	9月18日—9月20日	政府人员抢夺钟家大伯尸体，软禁家属，网友标签化为"九·一八"事件。随后，政府表态并承诺，释放家属。	意见领袖们线上集合，呼吁地方政府"放人"。朴抱一、封新城、潘石屹、任志强等颇具影响力的"微博大佬"都参与到此一过程中②。随后，宜黄县委书记、县长两大主要领导被立案调查，其他多位领导或被免职、或被立案调查。
议题高潮期	9月26日	"爱心大救援"	钟家母亲病情告危，意见领袖们积极互动，并调动线下资源，为钟家母亲物色医院，联系医生，并安排转院。

---

① 媒体人周至美在9月11日20:06就发了一条与此相关的微博，后该微博被原作者删除。这应该是此事件在微博上的第一条微博。过了大约4个小时，也就是12日凌晨，周至美又转发了第二条微博，此时引用了王琪的博文内容。而9月11日晚上的23:21分开始，媒体人朴抱一连发了两条微博，其第一条微博消息来源来自论坛；而第二条则来自王琪的博客。两条微博总共获得了978次的转发。而媒体人张洪峰9月12日01:59也发了一条微博，并附上了王琪博客的联结。

② 比如朴抱一，2010年9月18日下午15:31分发了一条微博：博友万人齐声吼：放人！！！！躬身拜托诸位转帖。喊一声：放人！！！13:51封新城在微博上发了一句微博，随后被转载了4278次。"今天，在围脖里，一个女子被强行带走的图片，一面疯狂地删，一面被拼命地转，因为大家知道什么是真正的国耻。"潘石屹转发了封新城的微博并回应说："这张撕心裂肺的照片看后，午饭不知是什么味道。"随后任志强也发表评论："在信息已可以通过网络与微博迅速传播的时代，政府还停留在用抓人，封锁，拒绝报道的方式来管理事故，掩盖真相。其结果必会背道而驰。不如用正视而不回避的方法，用文明来说服大众，重新建立政府的公信力。"

五、网络意见领袖社区的构成

根据我们对"宜黄拆迁"议题的统计[①],这一网络意见群体社区的构成见图1。

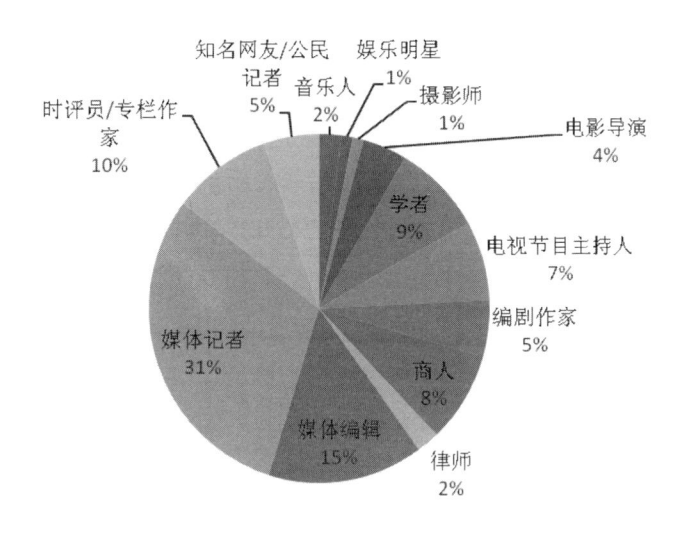

图1 网络意见领袖社区构成饼状图

统计数据显示,在这一网络意见领袖群体社区中,媒体记者、媒体编辑和时评员/专栏作家所占比重排在前三位,占56%,比例过半。若将电视节目主持人囊括进来,媒体人的比重高达63%。由此可见,其实网络意见领袖与传统媒体时代的意见领袖有着大面积的重叠之处。传统媒体时代的主持人、编辑、记者、时评员、专栏作家、学者和律师等仍然占了总体的大多数。在众多公共议题中起到引导公众注意力,引导公共舆论的意见领袖仍然是传统媒体时代的这批人,主要是媒体人"驱动"。

---

① 具体统计方法详见研究方法说明。

当然，互联网时代的意见领袖的构成也确实带来了一些新的变化，呈现出多元化的趋势。商人、学者、作家、音乐人、娱乐明星、电影导演等也成为其中的一员。

网络意见领袖社区的构成特征也在一定程度上影响了社区信息的流动特征。

六、网络意见领袖社区的内部联动及其特征

笔者通过对与"宜黄拆迁"议题相关的新浪名人微博（如上所说明，名人97个）的互相转发的截图统计，用EXCEL软件统计出"互相转发关系矩阵"。利用社会网络分析软件UCINET，绘制出其微博社会网络图。它描述的是意见领袖群体内部的互动关系，互相转发的情况，而不涉及普通网友。

其中，A结点的箭头指向B结点，意味着A结点转发了B结点的信息。反之，则意味着B结点转发了A结点的信息。若两结点之间箭头为单向，意味着只是其中的一方转发了另一方的信息。若两结点之间的箭头为双向，意味着双方相互转发。由此可以看出，这一网络意见领袖群体的互动状况，描述出他们的互动关系。

本文结合新浪微博意见领袖群体之间的转发与被转发关系，通过分析点度中心度和点度中心势指数，找出网络意见领袖社区中的两大特殊群体，并进而分析这一群体内部的信息流动特征。

这两大群体为点出度（outdegree）高的群体和点入度（indegree）高的群体。在本研究中，点入度较高的，即信息被大量转发者；点出度高的，即大量转发相关信息的微博意见领袖。

利用社会网络分析软件UCINET，我们分析并绘制出了意见领袖信息流动网络图（见图2）。该图是对意见领袖信息流动状况的呈现，以此更为直观表现这个群体的特征及其联动。其中，圆点为转发者的标记；方块为被转发者的标记。由于大部分意见领袖都参与了信息的转发与被转发过程，所以大

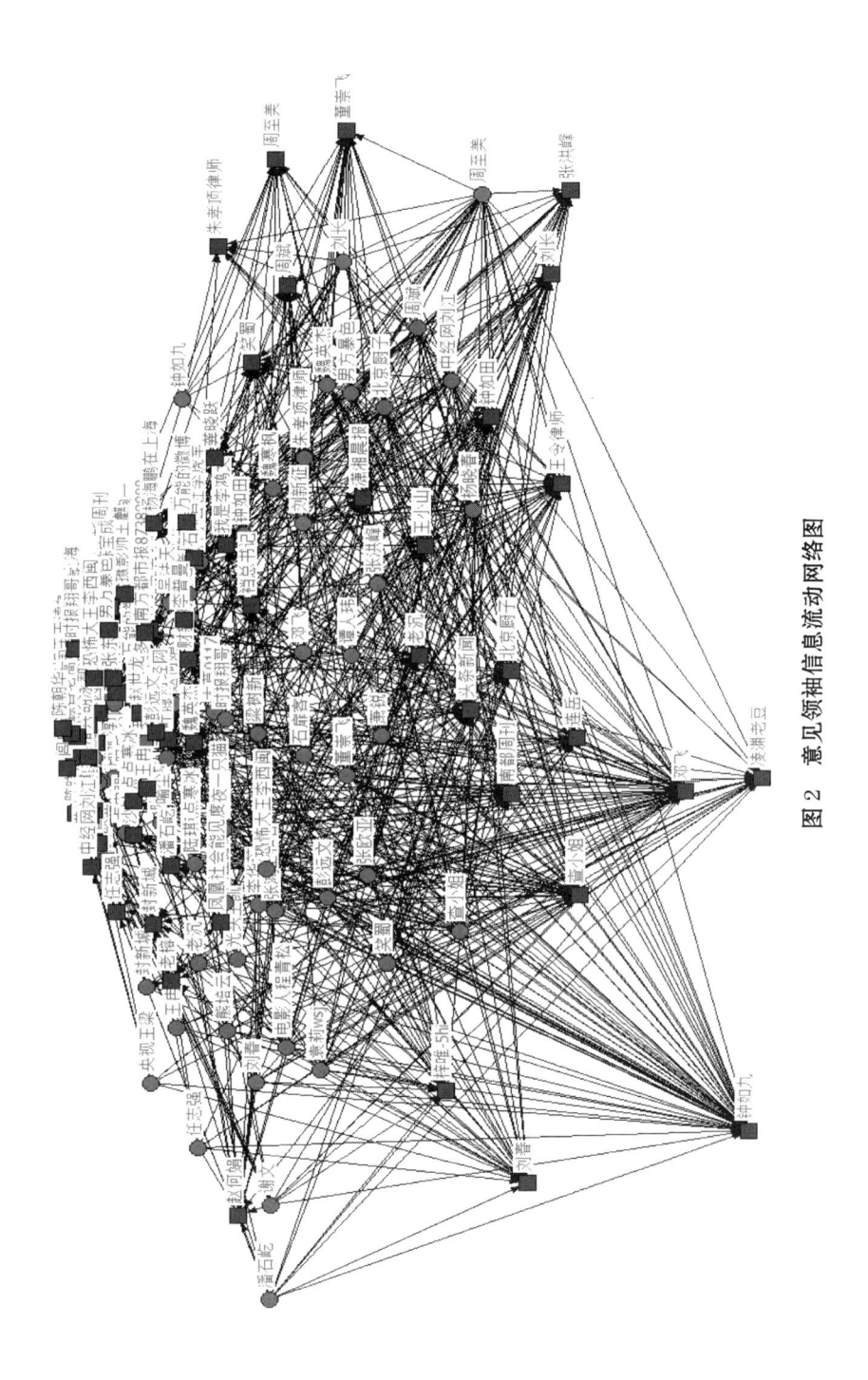

网络意见领袖社区的构成、
联动及其政策影响：以微博为例

图 2 意见领袖信息流动网络图

部分意见领袖在图中都各有一个方块和圆点。图片下方比较清晰稀疏部分为转发和被转发过程中最为积极的意见领袖。

将前述的"互相转发关系矩阵"输入 UCINET 软件,计算其点度中心度及其中心势,结果见表4。软件计算显示,整个网络的标准化点入度中心势和点出度中心势分别为 50.585% 和 22.268%。中心势越接近1,说明网络越具有集中趋势(centralization)。[1]可以看出,被转发的中心势高一些,也即是被转发者这个群体有着明显的集中趋势。

表4 弗里曼点度中心性测量描述性统计

	点出度 (OutDegree)	点入度 (InDegree)	点出度标准值 (NrmOutDeg)	点入度标准值 (NrmInDeg)
平均值(Mean)	6.835	6.835	5.995	5.995
标准离差(Std Dev)	7.072	10.355	6.204	9.083
总数(Sum)	786.000	786.000	689.474	689.474
方差(Variance)	50.016	107.216	38.486	82.499
SSQ	11124.000	17702.000	8559.557	13621.114
MCSSQ	5751.861	12329.861	4425.870	9487.428
Euc Norm	105.470	133.049	92.518	116.710
最小值(Minimum)	0.000	0.000	0.000	0.000
最大值(Maximum)	32.000	64.000	28.070	56.140

Network Centralization (Outdegree)(点出度中心势)= 22.268%
Network Centralization (Indegree)(点入度中心势)= 50.585%

通过分析以上数据及微博意见领袖群体网络结构图,我们发现:信息被大量转发的前20位中,有12位为媒体人,2位为"潇湘晨报"和"头条新闻"这样的"微博媒体"。由此可见,被大量转发的意见领袖多为媒体人或者具有媒体性质的"微博媒体"。[2]

---

[1] 刘军:《社会网络分析导论》,社会科学文献出版社2004年版。
[2] "宜黄拆迁"议题的微博意见领袖社区中,信息被大量转发的意见领袖除了当事人钟如九之外,还包括:作为微博直播者的邓飞,有50个加V认证的名人转发了他的信息;报道此事的传统媒体记者查小姐、刘春、刘长、张洪峰、周至美;积极参与的草根网友"北京厨子""梓唯-5hi";也包括此事的代理律师王令;以及笑蜀、连岳、王小山等专栏作家/时评员;还有像潇湘晨报、头条新闻、南都周刊等"微博媒体"。

相关研究表明，必须具备以下三个条件，其微博才具有较大的传播能量：一个是处于信息源的上端，会成为注意力信息的权威发布者；第二是博主具有权力社会身份。打开新浪的"微博"，可以发现许多知名人士开博，这些名人受关注的程度远远高于普通人；第三是"博主"的网络表达技巧和策略[①]。

媒体人恰好具备这些条件。比如，从事宜黄议题报道的传统媒体人，与当事人有直接接触，信息价值和可靠性高，所以被大量转发。所以才会出现标准化点入度中心势高达50.585%，被转发者有着明显的集中趋势。由此，综合意见领袖群体的构成特点及转发特点，整个网络意见领袖群体的特征可以概括为"媒体人驱动"的意见领袖群体。换言之，媒体人是这一网络意见领袖群体中的核心和主力，是信息和观点的主要提供者。

点出度中心势22.268%，并不是很集中，而且呈现出多元的趋势。而积极的转发者除了查小姐、邓飞、周至美、张洪峰、邓飞、刘长为代表的报道此事的传统媒体记者；除了笑蜀、魏英杰、彭远文、萧锐为代表的时评员以外，还出现了电影人程青松为代表的娱乐明星，"北京厨子"为代表的草根意见领袖，潘石屹为代表的商界精英，著名作家李西闽等，呈现出多元化的趋势。商人、编剧作家、音乐人、电影导演甚至娱乐明星也成为意见领袖，成为议题网络中的一员。虽然他们所占比重不大，但这一现象足以令人兴奋。这一意见领袖群体从原来在线下的缺乏互动，到现在在线上的频密互动，并且打破各个人群之间的区隔。不仅是打破了意见领袖群体的内部区隔，还打破了与公众之间的区隔。这得益于新媒体所提供的平台。其实，这一意见领袖群体一开始在诸如牛博网这样的平台聚合，有了一定的互动，但还存在局限，且和公众难以真正频密沟通。而微博的出现，改善了这种状况。微博成为一个各阶层沟通的虚拟空间。在这个虚拟空间里，原有的阶层区隔消失了。由此可见，这一意见领袖群体的虚拟社会网络具有"弱阶层和职业区隔"的

---

① 彭兰：《微博客的信息传播机制分析》，人民网传媒频道（http://media.people.com.cn/GB/40628/12914673.html），2010年9月访问。杨晓茹：《传播学视域中的微博研究》，《当代传播》2010年第2期，第73－74页。

特征。这意味着信息的流动也打破了阶层和职业的区隔，在不同阶层和职业群体中扩散，拓展了信息的扩散范围。

七、网络意见领袖社区的三大圈层

"宜黄拆迁"议题中，在网络意见领袖群体的努力下，形成了一个流动的虚拟社会网络。由于网络意见领袖群体的现实社会身份权力投射到微博空间，使得其成为微博"话语权力的中心"[①]，利用其作为网络意见领袖的身份权力，通过博客、微博的传播和转载，使得议题及时得到网友的关注，成为网络的热议题，并借助这一信息的流动，将大量对此议题怀有兴趣的网友串联起来，形成一个虚拟、流动的社会网络。

这一网络的形成依凭的是议题信息的转发和被转发。对议题信息的相互转发不仅促成了信息流动，也建构了一种相互关系，这一关系形成了一个庞大的网络。它加速了议题的扩散，联结了普通的公众参与公共议题协商，降低了公众参与的门槛，对公共舆论的形成至关重要，成为推动政策变迁的重要力量。

这一网络主要包括三大圈层。其中核心圈层和第二圈层为前文所述的意见领袖社区网络构成，第三圈层则是由受意见领袖社区网络影响而加入的普通围观网民。

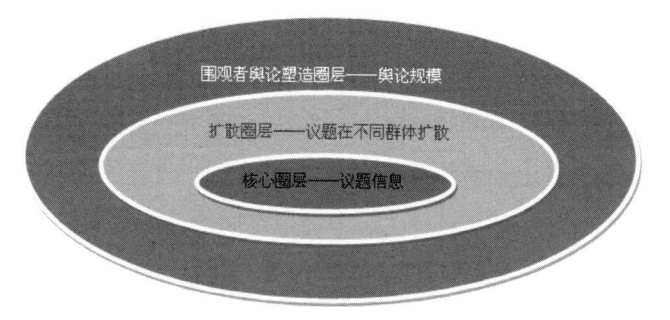

图3 网络意见领袖社区的三大圈层

---

① 彭兰：《微博客的信息传播机制分析》，人民网传媒频道（http://media.people.com.cn/GB/40628/12914673.html），2010年9月访问。

核心圈层为当事人和介入者网络。这一网络是虚拟网络的主要表演者，是议题持续得到关注的动力，也是进行舆论动员中的重要部分，通过表演者的合力表演，为虚拟社会网络的拓展奠基。此一网络的表演者包括当事人钟如九的微博直播，她的悲情叙事伴随着事态的发展展开；还包括媒体人邓飞、刘长、张洪峰、查小姐、周至美、刘春、谭人玮在微博上组成的媒体网络，运用了"自媒体报道""微博直播""微博互动"等技巧进行合作演出；以及网友"梓唯_5hi"为代表的热心目击网友直播；此外还有此事件维权律师朱孝顶、王令等的法学诠释。

第二层次为扩散圈层，包括电影人、娱乐明星、音乐人、商人、作家等。包括笑蜀、魏英杰、彭远文等为代表的时评员，任志强、潘石屹为代表的商界精英，姚晨、电影导演程青松为代表的娱乐明星，"北京厨子"为代表的草根意见领袖组成的网络。在"宜黄拆迁"这一事件当中，我们很欣喜地看到一个新的现象，向来"在商言商"的商界名人和"不闻政治"的娱乐明星也参与到这一事件中。虽然他们所占比重不大，但这一现象足以令人兴奋。

第三层次为普通围观者圈层。这一普通网友组成的围观者，是由网络意见领袖群体动员导致的大量弱连接。拓展了钟如九的社会网络，形成舆论规模。比如，后来的钟如九母亲病危，微博大救援得以形成，就是这一虚拟社会网络形成的重要佐证，也为媒体所津津乐道。在这里，我们看到了普通网民的重要角色，他们在意见领袖的影响之下推动了"围观政治"的形成。

三大圈层对公共议题的影响各有不同。核心圈层主要提供的是核心信息、观点和意见，主要对应的是意见领袖群体中的被转发者，即点入度高的群体，他们的信息被大量转发。第二圈层主要提供传播能量，拓展传播的范围，主要对应的是意见领袖社区中的转发者，即点出度高的群体。第二圈层的意见领袖虽然不能提供核心的信息，但却积极转发。这个圈层的意见领袖分属不同的阶层和职业圈，且大多有着几十万的粉丝，其传播能量不亚于一家媒体。

第三圈层的主要功能是形成公共舆论压力,由大量的草根网友构成。这些网友的转发和评论数量也成为了衡量舆论规模的指标,造成了舆论压力,使得舆论变得可视化。

八、结论和讨论:网络意见领袖社区的社会影响

本文从社会网络的理论视角出发,对这一网络意见领袖群体在公共事件中结成的社会网络、网络内部的活动机制,及其后果进行考察和描述。我们的观察也恰好在某种程度上构成了对技术乐观主义的回应。单靠技术性优势的分析,难以确切地理解一种新媒介的作用。还应该与具体的社会群体和情景脉络联系起来,分析才能更加透彻。

笔者的观察发现,互联网毋庸置疑拥有巨大的优势,但这一优势发挥作用并非单靠其技术本身,而有赖于社会主体对于新技术的运用。在众多个案中,我们看到了意见领袖群体发挥的关键作用。他们与技术的相互作用,才促成了社会行动的积极结果。笔者的观察表明,这些最积极的公民构成了网络意见领袖群体,推动了大量的社会行动。没有这一部分意见领袖群体的出现和成长,互联网和传统媒体再发达,恐怕也难以看到媒体在国家与社会互动过程中的积极作用。换言之,正是网络意见领袖群体的积极介入,传统媒体和新媒体才能充分发挥其潜能,才能促成公众参与。

笔者发现,网络意见领袖社区具有媒体人驱动、跨越阶层和职业区隔的特点。换言之,在一方面,即使身处新媒体(社交媒体)时代,我们的意见领袖并没有被完全重新定义——媒体人仍然在公共议题中扮演着最为主要的意见领袖角色——这与传统媒体时代十分相似。另一方面,积极转发他人信息的意见领袖群体则比较分散,囊括了许多传统媒体时代中并不活跃的角色(比如商人和娱乐明星等),他们使得公共议题的信息可以跨越阶层和职业圈的区隔,这是网络意见领袖社区的新趋势。我们还发现,这个网络意见领袖

社区可以区分为三大圈层——核心圈层、扩散圈层和普通围观者圈层——他们各有分工，在公共议题信息扩散中扮演着独特的角色。

通过考察网络意见领袖群体及其在新技术平台上形成的社会网络，笔者认为，这一社区对于转型中国的公共议题形成、底层民意表达以及政策变迁具有十分显著的作用。事实上，在许多公共议题中，都存在着这个意见领袖社区的活跃角色。本文考察的是一个成功的公共议题个案，它足以证明新技术平台上的意见领袖社区所形成的社会影响。

当然，这一结论又触发出其他一些问题。由于诸多公共议题的形成很大程度上归功于意见领袖群体的推动，那么检视这一群体在议题选择方面的偏好就显得十分必要。究竟这一意见领袖群体偏好怎样的议题？议题筛选的时候会有怎样的考虑，受到哪些因素的制约？究竟在怎样的议题上意见领袖群体乐意代言并推动公共舆论的形成？怎样的议题又最具有促进公共参与和底层表达的可能？这些问题的回答有助于检验这一意见领袖群体推动底层表达的潜力。这是本文所触发出的问题，笔者将另文探讨。

另外，本文选择的个案以新浪微博为平台，所以考察的仅是新浪微博，那么其他网络提供商的微博呢？比如腾讯、网易。其他类型的 SNS 社区呢？比如豆瓣、校内网。这些类型的 SNS 社区是否也能看到这个意见领袖群体的活跃角色？这涉及各个 SNS 社区的技术特性和网民结构（年龄、职业等）等因素。那么，作为最积极公民的意见领袖群体究竟偏好怎样的 SNS 社区呢？不同社区究竟偏好哪一类型的公共议题？可以有怎样的传播策略？不同类型社区之间能否打破区隔，使得公共议题得以更大范围的延伸，产生更加积极的影响？这是需要进一步回答的问题。

本课题得到了 2011 年教育部人文社会科学研究青年基金项目"媒体、集体行动与底层舆论的互动关系研究"资助，中山大学社会建设论坛（课题名称为"公益组织的信用危机与品牌重建"）资助、高校基本科研业务费中山大学青年教师培育项目"中国企业 CSR 传播与社会公益"资助以及第四十八批中国博士后科学基金面上资助（课题名称为"城乡一体化、流动人口与传媒赋权"），特此致谢。

作者：曾繁旭，该文发表时任职于中山大学传播与设计学院
黄广生，该文发表时就读于中山大学传播与设计学院
原载《开放时代》2012 年第 4 期

遴选意见

《网络意见领袖社区的构成、联动及其政策影响：以微博为例》一文运用社会学的研究范式，综合运用社区传播、舆论研究、意见领袖、新兴媒体等传播学专业核心概念，以具有重大社会影响的"宜黄拆迁"事件为个案，研究公共议题中网络舆论领袖及其圈层的不同信息传播角色。该论文超越一般意义上的技术决定论视角，将具体的社会群体和情景脉络纳入研究视野，客观呈现了网络意见领袖社区对转型期中国的公共议题形成、底层民意表达以及政策变迁的重大影响。这是一篇逻辑严谨、写作规范、具有较高学术和社会价值的论文。

写作回眸

用笨拙的方法做学术

2009年秋季学期，我在中山大学组织了一个小规模的读书小组，邀请10位学生参加，每周聚会，共同研读关于"传媒与底层社会"的文献。巧合的是，这段时间中，各种公民行动议题频密兴起，往往形成传媒平台上的舆论焦点。为了让文献阅读与中国现实呼应，我们开始将阅读聚焦于"传媒与公民行动"这个领域，并对多个议题展开各种形式的田野调研，从线上到线下，了解媒体在抗争事件中的角色。

在其中，我和广生逐渐注意到，虽然互联网为民众的表达与行动带来了巨大的便利，但并非所有的公民议题都能形成所谓的"围观政治"或者"网络民意"——事实上，互联网上的"喃喃自语"只有进入意见领袖的社区之中，才能上升为公共表达，并进而引起公共舆论的关注，出现政策回应的可能。

出于这样的观察，我们决定运用社会网络的分析方法，对这一意见领袖社区进行研究。我们的好奇心在于：互联网上的意见领袖社区如何构成？他们如何通过联动机制结成网络社区？该社区对于公共议题和政策变迁又有何影响？

总体而言，我和广生进行大量的前期沟通，就是在明确这样的一个构思和主题。我们有过远远更为庞杂的想法，接触过许多不同的理论概念，但后来逐渐聚焦。如果把这些前期沟通的信件放在一起，足足有数万字之多。明确构思之后，论文的进展变得具体、具有可操作性，它的完成也似乎突然间变得可以预见。

在研究方法上，我们采取的是"多案例比较研究"。具体而言，我们选定宜黄拆迁议题和其他若干微博拆迁维权议题为研究个案。前者是一个核心个案，论文的大部分数据搜集围绕它展开，从而方便对数据的把握；而纳入其他几个相似案例，则是为了在案例比较中更好地控制变量。

尽管严格控制了案例的数量，但因为希望有一个解析度很高的数据，我们只好运用人工的方法，对于核心案例的微博转发链条进行搜集、整理。具体的数据获取步骤以及统计原则，文中有甚为详细的说明。我当时正好在哈佛燕京学社访问，这些艰难的工作主要是广生同学完成的，这为我们后来的论文写作打下了十分扎实的基础。

在理论上，我们选择了互联网与公共参与、中国知识分子研究、意见领袖研究等理论脉络进行对话。事实上，这些研究散落在不同的学科当中。除了传播学以外，思想史、社会思潮、知识分子、市民社会等相关研究领域的文献也都对此有所触及。梳理完这些可以对话的文献脉络，行文的逻辑也随之进一步明晰。当然，回头来看，论文的理论对话意识仍可加强，对话的重点也可更为明确。具体而言，结语与讨论部分，是可以改得更好的。

论文前后写了十多稿，反复打磨论文演进的逻辑和节奏。因为数据抓取与统计的方法甚为复杂，放在一处说明，会严重影响论文的可读性，所以我们最终选择将一部分相关内容融入后面的研究阐述当中。

借此机会，我想感谢当时的小伙伴黄广生同学，他对待学术十分热诚，耐心细致，他的帮助、参与和相互激发，是论文得以完成的关键。同时，中国社会科学院新闻与传播研究所将论文评选为2012年度的全国优秀论文，让我们觉得十分意外与惊喜——论文并非发表在新闻传播类的学刊之上，所使用的理论与方法，也不太具备正统的学科特色。特别感谢评委将论文打捞出来，这一定是很艰辛的工作。这让我们愈加意识到，使用相对笨拙的方法做学术，倒可能是符合了学术的本意。奖项坚定了我们这一信念。

（曾繁旭 执笔）

5 网络人际传播中印象形成机制的实验研究

张 放

张　放
Zhang Fang

作者小传

男，四川成都人，1980年出生。先后获得工学学士（电子科技大学）、法学硕士（四川大学）和文学博士（四川大学），新闻传播学博士后，曾任IT研发工程师，现为四川大学新闻学院副教授、硕士生导师、院长助理、传播学与新媒体系主任，四川省哲学社会科学重点研究基地社会舆情与信息传播研究中心副研究员，四川省学术和技术带头人后备人选。兼任中国传播学会人际传播专业委员会常务理事、中国网络传播学会会员、中国新闻史学会会员、中国新闻传播思想史研究会会员、中国青少年新媒体协会会员。曾获全国百篇优秀博士学位论文提名，首届全国新闻传播学优秀论文奖。主要研究方向为网络传播效果、人际传播（互动传播）、传播思想史。代表作有论文《网络人际传播中印象形成机制的实验研究》(《新闻与传播研究》2012年第3期),《网络人际传播中不同类型线索对印象形成影响的实验研究》(《新闻与传播研究》2014年第1期),《网络人际传播中印象形成效果的实验研究》(《国际新闻界》2011年第2期),《非浸入式诠释性探究：方法论视野下"受众民族志"的重新定位及其当代意义》(《新闻与传播研究》2015年第2期),《媒介效果研究：一个不能被"传播效果研究"代替的术语——基于传播学耶鲁学派与哥伦比亚学派的学术史考察》(《四川大学学报（哲学社会科学版）》2014年第1期)等。出版学术著作2部,先后获得四川省第十五次哲学社会科学优秀成果二等奖和四川省第十六次哲学社会科学优秀成果一等奖。曾主持国家社会科学基金重大招标项目"新形势下提升舆论引导力对策研究"子项目"舆论引导力评价指标体系研究"、教育部人文社会科学研究青年项目"移动互联网应用及其对中国社会文化特质的影响研究"、四川省哲学社会科学规划基地项目"政务微博拟人化传播策略的效果测评及优化对策研究"等省部级以上科研项目。

网络人际传播中印象形成机制的实验研究

张　放

内容提要：

本文以实验方法探索网络人际传播中印象形成机制。实验以线索（强/弱）和图式（强/弱）为自变量，采用 2×2 析因设计，并以启动效应对图式的强弱程度加以控制，最后通过方差分析和独立样本 t 检验探明两个自变量因素对网络人际印象形成产生的影响。120 名被试分为 4 组参与了实验。实验结果揭示了图式对线索的效应并非简单的补偿，而是在印象形成的不同维度有不同作用。实验结果还提供了对网络人际传播中印象形成过程的描述，提出了网络印象形成双因素三段式模型。

关键词： 网络人际传播　印象形成　效果　实验研究

一、研究回顾与问题的提出

早期网络人际传播研究认为，网络媒介环境会消除大量有利于印象形成的交际线索，由此而形成了包括交际在场感理论（social presence theory）和交际情境线索缺失假说（hypothesis of lack of social context cues）等理论的线索消除论进路（cues filtered-out approach）[1]。

然而，互动社会语言学（interactional sociolinguistics）中的不确定性削减理论（uncertainty reduction theory，URT）[2]指出，在人际交往中，人们总是利用一切可能得到的信息对他人形成印象——即对他人的个性做出一些判断或是根据对方是什么样的人来对其做出判断[3]。有学者据此提出了社会信息加工理论（social information processing，SIP）和超人际模型（hyperpersonal model）[4]等有别于原先具有技术决定论取向的线索消除进路的理论模型，在承认部分交际线索在网络传输过程中被阻碍的前提下，认为传播参与者能够主动搜集其他可利用的信息对缺失的线索进行替代，同样能够达到甚至超越面对面传播的效果水平。这一进路被我国台湾学者吴筱玫称之为线索补偿论（cues compensation）[5]。如果承认线索补偿论是对线索消除进路的发展，那么一个问题就会很自然地被提出来：在网络传播条件下，究竟是什么补偿了被消除的线索，以至于出现网络传播的超人际效果？或者说，在线索消除的基础上，网络传播的超人际效果究竟是怎样形成的？

---

[1] 参见张放《网络人际传播效果研究的基本框架、主导范式与多学科传统》，《四川大学学报（哲学社会科学版）》2010年第2期，第61－67页。

[2] Berger, C. R., & Calabrese, R. J., "Some explorations in initial interaction and beyond: Toward a developmental theory of interpersonal communication", *Human Communication Research*, 1, 1975, pp.99-112.

[3] Taylor, S. E., Peplau, L. A., & Sears, D. O., *Social psychology*, Beijing: Peking University Press, 2004, p.33.

[4] 参见张放《网络人际传播效果研究的基本框架、主导范式与多学科传统》，《四川大学学报（哲学社会科学版）》2010年第2期，第61－67页。

[5] 吴筱玫：《计算机中介传播：理论与回顾》，载杜骏飞、黄煜主编《中国网络传播研究》第1卷第1辑，复旦大学出版社2007年版，第35－61页。

二、理论假设与研究假设

在持线索补偿观点的理论模型中，有一个独具特色的理论模型，即 SIDE（social identity model of de-individuation effects）。该模型并未明确指出网络人际传播中的参与者通过主动搜集其他可利用的信息来对缺失的线索讯息加以替代和补偿，但其前所未有地重视了社会认同（social identity）在网络人际印象形成中的关键作用，并提出了一个至关重要的理论问题，即传播参与者自身的刻板认知与交际线索结合并共同发生作用之后对印象形成产生了什么样的影响。模型认为，线索的缺乏一方面导致强烈的群体认同，另一方面又导致个体摆脱社会规范或群体规范约束的去抑制行为（uninhibited behavior），即身份认同极化（polarization of communicators' identity）。这是模型所概括的行为结果，但却只是一个延伸的结论。问题的关键还在于造成身份认同极化的原因——去个性化效果（de-individuation effect）的产生。SIDE 将之归因于社会刻板印象（social stereotype）的形成，并认为后者是在计算机网络媒介的过滤之下仅剩的交际线索所触发的。换言之，该模型认为网络人际传播中所形成的印象是由少量的交际线索所触发的刻板印象，而非真实准确的印象。

追溯 SIDE 的理论来源不难发现，社会心理学的社会认同与自我归类理论（social identity/self-categorization theory）[1]是其重要基础。该理论认为个体在对某个特定的社会群体存在认同感的情况下，倾向于将自身归属于该社会群体。根据这一理论，网络传播条件下"线索的相对缺乏使得传播参与者更加依赖于社会归类（social categorization）来对可得信息作出解释，以便形成一个相对完整的交际情境"[2]。当传播者将印象目标进行社会归类之后，便会把该

---

[1] See Tajfel, H. and Turner, J. C. The social identity theory of inter-group behavior. In S. Worchel and L. W. Austin (eds.), *Psychology of Intergroup Relations*, Chigago: Nelson-Hall., 1986, pp. 7-24.

[2] Lea, M., & Spears, R., "Paralanguage and social perception in computer-mediated communication", *Journal of Organizational Computing*, 2, 1992, pp.321-341.

社会类别的所有典型特征赋予对方，从而形成刻板印象。这就意味着，在网络人际印象形成过程中，可能存在着图式加工[①]。

在先前的网络人际传播中印象形成效果的实验研究（以下简称网络印象效果实验）中，我们发现了人际印象形成的网络正向晕轮效应，并推测该效应可能是由其中携带信息的交际线索和作为信息理解、阐释框架的互动者的认知图式两个因素所带来的，且后者对前者可能存在一种完形机制[②]。这与SIDE中隐含的图式加工观点具有一致性，故本研究不妨作出如下理论假设：在网络传播条件下，正是传播者本身所具有的认知图式介入了印象形成，并提供了本应由被消除的交际线索提供的信息，从而使得网络人际印象形成的过程得以完成，即存在图式对线索的补偿效应。

这一理论假设包含两个基本判断：第一，线索是网络人际印象形成的基础，对于网络印象的各个方面都或多或少地存在影响；第二，图式是线索的补充，也会对网络印象的各个方面产生影响。

概括而言，即网络人际印象形成是线索与图式共同作用的结果。根据先前的网络印象效果实验中提出的网络人际印象形成的测量指标体系，我们仍然从鲜明度、全面度、好感度和失真度4个维度对其进行考察，并可以形成如下研究假设：

H1 网络传播条件下，线索与图式共同影响印象鲜明度。

H2 网络传播条件下，线索与图式共同影响印象全面度。

H3 网络传播条件下，线索与图式共同影响印象好感度。

H4 网络传播条件下，线索与图式共同影响印象失真度。

[①] 当人们接触外界事物时，常在记忆中检索那些与输入信息最符合的认知图式与之对照，加以理解与解释，这个过程称之为图式加工（schematic processing）。参见章志光主编、金盛华副主编《社会心理学》，人民教育出版社1996年版，第116页。其中图式（schema）是依据先前经验把各种相关概念有意义地组织起来的认知模式。参见 [美] 罗伯特·斯滕伯格：《认知心理学》（第3版），杨炳钧等译，中国轻工业出版社2006年版，第437页。

[②] 张放：《网络人际传播中印象形成效果的实验研究》，《国际新闻界》2011年第33卷第2期，第76－82页。

三、研究方法

对于控制实验研究而言，一个操作上的难题是对图式如何实施控制。认知图式形成的基础是个体的个人经验，而现实中每个个体的经验千差万别，所存储的图式也就各不相同。再者，根据社会认知学者的研究，图式的激活与调用与其使用频度、上一次激活时间间距、观察目的、动机、情绪等多个因素有关，即便在特定的情境下，面对特定的认知目标，感知者所使用的图式也具有很大的随意性。那么，如何才能让感知者按照实验的安排来激活和调用记忆中的图式呢？

启动效应的相关研究为我们提供了一个可行的操作方案。苏珊·菲斯克（Susan T. Fiske）和谢莉·泰勒（Shelley E. Taylor）将启动效应（priming effects）定义为"先前的背景对其后解释信息和提取信息的影响"[1]。启动效应的存在使得研究者能够通过启动的方式把感知者记忆中的一个特定的认知图式转移到记忆结构中最容易被联结或复制的位置，并保证感知者在接触到目标刺激之后能够以最大的概率将其调用到对目标的认知加工过程中。研究者已经证明，在特定的情境下，让个体事先接触到相应的特质（traits）能够让处于不同情境中的人们不知不觉地改变看待社会认知对象的方式[2]。相关的研究被称之为"特质启动研究（traits-priming study）"。

因此，本研究拟采用启动的方式来激活相应的图式，从而实现在实验中对图式强度水平的控制。

（一）实验设计

本实验采用 2×2（二因素二价）析因设计（factorial design），以认知启动（强/弱）和交际线索水平（强/弱）为自变量进行匹配（见表1），然后

---

[1] ［美］S.T. 菲斯克、S.E. 泰勒：《社会认知：人怎样认识自己和他人》，张庆林等译，贵州人民出版社1994年版，第242页。

[2] DeCoster, J., & Claypool, H. M., "A meta-analysis of priming effects on impression formation supporting a general model of information biases", *Personality and Social Psychology Review*, 8(1), 2004, pp. 2-27.

通过方差分析和简单效应检验探明两个因素对网络人际印象形成产生的影响。

表1 2×2设计自变量安排表

强启动		弱启动	
强线索	弱线索	强线索	弱线索
第1组	第2组	第3组	第4组

从四川大学选取120名本科二年级学生（其中男性60名，女性60名）作为实验被试，以发给小礼品作为实验酬劳。严格保证被试在实验之前未接触过实验材料及相关信息。按照完全随机分配的原则将被试分配到前述相等的4个组（每组30人）中，分别呈现不同的启动刺激材料和交际线索材料。

本实验中用到的强线索材料将使用同时包含资料线索、语言线索、内容线索[①]的对话记录材料。

本实验所使用的启动刺激采用单极设计（启动特质相同而刺激强度不同），启动形式为评价启动（让被试对启动刺激材料进行评价），启动性质为测量某一特质的启动对于人们在对目标（靶子）进行判断时使用该特质的倾向起到何种作用的特质性（descriptive implication）启动[②]。实验在强、弱启动条件下均采用前意识启动方式，即将启动刺激单独呈现给被试，同时确保被试认为启动刺激与其对印象目标的判断绝对无关。实验不设定延迟时间，启动之后立即对被试呈现线索材料。一般而言，异常启动比非异常启动对于印象形成有着更为强烈的效果，所以通常负面信息对于道德和人格方面的评判所产生的效果较为明显；而正面信息对能力方面的评判所产生的效果较为明显[③]。尽管本实验主要关注人格特征的评判，但由于并不需要过度加强启动产

[①] 资料线索包括网名（ID或昵称）、虚拟形象（头像或虚拟人物形象）、在线个人资料和个性签名；语言线索包括语言风格和电子表情；内容线索即语言内容，主要包括交流中通过自我表露和回答询问的方式展示出来的、以语言为载体的相关信息。

[②] See Devine, P. G., "Stereotypes and prejudice: Their automatic and controlled components", *Journal of Personality & Social Psychology*, 56(1), 1989, pp.5-18.

[③] See Skowronski, J. J., & Carlston, D. E., "Negativity and extremity biases in impression formation: A review of explanations", *Psychological Bulletin*, 105(1), 1989, pp.131-142.

生的效果，因而采用中性的启动刺激。综上，本研究拟对相应的启动材料和启动过程作如下设计：

首先，启动材料是包含5组共50个形容词的一道所谓的"基本语言能力测试题"。该测试题要求被试将每组10个词中的3个通常用于直接形容人的词挑选出来，填入指定的表格中。强启动材料中应当被选出的15个词均为描述目标特质的启动词；弱启动材料中应当被选出的15个词中有10个为描述目标特质的启动词，另外5个为削弱启动效果的干扰词。

其次，在实验的主体程序实施之前要求被试完成启动材料中关于基本语言能力的"预测试"，并告知被试此"预测试"的目的在于测验实验参与者的语言理解能力和判断能力，以防稍后的实验在结果上出现较大的误差，若"预测试通过"方能进入正式的实验程序。对于采用强启动的分组，在被试完成"预测试"之后，还需将预先做好的"标准答案"发给其自行对照，以加强启动效果；对于采用弱启动的分组则不设这一程序。整个"预测试"结束即为启动完成。

（二）实验程序

采用强启动条件的分组的实验程序如下：首先告知被试，为了避免稍后的实验在结果上出现较大的误差，在实验进行之前需要测试其基本的语言理解能力和判断能力，然后发给被试启动材料"基本语言能力测试"，让被试按照材料上的要求完成填答。填答完成之后将启动材料收回。随后将"基本语言能力测试答案"发给被试，由被试自行对照判分。判分完毕并获得被试分数之后，告知被试"你的测试已通过，你具备参加本实验的基本条件"，并按分组将相应水平的线索材料和NEO五因素形容词评定量表发给被试，请被试按要求仔细阅读材料之后填写量表。完成之后回收量表。

采用弱启动条件的分组的实验程序如下：首先告知被试，为了避免稍后的实验在结果上出现较大的误差，在实验进行之前需要测试其基本的语言理解能力和判断能力，然后发给被试启动材料"基本语言能力测试"，让被试按照材料上的要求完成填答。填答完成之后将启动材料收回并判分，继而告知被试"你的测试已通过,你具备参加本实验的基本条件",并按分组将相应水平的线索材料和 NEO 五因素形容词评定量表发给被试,请被试按要求仔细阅读材料之后填写量表。完成之后回收量表。

(三)因变量的设置与测量

本实验的因变量为网络人际印象效果,因此将沿用网络印象效果研究所使用的四个测量指标,即印象鲜明度(intensity of impression)、印象全面度(breadth of impression)、印象好感度(valence of impression)和印象失真度(error of impression),以及每个指标相应的操作定义和测量方法[①]。

四、实验结果

(一)印象鲜明度

从分析结果(表2)中可以看到,虽然启动因素 [$F(1, 116) = 2.734$, $Sig. = 0.101 > 0.05$] 和线索因素 [$F(1, 116) = 0.246$, $Sig. = 0.621 > 0.05$] 均未表现出显著的主效应,但两个因素的交互作用达到了显著水平 [$F(1, 116) = 6.528$, $Sig. = 0.012 < 0.05$]。故需利用 SPSS 作出其线索—启动二次交互作用图解(图1)。

表2 印象鲜明度的二因素方差分析结果

组间效应检验结果

因变量:印象鲜明度

来源	第三类平方和	自由度	均方	F 值	显著性
校正模型	1.972(a)	3	.657	3.169	.027
截距	376.869	1	376.869	1.817E3	.000
启动	.567	1	.567	2.734	.101

---

① 参见张放《网络人际传播中印象形成效果的实验研究》,《国际新闻界》2011年第33卷第2期,第76-82页。

续表

来源	第三类平方和	自由度	均方	F值	显著性
线索	.051	1	.051	.246	.621
启动*线索	1.354	1	1.354	6.528	.012
误差	24.056	116	.207		
总数	402.896	120			
校正后总数	26.027	119			

a R平方 = .076（调整后 R 平方 = .052）

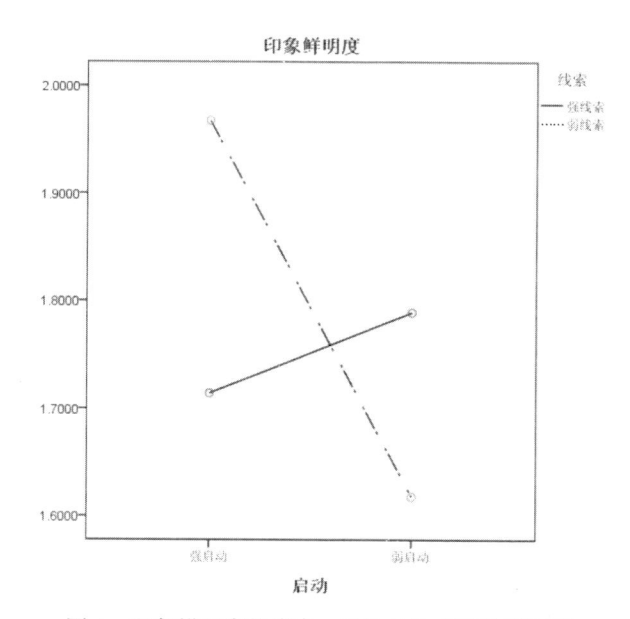

图1 印象鲜明度的线索—启动二次交互作用图解

从图中曲线可以看出，在线索充分的情况下，启动强度对印象鲜明度的影响并不显著，强、弱启动二组的独立样本 t 检验的结果对此也予以了证实：t(58) = 0.723，p > 0.05，Sig.(2-tailed) = 0.473 > 0.05；而在线索相对不足的情况下，启动效果的变化能够强烈地影响印象鲜明度 [t(58) = -2.692，p > 0.05，Sig.(2-tailed) = 0.009 < 0.01]。这就是说，线索—启动的二次交互效应是在线索微弱的水平上呈现出来的。且启动强度正向作用于印象鲜明度，

启动强度越强，激活的图式就越明晰，所形成的印象就越鲜明。

(二) 印象全面度

分析结果（表3）显示，启动和线索两个因素之间存在显著的交互作用〔F（1，116）= 4.201，Sig. = 0.043 < 0.05〕。其中，启动因素未对印象全面度产生显著的主效应，F（1，116）= 0.071，Sig. = 0.790 > 0.05；而线索因素却对印象全面度呈现出显著的主效应，F（1，116）= 5.789，Sig. = 0.018 < 0.05，说明线索是造成印象全面度发生变化的影响因素。利用SPSS作出其线索—启动二次交互作用图解（图2）。

表3 印象全面度的二因素方差分析结果

组间效应检验结果

因变量：印象全面度

来源	第三类平方和	自由度	均方	F值	显著性
校正模型	42.233（a）	3	14.078	3.354	.021
截距	20540.833	1	20540.833	4.893E3	.000
启动	.300	1	.300	.071	.790
线索	24.300	1	24.300	5.789	.018
启动*线索	17.633	1	17.633	4.201	.043
误差	486.933	116	4.198		
总数	21070.000	120			
校正后总数	529.167	119			

a R平方 = .080（调整后R平方 = .056）

图解显示，在线索水平较低的情况下，启动强度的增加只对印象的全面度有些许影响，独立样本t检验的结果也表明，此时两个启动水平下印象全面度的均值差异是不显著的〔t(58) = −1.058, p > 0.05, Sig.(2-tailed) = 0.294

>0.05］。而在线索水平较高的情况下，强、弱启动水平下的全面度均值经独立样本 t 检验显示差异是显著的［t（44.047）= 2.148,p>0.05,Sig.（2-tailed）= 0.037<0.05］，此时较强的启动反而会明显降低所形成印象的全面度。

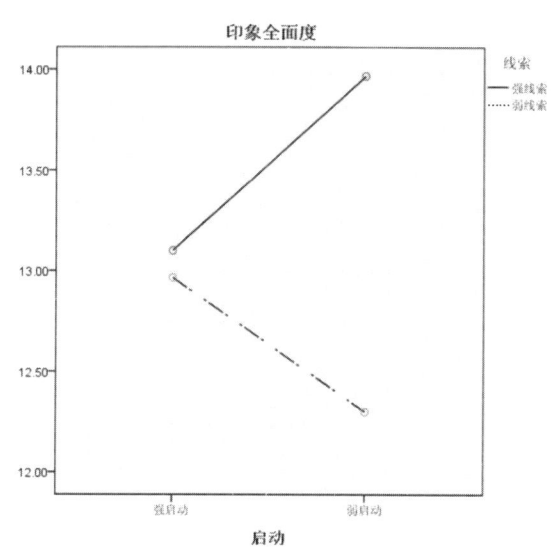

图 2　印象全面度的线索—启动二次交互作用图解

以上分析说明，图式对印象全面度这一指标的影响发生在线索水平较高的条件下，且呈反向变化。

（三）印象好感度

对于印象好感度（表 4），启动和线索两个因素的交互作用未达到显著水平［F（1,116）= 1.464, Sig. = 0.229>0.05］。其中，启动因素的主效应［F（1,116）= 0.036, Sig. = 0.849>0.05］不显著；而线索因素的主效应则体现出一定显著性［F（1,116）= 6.168, Sig. = 0.014<0.05］，说明线索是引起印象好感度变化的影响因素。

表4 印象好感度的二因素方差分析结果
组间效应检验结果

因变量：印象好感度

来源	第三类平方和	自由度	均方	F 值	显著性
校正模型	15.758（a）	3	5.253	2.556	.059
截距	16.875	1	16.875	8.212	.005
启动	.075	1	.075	.036	.849
线索	12.675	1	12.675	6.168	.014
启动*线索	3.008	1	3.008	1.464	.229
误差	238.367	116	2.055		
总数	271.000	120			
校正后总数	254.125	119			

a R 平方 = .062（调整后 R 平方 = .038）

利用 SPSS 计算线索因素的边际均值，得到线索水平较低的情况下印象好感度的均值为 M =-0.7000；而线索水平较高的情况下印象好感度的均值为 M =-0.0500，这表明线索水平对于印象好感度的影响是正向的，线索水平越高感知者对印象目标的好感就越强。

（四）印象失真度

对于印象失真度（表5），启动和线索两个因素的交互作用为 F（1, 116）= 2.262，Sig. = 0.135 > 0.05，仍然未达到显著水平。启动因素的主效应同样不显著［F（1, 116）= 0.019，Sig. = 0.891 > 0.05］；而线索因素却呈现出强烈的主效应，其 F（1, 116）= 14.610，Sig. = 0.000 < 0.01，这意味着网络人际印象形成的偏差大小主要取决于线索的充足程度。

表5 印象失真度的二因素方差分析结果

组间效应检验结果

因变量：印象失真度

来源	第三类平方和	自由度	均方	F值	显著性
校正模型	2.661（a）	3	.887	5.630	.001
截距	431.424	1	431.424	2.739E3	.000
启动	.003	1	.003	.019	.891
线索	2.301	1	2.301	14.610	.000
启动*线索	.356	1	.356	2.262	.135
误差	18.274	116	.158		
总数	452.359	120			
校正后总数	20.934	119			

a R平方 = .127（调整后R平方 = .105）

利用SPSS计算线索因素的边际均值，得到线索水平较低的情况下印象失真度的均值为M = 2.0345；而线索水平较高的情况下印象失真度的均值为M = 1.7576，线索水平的提升能够显著降低印象失真度，即增加所形成印象的准确性。

五、解释与讨论

实验结果表明：网络人际印象形成过程中，图式主要在特定的线索水平下对印象鲜明度和全面度产生显著影响；而印象好感度及失真度则基本依赖于交际线索的水平而与图式无关。以下分别进行讨论。

（一）线索与图式对印象鲜明度的影响

分析数据显示，图式对于印象鲜明度的强烈影响主要在线索缺乏的条件下产生。这说明，当交际线索不足之时，网络互动者若要形成关于对方的印象，必须激活和调取相关的图式，一旦图式参与印象形成的信息加工，最终所形成的印象会非常鲜明。这一结论充分验证了假设 H1 的判断。

随着个体相关经验的增加，会不断地对图式进行修正和提炼。在这一过程中，图式就会带上或多或少的典型特征，由于这些典型特征是经过了许多次的积累和抽象所保留下来的，因而在个体的记忆中会得到特别清晰的表征。一旦个体在认知他人的信息加工过程中运用相关的图式，那么图式所具有的相应的典型特征就会被赋予到印象目标身上，从而使得所形成的印象也变得非常鲜明。但如果印象形成过程中线索本身较为丰富，感知者调用的图式成分较少，那么对印象形成的鲜明程度的影响将会削弱。

如果进一步联系之前的网络印象效果实验结果就会发现，之所以网络传播形成的印象比面对面更为鲜明，很有可能是因为网络人际印象形成过程有更多的图式成分参与其中。不仅如此，既然交互作用显示图式对于鲜明度的强烈影响主要存在于交际线索缺乏的环境下，那么完全可以形成如下合理推断，即网络传播中交际线索的确是较为缺乏的。线索消除论在这里再次得到确证，而且更加明晰化的一点是，线索消除论恰恰是超人际模型成立的理论前提和基础，两者在逻辑上是互洽的，而非传统技术决定论的线索消除论所认为的，线索消除进路必然导致去人际效果（impersonal effects）论。

（二）线索与图式对印象全面度的影响

实验结果的分析数据表明，图式和线索对于印象全面度有达到 0.05 显著水平的交互作用。这一交互作用的含义是：在线索水平较低的情况下，启动的增强几乎不会影响印象的全面度；而在线索水平较高的情况下，较强的启动反而会明显降低所形成印象的全面度。假设 H2 也得到了支持。

然而，这一结果却并不完全符合传统社会认知研究中的内隐人格理论。内隐人格理论（implicit personality theory，IPT）提出，人们总是认为他人的人格特质之间是存在关联的，具有某些特质的人必定具有另一些与之相关联的特质[1]。所以在人际感知过程中，感知者就可能将一些关联特质赋予印象

---

[1] 参见 [美] 约瑟夫·A. 德维托《人际传播教程》（第 12 版），余瑞祥等译，中国人民大学出版社 2011 年版，第 74—75 页。

目标，从而扩大对印象目标特质的判断范围。这就是说，同样，在交际线索不足的情况下，感知者会形成自己对印象目标"了解比较全面"的错觉。既然如此，实验结果是否与内隐人格理论相矛盾呢？我们认为需要进一步分析。

首先必须明确的是，内隐人格理论不是心理学家的人格理论，而是普通人对人的基本特性（human attribute，如智力、品德和人格特征等）持有的基本认知图式或朴素理论[1]。随着近年来对内隐人格理论研究的深入，研究者已经发现其实际上包含了两种迥然而异的认知模式，即实体论者（entity theorist）模式和渐变论者（incremental theorist）模式[2]。而原始的内隐人格理论属于前者。不仅如此，研究者还发现了内隐人格理论的跨文化差异，即与西方人不同，东方人倾向于整体性的具体关系思维和辩证思维，因而在对人的认识上也更倾向于渐变论，少犯基本归因错误[3]。

所以，当线索不足时，图式只能对提升印象全面度起到很小的作用，这一结论并不与内隐人格理论冲突。对于内隐人格理论的渐变论者而言，如果没有线索作为基础，图式很难帮助感知者延伸出其他毫无蛛丝马迹的特征判断。若要进一步形成更为全面的印象，只能是依靠更多更丰富的线索。

那么，当线索充分时，为什么较强的启动会明显降低印象的全面度呢？按照图式加工的一般原理，在进行人际感知之时，若线索较为充分，那么毋须借助图式即可形成一个较为全面的印象。但必须注意到，此种情况下的图式实际上处于一个较弱的水平。借助 SPSS 进行统计可以看出，若图式处于较弱的水平，充分的线索足以形成一个较为全面的印象（弱图式的两组全面度均值为 $M = 13.1333$，理论最大值为 15），说明本研究中图式与线索对全面度

---

[1] 王墨耘、傅小兰：《内隐人格理论的实体论—渐变论维度研究述评》，《心理科学进展》2003 年第 11 卷第 2 期，第 152－159 页.。

[2] Plaks, J.E, Grant, H., & Dweck, C.S., "Violations of implicit theories and the sense of prediction and control: Implications for motivated person perception", *Journal of Personality and Social Psychology*, 88, 2005, pp.245-262.

[3] 王墨耘、傅小兰：《内隐人格理论的实体论—渐变论维度研究述评》，《心理科学进展》2003 年第 11 卷第 2 期，第 152－159 页。

的交互作用是符合图式加工的一般情况的。然而，一旦条件改变，若由于某种原因（如深刻的联想、强烈的主观预断或顽固的偏见等，在本实验中是强启动的设置）而存在较强的图式激活和调用，同时线索依然充分的话，两者在不一致的细节上就会发生冲突，反而会使感知者对印象目标的判断失去原有的把握。此时图式对于印象形成起的是负面作用，这就是线索充分的情况下强启动明显降低印象全面度的主要原因。

（三）线索与图式对印象好感度的影响

分析结果表明图式与印象好感度无关，而线索对后者是正向影响因素。假设 H3 未得到支持。

在马丁·里（Martin Lea）和拉塞尔·思皮尔斯（Russell Spears）1992 年的经典研究《网络传播中的副语言与社会感知》[1]中，有一个研究结论与图式对印象好感度的影响问题有一定的关联。该结论如下：在群体身份较为突出的情况下，去个性化（de-individuation）[2]能够强化个体对群体认同的感知。群体身份的突出会导致社会刻板印象的形成，而社会刻板印象则是认知图式中较为典型的一种，那么此处的"群体身份突出"这一条件实际上就是对图式的调用。另一方面，个体对群体认同的态度，在实验中的操作定义恰恰正是好感度（likeability）的数值水平，好感度高即为认同感强，好感度低即为认同感弱。实验结果表明，两者的相关系数为 $r = 0.63$，伴随概率 $p < 0.05$，相关关系成立。那么，该研究结论至少意味着图式中的一类（群体刻板印象）在一定程度上与感知者对感知对象的好感度存在共变关系，这与本研究的结果是不符的。

然而，马丁·塔尼斯（Martin Tanis）和汤姆·珀斯特默斯（Tom Postmes）2003 年的研究[3]却未能对里和思皮尔斯的结论提供支持。在其实验中，同样

---

[1] Lea, M., & Spears, R., "Paralanguage and social perception in computer-mediated communication", *Journal of Organizational Computing*, 2, 1992, pp.321-341.

[2] 在该实验中，去个性化是通过制造视觉遮蔽和身体隔离来实现的。

[3] Tanis, M., & Postmes, T., "Social cues and impression formation in CMC", *Journal of Communication*, 53, 2003, pp.676-693.

设置了印象目标的群体身份这一自变量,用以激发感知者的刻板印象(图式),但实验结果却显示,印象目标群体身份的变化对于包括印象正面度(positivity)在内的两个因变量指标都没有影响(既不存在显著的主效应也不存在更高阶的交互效应)。这一结论与本实验关于图式对印象好感度的影响的数据分析结果相同,但却与里和思皮尔斯的研究得到的结果不一致。

如果对两个实验的细节进行全面比较,可以发现后者的结论更具有参考价值。因为前者的好感度(认同度)是针对群体而设置的,即测量的是感知者对群体目标而非对个体目标的好感度;而后者的印象正面度指标是针对个体目标而设置的,与本实验的设定相同。因此,本实验在印象好感度维度上的结果验证了塔尼斯和珀斯特默斯研究的结论,再次提供了图式与印象好感度无关的证据。

但是对比先前的网络印象效果实验的分析结果,就会发现有一些问题。网络印象效果实验证明网络传播条件下的印象好感度显著高于面对面条件,而前者由于线索消除使得线索的丰富程度不如后者,这样就可以得到一个推断:线索水平较低的情况下印象好感度更高。这与本实验的结果是完全相反的。目前尚没有足够的证据对此加以解释,但考虑到面对面情形下的交际线索与网络传播中基于文本符号的交际线索在类型上存在明显的差异,我们可以据此尝试性地提出一个假设,即线索水平对印象好感度的影响可能与线索类型有关,有待今后的研究进行更为深入的探索。

(四)线索与图式对印象失真度的影响

对于印象失真度,线索因素呈现出强烈的主效应,而图式的影响却不显著,二者之间也不存在交互效应,这意味着,网络传播条件下所形成的印象的偏差大小主要取决于线索的充足程度,假设 H4 未得到支持。

但若从常理上推断,由于依靠认知启发(cognitive heuristics)[①]进行图式加

---

① 在某方面信息缺失的情况下,人会自动利用一些特定的捷径来把复杂的问题变成较为单一的判断过程,这些捷径称之为认知启发。See Tversky, A. & Kahneman, D., "Judgement under uncertainty: Heuristics and biases," *Science*, 185, 1974, pp.1124-1130.

工的过程是一个认知加工的"捷径",那么必然不可能在细节上实现非常准确的加工,而只能是在追求效率的基础上满足形成印象的基本要求。如此一来,在网络印象形成的特定情境下所调用的人物图式(personal schema)往往并非高度匹配的"模板",而只是与印象目标有着非常有限的关联性,于是会导致印象形成产生较大的认知偏差。为什么会出现这样的悖论呢?

其实,图式会带来认知偏差并不必然推导出图式一定会对印象的准确程度产生显著影响的判断。在通常情况下,互动者之间总是通过有限次数的互动对对方形成印象。从理论上讲,感知者永远都无法对印象目标作出一个完全准确的特征判断。更何况,在大多数网络人际传播实验中均采用的是一次性互动(其实在涉及面对面或电话传播的实验中也是如此),就更不可能形成完全准确的印象,甚至连相对较为准确的水平都达不到。换言之,在信息不够充分的情况下(事实上信息充分到能够完全准确地把握对方的各项特征只具有理论上的可能),无论感知者所激活和调用的图式的强弱水平如何,他都无法得到一个完全准确的关于对方的印象。因此,图式的强弱变化最多只可能在某一个特定的区间内改变印象的失真程度,或者说,使印象从一个偏差水平变到另一个偏差水平,而不可能做到让印象从某一个偏差水平发展到完全准确。而这个印象的失真程度因受到图式影响而改变的区间(偏差水平的差异),实际上正如实验结果所揭示的,是一个还达不到显著差异水平的变化区间。若要大幅度提升印象的准确性,让其失真的程度明显降低,只能依靠获取更多的相关信息才能实现。这就是为什么线索因素对于印象失真度呈现出强烈的主效应。所以,所谓的悖论只是一个主观上的错觉而已。

当然,线索才是真正显著影响印象失真度的因素这一结论的得出还有另外一个意义。先前的网络印象形成效果实验中对印象失真度的考察表明,网络传播条件下所形成的印象明显不如面对面条件下的准确,结合本实验研究的结果可以推断,网络传播中互动者所获得的关于对方的线索的确要少于面对面的情形,这直接导致了印象偏差的增大。这一论断也再次为网络人际传播的基本研究进路——线索消除论——提供了有力的证据。

六、结论

在对网络传播条件下所形成印象的4个指标的测量结果加以分析和解释的基础上,线索与图式对印象各个维度的影响已初步明晰,如表6所示:

表6 网络传播条件下线索与图式对网络印象不同维度的影响

网络印象维度	线索与图式的作用
鲜明度	线索缺乏时图式具有正向影响
全面度	线索充足时图式具有负向影响
好感度	线索独立影响,与图式无关
失真度	线索独立影响,与图式无关

从表6的结果来看,网络人际印象形成过程中的确存在图式对线索的补偿效应,但该效应主要集中体现在印象形成的鲜明度这一维度上,而非如预设的那样在印象形成的所有维度上都有所体现。而在印象形成的全面度这一维度上,体现了与假设完全相反的效应,即图式对线索的削弱效应。而在印象形成的好感度和失真度上,图式对线索是零效应。

综合以上结论可以描述出一个包括三个阶段的网络人际传播中印象形成的变化过程:

第一阶段:线索极度缺乏阶段。在网络互动的初始阶段,线索极度缺乏,此时互动者调用的图式会增强所形成印象的鲜明度,也就是说,对方会给互动者留下一个非常鲜明的印象;但图式对印象的其他维度几乎没有影响。而由于线索的缺乏,互动者对对方的好感度较低,基本持负面评价,互动随时可能因此而中断。随着网络互动的进行,线索信息量逐渐增加,增加到一个在网络传播条件下相对充足的水平时[①],图式不再影响印象的鲜明度;同时负

[①] 需要注意的是,此时线索只是相对较为充足,但仍然远远比不上面对面情形下的线索丰富程度。

面评价和失真程度均有所降低。

第二阶段：线索相对充足阶段。此时线索相对充足，图式转而影响印象形成的全面度，对方给互动者的印象开始由相对比较全面逐渐地变得集中于几个显著特征。在这一过程中，随着线索水平的继续提升，互动者对对方的好感也在增加，同时所形成印象的准确程度也渐趋改善。

第三阶段：线索趋于稳定阶段。当线索水平趋于稳定之后，好感不再增加，印象的准确程度也停留在一定的偏差上。最终，基于较长时间的互动之后，网络互动者对对方形成一个在部分人格特征上较为鲜明且存在一定偏差的良好印象。

以上可以称之为网络印象形成双因素三段式模型。当然，这一模型还有很多细节亟待完善。正如前文探讨中所提到的，结合网络印象效果实验和本实验的结果来看，很可能存在不同类型线索对网络人际传播中印象形成的不同影响，这是下一步值得进行探索的课题。

本文为2010年度四川大学中央高校基本科研业务费专项资金资助项目"四川大学哲学社会科学杰出青年学术人才基金"（SKJC201005）的阶段性成果之一。

作者：张放，该文发表时系四川大学文学与新闻学院副教授，
四川大学腾讯新媒体研究所副研究员，博士
原载《新闻与传播研究》2012年第3期

遴选意见

《网络人际传播中印象形成机制的实验研究》一文,严谨、规范地呈现了一例以实验方法探索网络人际传播中印象形成机制的研究成果。研究者在分析、咨鉴同领域既有理论的基础上,适切地确定了研究问题、理论和实验假设、实验设计、变量的操作性定义等关键要素,其研究论文对实验的操作过程及其结果的阐述清晰、紧凑、完整,与之接续的解释与讨论全面而深入。全文体现了一种良好的实证科研品质,是国内这一方向产出的出色的基础应用研究之作。

写作回眸

让兴趣引领研究，在文献研读中积蓄能量

《网络人际传播中印象形成机制的实验研究》一文是我的博士学位论文《网络人际传播中的印象形成研究》中最为核心的一部分。我的博士论文大致从2007年开始确定选题，于2009年初步完工，除这一篇发表于《新闻与传播研究》（2012年第3期）之外，还有3篇经其他部分修改而成的论文先后发表于《四川大学学报（哲学社会科学版）》（2010年第2期）、《国际新闻界》（2011年第2期）和《新闻与传播研究》（2014年第1期）。博士论文获得2012年度全国百篇优秀博士学位论文提名。

从选题来看，这是一项网络传播心理学领域的研究。当初做出这样的选择，大致有三个方面的原因：

一是当时觉得国内人际传播的相关研究还比较缺乏。自传播学被引介入我国以来，由于历史原因，长期以来研究重点都集中在大众传播学领域，但随着互联网在媒介格局中逐渐占据主导地位，人际传播变得越来越重要（当时还没有微博和微信，但已有各种BBS和QQ），在未来其地位甚至有可能超越大众传播，加强相关研究不仅十分必要，同时也大有作为。

二是我个人一直对社会心理学非常感兴趣。正应了那句老话——兴趣是最好的老师，在读博期间我几乎把所有有利于打好心理学与社会学研究基础的教材都学习了一遍，还阅读了不少相关论文和专著，这为我最终确定以社

会认知作为研究对象打下了坚实的基础。

三是自己是理科背景出身（本科毕业于电子科技大学电子信息工程专业）。刚踏入传播学之门的时候，由于受到经典教材《大众传播效果研究的里程碑》的"毒害"，对媒介效果研究有一种特别的亲切感。现在想起来，也许是因为自己的理科背景，所以才会对量化研究产生"共鸣"，加上对心理学研究的兴趣，于是决定使用最"正宗"的效果研究方法——控制实验法来完成研究。

无论是人际传播研究、传播心理学研究还是控制实验研究，国内可参考的研究都寥寥无几，而国外的成果则相对多一些，于是我硬着头皮阅读了大量的英文文献，这些英文文献的时间跨度非常之大，大约是从1978年斯塔尔·希尔茨（Starr Roxanne Hiltz）和莫雷·图洛夫（Murray Turoff）的著作《网的国度：通过计算机进行的人类传播》（The network nation：Human communication via computer）一直到2008年的几篇论文，前后跨度达30年。这是之前从来没有过的，因此对我来说简直是巨大的挑战。刚开始的时候内心十分焦虑，在阅读文献的时候无时无刻不想着快点儿把文献读完以便着手启动实质性研究，然而欲速则不达，总是越急越慢，越慢越急。但所幸很快就发现了一些"诀窍"，例如，文献最好打印出来看，不要用电子版；在研读文献时要用笔在上面重要的地方做上批注，等等。在适应了这一状态之后，有那么一段时间内我每天的任务就是只看英文文献。这样纯粹的日子现在回想起来都十分怀念，总觉得那才是"最学术"的状态。后来参加工作之后，有了许多教学、行政等其他事务，反而没有机会完全浸入到那种状态之中了。只是越来越多的研究经验告诉自己，这种专注的状态实在是生产出优秀学术作品的必要条件。随着文献阅读数量的不断增加，对于研究的不确定而带来的焦虑感也逐渐消失，内心开始产生一种踏实感和掌控感，这时就可以开始进入研究的构思和设计阶段了。

量化研究与其他研究方式最大的不同在于，它并非一种通过语言阐述徐徐展开层层推进的研究，而是把最为关键的部分"毕其功于一役"地集中在理论假设的提出和研究方法的设计，所以千万不能过分急于进入论文写作阶段，宁愿在前期多花费一些准备时间。甚至夸张一点说，量化研究的主体部分到研究方法设计完成之后可以说就已经结束了。如果说高质量理论假设的提出主要依赖于前期文献阅读基础上的创造性思考的话，那么研究方法的设计则免不了显得较为程式化，这一点也是量化研究常遭人诟病之处。然而与抽样调查、内容分析以及社会网络分析等其他量化方法不同，控制实验除了相对固定的实验设计模式之外，很大一部分亮点在于对刺激材料的精妙构造。这就使得研究者在控制实验方法上能够拥有比抽样调查、内容分析等方法更多的"创意"空间。因此，《网络人际传播中印象形成机制的实验研究》一文中所采用的2×2析因设计（也称为多因素设计）其实是常规性的控制实验设计，而更考验研究水平的是实验各组刺激材料的设计。例如，刺激材料对自变量之一交际线索的强弱如何体现？对另一自变量认知图式又如何体现？前者相对容易实现，毕竟交际线索的强弱主要体现在传递信息的多少，所以不妨将交际线索的强线索取值水平设定为包含互动者个人资料线索、语言表达风格线索和交流内容线索齐全的状态（附个人资料的对话记录，对话内容提供印象目标互动者的相关信息），将弱线索取值水平设定为只包含语言表达风格线索（不附个人资料的对话记录，对话内容不提供任何印象目标互动者的相关信息），以提升自变量不同取值水平之间的区分度。而后者的实现难度则要大许多，因为认知图式的形成往往是多原因的，此处如何才能人为地"制造"出一个认知图式呢？这时就稍微需要一点"脑洞"，需要联系心理学中的相关知识。最终，我在研究中选择了使用启动效应（也称"铺垫效果"）来激活认知图式这样一种设计方式。而这种方式并非我的首创，而是借鉴了1989年两篇刻板印象与偏见研究的经典研究中的设计。这里再次凸显出前期文献研读与积累的重要性。同时也说明，一项创新研究并不是说研究的每一个基本元素都必须是全新的，往往对经典元素的创造性组合也能实现研究的创新。

最后，特别强烈的一点感受是，做量化研究尤其是控制实验研究一个很大的"麻烦"是在数据分析结果出来之前，你都不能确定这篇论文是否真正有价值。一旦显著性检验的结果全是"不显著"，基本上之前做的就都是"垫脚石"了。所以在博士论文完成的过程中，我一直都是忐忑不安的，甚至做好了延期毕业的准备。不过还好，最后结果出来的时候，我的心也像一块石头落了地。

从"大众门户"到"个人门户"
——网络传播模式的关键变革

彭 兰

彭 兰
Peng Lan

作者小传

女，1966年出生，湖南长沙人。博士，中国人民大学新闻学院教授、博士生导师，国家重点研究基地"中国人民大学新闻与社会发展研究中心"研究员，新媒体研究所所长。1997年开始从事新媒体领域的教学与研究，先后出版《中国网络媒体的第一个十年》《网络传播概论》《网络传播学》《中国互联网新闻传播结构、功能、效果研究》（合著）等10余部著作或教材。先后获"吴玉章人文社会科学一等奖""全国优秀博士论文奖""北京市教学名师奖""北京市高等教育精品教材奖"等多项奖励，主持的"数字传播技术应用"课程获国家级精品课程称号。2013—2014年连续两年与腾讯网合作推出《中国网络媒体的未来》研究报告,在业内引起强烈反响。

从"大众门户"到"个人门户"
——网络传播模式的关键变革

彭 兰

内容提要:

网络信息的传播模式经历了三个阶段的发展。第一个阶段是以 Web 网站为核心的"大众门户"传播模式;第二个阶段是以搜索引擎为基础的"定向索取"传播模式;第三个阶段是以社会关系为传播渠道的"个人门户"传播模式。"个人门户"传播模式的技术基础是 P2P、RSS、Widget、Application、API 以及 SNS、微博等社会化媒体应用。"个人门户"时代的传播模式,与大众门户时代的传播模式,有着显著的区别。从新闻的生产角度看,个人门户模式赋予了公民新闻更大的权力。从新闻消费的角度看,个人门户模式的兴起,并不意味着门户网站意义的丧失,但它至少说明了人们获得新闻的"入口"在发生变化。个人门户模式为个性化的信息满足提供了一个好的机制，但个性化信息消费，也许并不必然意味着人们的信息选择、信息价值的判断以及态度的形成是独立的。社会化媒体增加了社会聚合的可能，但在常态下，社会化媒体中人们的交往也有可能越来越呈现出"区隔"的倾向。个人门户使得大众门户的中心地位被削弱，每一个个体成为自己的传播中心，这似乎是一个传播的去中心化过程，但是，同时它也会促成新的话语权力中心。

关键词：网络传播 个人门户 社会化媒体 公民新闻

从诞生以来，互联网技术与应用就没有停止过发展，在这些技术与应用的发展过程中，网络传播的模式也在发生一定的变迁。传播模式的变迁，不仅仅是信息传播的通道与路径的变化，更是人与网络关系的变化，是传播权力结构的变化，它也会导致传播格局的变化。

一、网络传播模式迄今的三个发展阶段

目前来看，网络信息的传播模式经历了三个阶段的发展。

第一个阶段是以 Web 网站为核心的"大众门户"传播模式。

在这个阶段，网站作为信息的采集者与聚合者，以与传统的大众媒体相同的"点对面"传播模式，向需求各不相同的网民提供统一的"信息供给"。这些网站成为网民上网时的"门户"。尽管网民上网时设置的"首页"不尽相同，也就是经过的"门户"不尽相同，但他们都是主要依靠各种类型的门户网站获得新闻等公共信息。即使有些网民主要活动区域是论坛，但从新闻信息的获取角度来看，他们对门户网站的依赖还是比较强的。

第二个阶段是以搜索引擎为基础的"定向索取"传播模式。

搜索引擎本身并不进行信息的生产，但它给网民快速找到自己所需要的

信息提供了工具。在这种传播模式里，网民的主动性得到加强，他们可以淡化网站传播中编辑意图的影响，也可以使信息获取的目标更明确，定向性更强。他们的索取需求，成为信息聚合的依据。

第三个阶段是以社会关系为传播渠道的"个人门户"传播模式。

在这种模式里，网民对"大众门户"甚至搜索引擎的依赖程度降低，他们更多地会利用相关应用，在网络中搭建起自己的"个人门户"，这个个人门户通过社会关系网络与外界相联，关系网络成为人们双向（对外传播和从外界获取）的信息传播通道。后文将对此展开分析。

以上三个阶段出现的模式并没有产生后者取代前者的情形，而是在目前同时并存。但从影响力方面来看，有后来居上之势。在全球网站排名的变化中，也可以看到不同模式的影响力的更迭。在早期，代表大众门户模式的 Yahoo 曾经长期位居全球网站流量第一，但后来它的老大位置被 Google 所取代。而目前在多数时候排名第一的 Facebook 是个人门户模式的代表。在 2012 年 8 月的多数时间里，Facebook 超过 Google，成为全球网站流量排名的第一位，虽然 9 月后，两者之间呈现出拉锯战态势，但可以看出，Facebook 已经对 Google 的地位发起了强有力的挑战。

目前已经出现的模式变迁，内在的核心是信息传播主角的变化。第一代模式是以网站以及代表它们的网络编辑为主角，第二代模式是以工具为主角，第三代模式则是以用户为主角。在这种变化过程中，用户的个性化需求也得到越来越充分的尊重与满足。

相较搜索引擎带来的冲击，"个人门户"模式对"大众门户"模式的冲击更为深远。它甚至不仅是电脑为终端的互联网的传播模式的变革，也代表了移动互联网的发展方向。

二、"个人门户"传播模式兴起的技术基础

网络媒体的 1.0 时代，是以门户网站为中心的时代。但随着 P2P、RSS、Widget、Application、API 以及 SNS、微博等社会化媒体应用的进一步普及和

优化，网络平台的信息消费模式将可能呈现出"去中心化"和"分裂"的特征。

P2P技术（也被称为"点对点"技术）使网络用户之间不通过某些服务器便可以进行直接的交流或信息交换；RSS可以实现个性化的信息订阅；Widget技术可以让用户在某个页面中实现各种内容与服务的自由组合；Application（国内更多称为"客户端"技术）在移动终端的广泛采用，使得浏览器模式在移动终端受到极大威胁；API（Application Programming Interface）开放，意味着某个平台的运营者向其他开发者提供程序接口，这样任何人开发的应用、服务都可以集中在这个平台上。这些技术都使得过去的大众门户式的网站传播模式受到挑战。

但对个人门户的形成具有更重要意义的技术，是各种社会化媒体应用。

从目前社会化媒体的传播特点来看，我们可以把社会化媒体定义为，基于用户社会关系的内容生产与交换平台。论坛、即时通信工具、博客、SNS网站、微博等，都是典型的社会化媒体应用。

社会化媒体的主要特征有如下两个方面：

一是内容生产与社交的结合，也就是说，社会关系与内容生产两者间是相互融合在一起的，社会关系的需求促进了社会化媒体平台上的内容生产，反过来，这些平台上的内容也成为连结人们关系的纽带。这些内容并非全都具有公共价值，但社会化媒体平台的传播机制可以很快地在无数的信息碎片中将有公共价值的内容筛选出来。

二是社会化媒体平台上的主角是用户，而不是网站的运营者。

社会化媒体也生产内容，但社会化媒体的内容与传统的门户网站的内容有两个区别。其一，门户网站的内容是一种简单的消费对象，而社会化媒体中的内容是人的社会关系发展的润滑剂与推助力。其二，门户网站之中的内容关联是超链接所带来的机械关联，而社会化媒体中的内容关联是由用户活动穿针引线形成的意义关联。

各种技术使得人们在未来的互联网或移动互联网上可以构建出一个自己

171

的"个人门户",信息传播、社会交往、电子商务甚至工作、学习的功能都可以集成在一起。每个人的个人门户都是独一无二的。个人门户既是人们与外界进行双向信息交换的"窗口",也是他们构建自己社会关系的平台,同时还是网络化生活与工作的基点。一旦这种个人门户形成,人们对于门户网站首页的直接访问会逐渐减少,这也就意味着未来的传媒格局中,门户网站这样绝对的"权力中心"会受到削弱。

三、"个人门户"时代的传播模式特点

"个人门户"时代的传播模式,与大众门户时代的传播模式,有着显著的区别。

"大众门户"时代的传播模式(如图1所示),是传统的大众传播模式的延续。它的特点是:

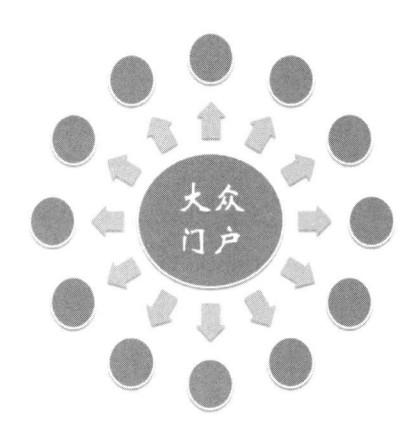

图1 "大众门户"的传播模式

其一,网站与网民(传播者与受众)的地位是天然不平等的,网站是传播的中心,网站对于传播的控制权力是强大的,网站的编辑对于内容的取舍直接影响着网民获得信息的范围与质量。网民虽然可以通过某些方式来进行

反馈，但他们在信息获取方面仍然是被动的。另一方面，控制网站，就可以对传播进行控制。

其二，网站的信息是单级传播的，即从网站直接流向网民，不需要其他中介渠道。

其三，面对成千上万甚至数以亿计的网民，网站只能提供无差异的信息供给。

其四，网站内容的传播效果，只能以受众规模来进行粗略衡量，而无法对信息的准确落点进行统计和分析，也很难对受众的信息阅读深度进行判断。网站的竞争，主要体现为用户规模的竞争。

其五，为了能满足差异化的用户，网站需要不断扩大自己的产品规模，经营产品成为网站的主要目标，但这些产品的生产也是以网站为主的。

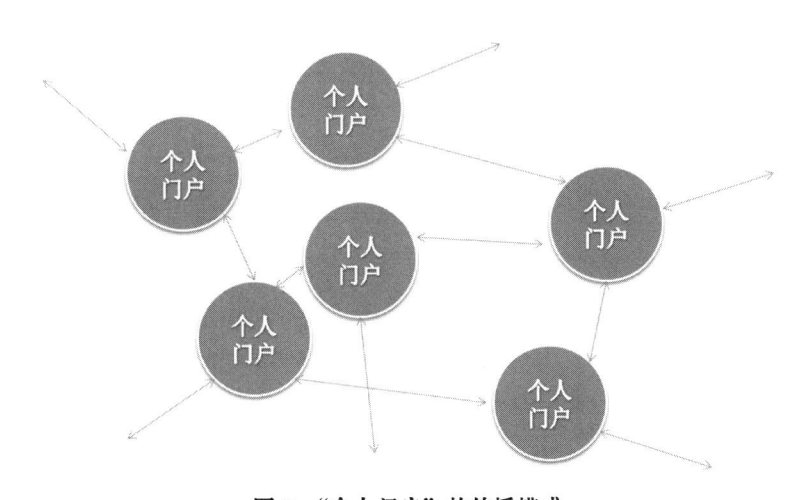

图2 "个人门户"的传播模式

而"个人门户"时代的传播模式（如图2所示）主要有如下特点：

其一，在这种模式中，每一个用户（节点）都是一个传播中心。用户数量的增长，也就意味着对传播控制难度的增加。

其二，在这种模式中，信息是沿着人们的社会关系网络在流动。也就是说，人际传播网络成为了大众传播的"基础设施"。每一个节点同时扮演着信息的传播者与接收者的双重角色，节点的社会关系（用社会学的概念来说，便是"社会网络"）成为了信息流动的渠道。这也就意味着，在这样的传播模式中，关系渠道的数量与质量直接影响着信息的流动广度。传播者之间的竞争，开始转向对用户"关系"的争夺。

其三，这样的传播模式，使得每一个信息的落点以及流动的路径直接可感，受众的信息阅读的深度、信息引发的意见等，也更容易观测。

其四，尽管这样的传播是多层级的，信息需要经过多次传播才能不断扩大传播效果，但是，四通八达的人际网络，很容易推动"裂变式"传播的形成。

其五，在这样的传播网络中，每一次信息传播的过程，都可能出现信息的变形——例如，网民在转发信息时附加自己的意见，或者对于原始信息进行增减。其中，意见的附加更为突出。因此，信息传播过程不是一个简单的信息复制过程，而是信息的不断再生产过程。

其六，经由个人的社会关系网络进行的信息传播，更好地实现了信息消费的个性化。正如互联网研究者谢文指出的："与以往的信息解构与重构的思路不同，WEB2.0着重在用户群的解构与重构。经过现实社会过滤和筛选后，由真实的个人和真实的社会关系组成的信息网络自动承担了网络信息的选择、过滤、传播和互动任务，使得信息与用户之间的相互匹配过程更自然、更精准、更智能、更高效。"[①]

其七，这样的传播模式，理论上意味着每一个传播者的起点是相对平等的。即使是专业媒体，如果没有足够多的关系渠道，其内容也难以实现有效传播。相反，即使是普通个体，如果善于经营关系，也能在这个平台上形成自己的影响力。当然，理论上的平等，在现实中能否实现，这是另一个需要深入研究的问题，后文将进一步分析。

---

① 谢文：《互联网的解构与重构》，2010年12月30日。2012年10月12日访问于网易网（http://xw163tech.blog.163.com/blog/static/56299619201011305414 7576/）。

四、"个人门户"模式对新闻生产与消费的影响

"个人门户"模式将对信息传播特别是新闻的生产与消费产生重要影响。

（一）"个人门户"模式对新闻生产的影响

从新闻的生产角度看，"个人门户"模式赋予了公民新闻更大的权力。

对于公民新闻活动的认识，不能仅限于新闻的发布或传播这个层面，而应该把公民的各种新闻信息生产行为综合在一起考察，包括新闻的采集、发布、整合、传播，也应包括与之相关的评论和其他活动。

公民新闻对专业媒体报道的冲击主要表现为以下几方面：

首先，公民新闻延伸了专业媒体的触角，使之达及以往专业媒体不能达及的社会各个角落。

其次，公民新闻的"碎片"成为专业媒体信息的补充与平衡。

再次，用户的全程、多点直播增强了受众在新闻中的"卷入程度"。

最后，全民投票的信息筛选机制挑战了专业媒体的"把关人"地位。

公民新闻不仅对于专业媒体的报道活动产生了直接影响，而且将在整体上改变新闻传播的某些观念与方式，也在一定程度上影响着传媒格局中的力量对比关系。这表现在如下方面：

1. 公民新闻成为专业媒体的参照系

公民新闻所涉及的事件、话题、新闻素材等，都可以成为某种参照系，受众可以以此为依据对专业媒体新闻报道的时效性、客观性、全面性等进行评判。公民新闻也在一定意义上代表着受众的需求与兴趣，能与公民新闻形成呼应的媒体，更容易得到受众的认同。

公民新闻活动的影响积淀下来，会变成网民的某种价值取向，这种价值取向虽然不会完全决定专业媒体的报道活动，但会在一定程度上影响专业媒体的价值取向与判断。

2. 公民新闻活动影响专业媒体的力量对比

公民新闻在很多情况下是专业媒体报道的伴随性传播，即对专业媒体报

道的扩展性、跟进性报道，这些传播活动会带来"强者越强、弱者越弱"的正反馈效应，即公民新闻的传播活动，会放大某些专业媒体报道的效果，或者削弱某些媒体报道的效果，这种影响累积起来，也会影响到专业媒体的力量对比。

从长远来看，公民新闻的力量与哪一种专业媒体相结合，或是与哪一种专业媒体相抗衡，都是一种砝码，影响着整体的力量对比关系。

3. 公民新闻影响平台提供者的力量对比

公民新闻总是通过一定的平台来实现的。一个平台所聚集的公民新闻参与者的数量与质量、公民新闻的水准等因素，都会影响到平台提供者的影响力。

（二）"个人门户"模式对新闻消费的影响

从新闻消费的角度看，"个人门户"模式的兴起，并不意味着门户网站意义的丧失，但它至少说明了人们获得新闻的"入口"在发生变化。

路透新闻研究所（Reuters Institute for the Study of Journalism）在2012年7月公布的数字报告中，披露了欧洲和美国市场数字新闻消费的趋势。报告称，以每周新闻访问量计算，在英国，社交媒体已占新闻入口市场的20%，而搜索引擎为30%。[1]

在美国，一些历史悠久的媒体，其首页对于流量的影响仍然明显，例如，2011年早期，在《纽约时报》网络版的所有访问者中，约50%~60%是通过其首页nytimes.com开始访问。2012年3月的相应比率为48.6%，虽然比例仍较高，但已显现出下降趋势。通过搜索引擎直接进入该网站的访问比率为17.1%。而通过社交网站访问《纽约时报》的比率仍很小：由Facebook访问《纽约时报》的比率为3.1%，Twitter的相应比率仅为1%。但另一些媒体网站的情况则有显著差别，例如，在《华尔街日报》所有访问者中，约60%并没有经过首页，其中约6%~10%来自社交媒体。《大西洋月刊》网站只有12%

---

[1] 《路透调查：英国人通过社交媒体获取20%新闻》(http://news.sina.com.cn/m/2012-07-11/112024754192.shtml)。

的流量是从该网站首页开始。而对于那些没有《纽约时报》这种悠久历史的品牌网站而言，社会化媒体对于网站流量的贡献更是明显。例如，新闻聚合网站 Buzzfeed 的 37% 流量来自社交网络，17% 来自搜索引擎[①]。

2012 年 4 月 26 日，在西班牙马德里举行的国际媒体大会上，谷歌的新产品部主管金格拉斯（Richard Gingras）代表谷歌提出了一个建议：网站要改版时，不要把 90% 的时间都放在首页的重新设计上，大部分的时间应该花在文章内容页上。因为人们通过搜索、社交媒体链接等直接进入在网站浏览中的比重越来越大，从首页进入的比重越来越小[②]。

从中国的网站方面来看，根据 Alexa2012 年上半年的数据，新浪微博在页面浏览量方面，大多数时候都超过了新浪门户首页，而在页面浏览量/用户、用户停留时间这两个指标上，更是处于绝对优势地位（见图 3、图 4、图 5）。这说明，新浪微博比新浪门户首页更具有用户黏性，用户的阅读深度也更深。

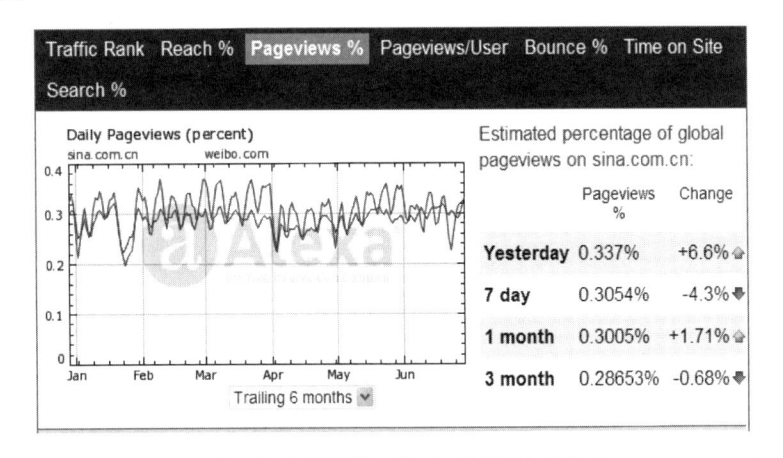

图 3 新浪门户网站与新浪微博的日均页面浏览量对比（2012.1–2012.6）

---

① 腾讯科技：《网媒首页价值由流量驱动转为树立品牌形象》，2012 年 8 月 24 日。2012 年 10 月 12 日访问于腾讯网（http://tech.qq.com/a/20120824/000106.htm）。
② 张翃：《媒体未来路在何方？》，2012 年 5 月 1 日。2012 年 10 月 12 日访问于财新网（http://zhanghong.blog.caixin.com/archives/40151）。

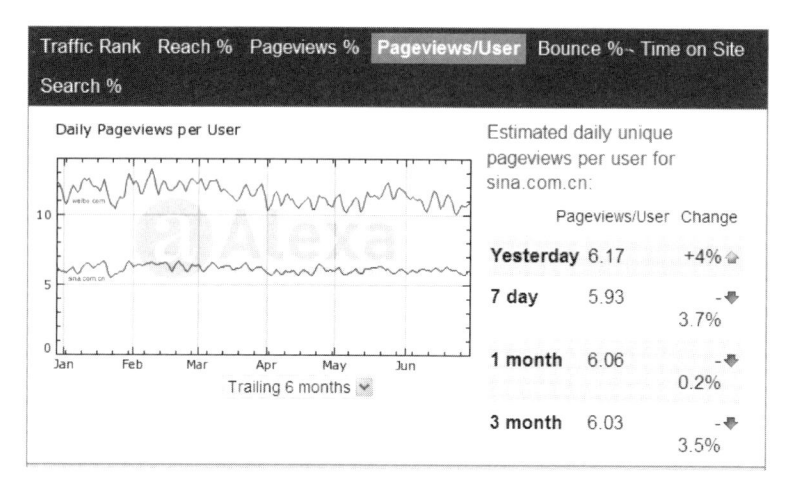

图4 新浪门户网站与新浪微博的每用户日均页面浏览量对比（2012.1–2012.6）

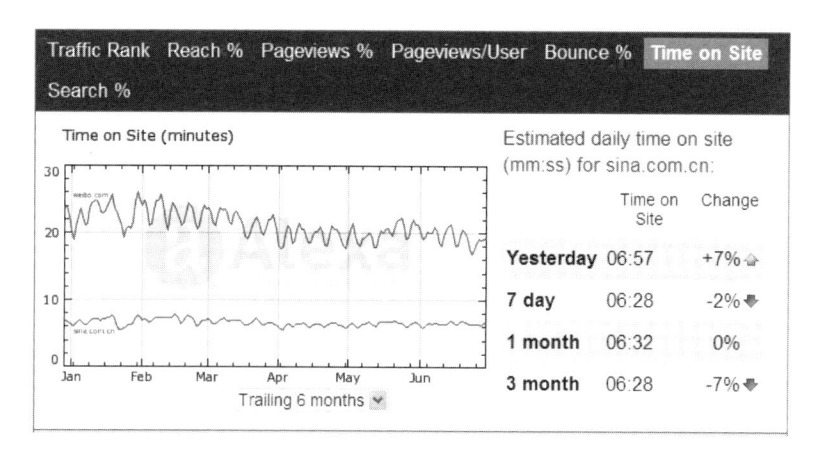

图5 新浪门户网站与新浪微博的人均停留时间对比（2012.1–2012.6）

在个人门户时代，门户网站仍然是新闻的整合平台，但是，它的内容是否会受到重视，是否会得到广泛的传播，并不单单取决于它的首页的设计与编排，而更多地取决于它的内容是否能容易被导入到社会化媒体平台，是否容易在这个平台上流动。

五、"个人门户"模式的社会影响

"个人门户"式的传播,不仅对信息生产与消费带来直接影响,也在一定程度上影响着人们的行为、态度、社会关系以及社会的结构。

(一)个性化抑或社会化?

个人门户模式为个性化的信息满足提供了一个好的机制,但个性化信息消费,是否意味着人们的信息选择、信息价值的判断以及态度的形成是独立的?也许答案并不是那么简单。

尽管看上去人们的选择越来越个性化,但是,在社会化媒体平台上,网民行为的相互影响也越发频繁与深刻。笔者在2008年的《个性化与社会化:Web2.0时代信息消费的双重旋律》一文中曾指出,Web2.0应用也加深了网络信息消费的社会化。网络信息消费的社会化的含义是双重的。它一方面意味着,在传统媒体时代相对独立的个人信息消费行为,在网络中变成了一种社会性的行为,能够与他人的行为集合形成强大的社会效应;另一方面意味着,作为个体的网民,其信息消费行为往往不是基于个体的自主判断与选择,而是在社会氛围作用下的复杂过程……因此,人们有可能会越来越多地在信息消费中失去个体的独立性。人们的个性化需求,只是外壳上的五彩斑斓,在内核上却是单调同质的。反过来,网络信息消费的个性化,是在加速人们信息消费的社会化,最终便是在加速人们的趋同过程[①]。

2008年,SNS在中国刚刚开始普及,微博还尚未在中国兴起,而在SNS和微博得到全面应用的今天,再来看网络信息消费的个性化与社会化的关系,也许我们的认识会更加深刻。

社会关系网络既是信息消费个性化的机制,又是信息消费社会化的基础。社会关系传播使"个性化"与"社会化"两者成为一枚硬币的两面。社会关

[①] 彭兰:《个性化与社会化:Web2.0时代信息消费的双重旋律》,《国际新闻界》2008年第3期。

系的束缚，使得到达个人的"个性化"信息，实际上已经经过了"社会化"的"熏陶"。

人们的网络交往行为多数时候是基于信息的互动，"谈资"在互动中扮演着重要的角色。而人们为了有共同的谈资，往往会在话题选择和态度表达方面设法迎合他人。

此外，从"拟剧理论"的视角来看，在社会化媒体中，人们的交往都有表演的成分，而这种表演，也会影响到人们个性的保持。为了能获得社会性报偿，人们总会或多或少地要迎合大众的需求与趣味，即使是一些看上去惊世骇俗、特立独行的行为，实际上也只是为了吸引眼球的表演，这种表演一定会受到"观看者"的反馈的影响，如果特立独行得不到掌声，那么，表演者就会改变策略。

因此，独立的选择、判断与表达，在社会化媒体时代，也许会变得越来越困难。

（二）社会聚合抑或社会区隔？

作为个人门户时代信息传播"基础设施"的社会网络，不仅会影响到人们在互联网上信息获取的广度与深度，以及社会交往的质量，也会对网络社会人群的关系起到作用。

一方面，社会化媒体增加了社会聚合的可能。"小世界理论"已经揭示了弱关系的力量，而社会化媒体把那些原本隐藏的弱关系显性化，并给了人们更多扩展社会关系的可能。

2011年11月，Facebook与米兰大学联合发布了一份研究报告，该研究认为，在Facebook上，任何两个陌生人要建立联系，平均所需的中转联系人并非6个，而是4.74个[1]。有人称，这个研究颠覆了"六度分隔"理论。这也许说明，SNS使原本就"小"的世界变得"更小"。

更小的世界意味着人们的连接更加紧密，甚至在一些特殊情况下，可以

---

[1] 新浪科技：《Facebook研究颠覆六度分割理论》。2012年10月12日访问于新浪网（http://tech.sina.com.cn/i/2011-11-22/16576365541.shtml）。

借由这些连接产生大规模的集体的行动。

但另一方面，在常态下，社会化媒体中人们的交往也有可能越来越呈现出"区隔"的倾向。

SNS虽然给了人们无限扩展社交圈的可能，但实际上，人们仍以熟人小圈子中的交往为主。

在论坛和微博等社会化媒体上，人们的交往范围超越了熟人圈子和地域限制，但是，人们用另外一种方式实现了"圈子"分化。

社会学者在社会网络的研究中发现，在人们生活的社会网络中，除了家庭、班级、协会等正式群体外，还有一类可称为"派系"（Cliques，也译为"小集团""小团体"等）的子群体，"派系"这种非正式关系可以把人们联络成为具有共同规范、价值、导向和亚文化的凝聚子群（subgrouping）。[1]

尽管还没有做出足够深入的实证研究，但从理论上说，网络也是现实世界的一部分，在现实生活中普遍存在的派系，理应在论坛、微博等社区也存在。尽管有些时候，派系之间的界限未必那么清晰，人们的派系意识也未必那么明显，尤其在微博平台。而从实际观察来看，在一些话题和事件中，不同人群的态度出现明显分化，而且每一人群的态度趋向有持续的规律。人们会由于态度的趋同形成结盟，或由于态度的分歧形成对抗。而这些一时结盟与对抗常常会影响更长远的关系。属于某一"同盟"的人们，在一般情况下，其意见、态度甚至行为会受到这个群体的影响。这些都在一定程度上反映了社会化媒体中"派系"的存在。

网络中的"派系"并非永远牢固，但至少会在一段时期内影响着相应人群。

尽管网络中"派系"往往是以特定的网络平台为基础，但是，"派系"的影响往往会超出某个特定的平台，因为网民大多同时处于不同的网络平台和不同的"派系"中，网民个体作为节点，连接着不同的"派系"，所以一个

---

[1] ［美］约翰·斯科特：《社会网络分析法》（第2版），刘军译，重庆大学出版社2007年版，第84页。

"派系"的影响可能会通过一个个的网民节点扩展到网络中更大范围的人群中。

可以说,"派系"的形成与发展是网络人群分化的另一个重要基础。当然,目前的研究还很有限,已有的多数研究主要涉及"左派"与"右派"、"五毛"与"公知"等分类较为粗放的基于政治立场分歧的"派系"。但对于"派系"的研究,不仅仅要注意政治态度、立场的取向的影响,还要关注社会阶层、知识背景、性格与情绪等其他因素的影响。网络"派系"的形成与现实社会"派系"的形成是否有不同的机制?"派系"的规模,与它对人们的行为、意见等影响的程度是否相关?这些问题,还需要进一步研究。

更重要的是,我们需要关注网络中的派系是如何影响着文化分化、社会运动、政治变革等进程,理解这些问题,才能更好地理解网络社会与现实社会的互动。

(三)"去中心化"抑或"再中心化"?

个人门户使得大众门户的中心地位被削弱,每一个个体成为自己的传播中心,这似乎是一个传播的去中心化过程,但是,在个人门户时代,新的话语权力中心将出现。

对于这样的话语权力中心,目前普遍的称呼是"意见领袖",虽然在新媒体语境下的"意见领袖"与传播学中的"意见领袖"在内涵上已经有了一定差异。传播学理论中所称的意见领袖是大众传播媒体与普通受众之间的中介者,而现在网络中的"意见领袖",有些已与大众传媒的作用相当了,成为信息传播的主导者而非简单的"中介者"。

网络中的意见领袖,对于网络平台上的议程的影响是明显的。这既表现在作为个体的意见领袖的影响层面,又表现在作为集体的强势权力阶层的影响方面。另外,他们对于传播过程与效果的影响也是突出的。

尽管有话语权的分化,我们也应看到,网络中除了意见领袖外,网络中那些积极发言但无法形成个人影响力的人,也并非对于网络传播毫无贡献,虽然他们个体的声音并不强大,但是他们的声音汇聚起来后,可以形成一种舆论的力量，这种力量有时也能影响到整个网络中的传播格局，甚至影响到人们对于舆论方向的判断。

除了意见表达方面会存在权力落差外，在单纯的信息传播方面，也有一定的不平等，当然这种不平等更多地与个体的性格、参与传播的积极性等有关。在意见表达方面没有优势，但在信息传播中积极参与的人，往往也会比那些既不表达意见又不愿意转发信息的人，具有更多的权力，因为他们转发的信息，会对他人获得的信息的广度，产生一定作用。

除了由于网络互动形成的自然的权力分化外，网络中的权力关系也有可能在一定程度上是对现实权力关系的继承，但这样的情况相对较少。

个人门户传播模式会加速网络话语权力的分化。从信息传播与意见表达两个方面引起的权力的分化来看，网民会大致形成三个阶层，如图6所示：

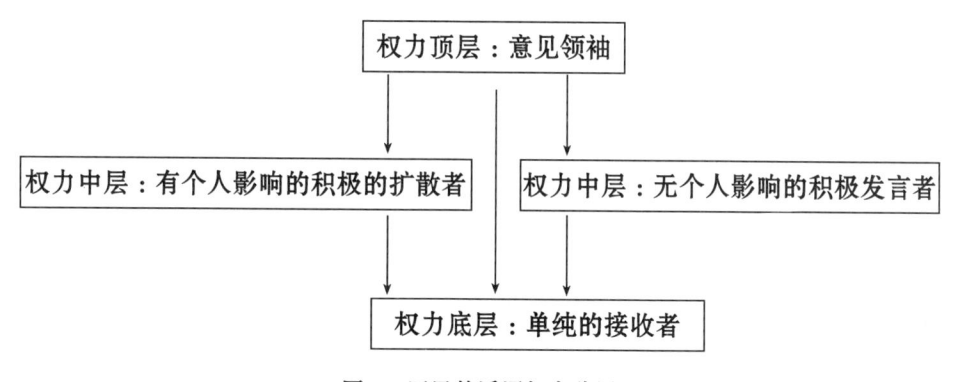

```
        ┌──────────────────────┐
        │ 权力顶层：意见领袖    │
        └──────────────────────┘
                  │
    ┌─────────────┼─────────────┐
    ▼                           ▼
┌──────────────────────┐  ┌──────────────────────┐
│权力中层：有个人影响的 │  │权力中层：无个人影响的│
│积极的扩散者          │  │积极发言者            │
└──────────────────────┘  └──────────────────────┘
    │             │             │
    └─────────────┼─────────────┘
                  ▼
        ┌──────────────────────┐
        │ 权力底层：单纯的接收者│
        └──────────────────────┘
```

图6 网民的话语权力分层

权力的分层，可能会带来两种方向的人群结合：

一是处于同一层级的人，为了更好地维护自己的地位，有时会形成横向的结盟；

一是处于不同层级的人，出于相互的认同关系，会形成一种纵向的结盟。

这意味着，话语权力结构，不仅会影响到网络信息传播中的权力中心，也会影响到人群的分化过程。话语权与社会分化之间有着紧密的互动关系。

基于"个人门户"模式的社会化媒体的影响才刚刚显现，未来对它的研究，不应只限于传播平台与传播模式的视角。只有深入到社会关系与社会结构的变迁层面，才能更深刻地理解新媒体发展的长远影响。

本成果受到中国人民大学"985工程"新闻传播研究哲学社会科学创新基地的支持。

作者：彭兰，该文发表时系中国人民大学新闻学院教授、博士生导师，新媒体研究所所长，新闻与社会发展研究中心研究员
原载《国际新闻界》2012年第10期

遴选意见

《从"大众门户"到"个人门户"——网络传播模式的关键变革》一文系统梳理了网络传播模式由"大众门户"到"个人门户"演变的过程及其特征。信息传播技术的日新月异，推动着基于互联网的传播形态加速更新换代。研究者必须从急剧的变化中见微知著、探究出变化背后的规律性。本论文即此种探究的一次有价值的尝试。论文重点分析了"个人门户"传播模式兴起的技术条件、传播特点、对新闻生产与消费以及对社会关系和社会结构带来的影响，视角独到，归纳精当，极具启发性。

写作回眸

新媒体研究：在"变"中寻求"不变"

2004年，在完成《中国网络媒体的第一个十年》后，我把研究的焦点转向了新一代互联网。尽管当时关注的主要是底层技术层面的"新一代"——诸如网格技术、IPV6技术等，但我也预感到，互联网的信息生产与消费模式也很快将呈现出全新的面貌。

2005年，RSS应用进入我的视野，当时对于这一新的信息整合模式，我产生了这样的判断："RSS及相关技术将使网络信息消费朝着更加个性化的方向发展。用户信息消费的起点不再是某些大众化门户，而是由阅读器所定义的个性化的门户。"但同时，我也认为，"RSS阅读器既应是内容的纽带，又应成为关系的纽带，这才是它的更高价值的所在。否则，它就会面临着发展上的瓶颈"[①]。

此后几年，RSS应用并没有像想象的那样风靡，它只受到少数人的青睐，一个关键的障碍是，它没有成为关系的纽带。但我仍然以为，个性化的门户，应该是网络发展的一个方向。

2005年博客应用迅速升温，当众多研究者在研究博客与自媒体、公民新闻、个人出版的关系时，我对博客价值的关注，另有一个指向，那就是它是否可能成为个人门户。博客比RSS呈现出更强的社会关系的连接能力，我能

---

① 彭兰：《RSS挑战网络信息生产与消费》，《中国记者》2005年第12期。

感受到，它离个人门户又近了一步。

SNS、微博应用兴起后，一种既是内容纽带又是关系纽带的个人门户终于明朗地呈现在我们面前。这使得我8年的观察与思考，终于有了一个答案。于是，2012年10月，我完成了《从"大众门户"到"个人门户"——网络信息传播模式的关键变革》一文。

除了个人门户这样一个着眼点之外，我在2004年以后的研究中多次涉及的"个性化"与"社会化"矛盾缠绕下的网民、社会化媒体中的社会网络、新媒体的"去中心化"与"再中心化"等问题，在此文中，也在传播模式变革这样一个视野下进行了再梳理与再思考。

相比此前的十年，2004年以来的十年间，新媒体技术的更迭要频繁得多，振荡要剧烈得多，研究热点也是此起彼伏。作为一个研究者，我对几乎所有新技术、新应用都表示出了兴趣，也进行了密切的跟踪与观察，但同时，我始终将思考聚焦于几条核心线索：一是新媒体的传播模式与传播结构，二是网民的行为模式与关系模式，三是信息生产的机制。《从"大众门户"到"个人门户"——网络信息传播模式的关键变革》一文便是这几条线索汇聚后的一个结果。

在新媒体的研究中，研究者一个普遍的困惑在于，面对潮汐一样不断涌来又退去的新技术、新现象，如何才能让我们的研究经得住时间考验？

我个人以为，要能做出一些经得住考验的研究，我们对新媒体浪潮，要保持既"近"又"远"的姿势。

如果因为害怕我们的判断失误或者过时，而对新出现的技术完全采取一种远观的态度，试图等到风平浪静再去做研究，那么我们可能会永远被排挤在新媒体浪潮之外。

新媒体的研究者必须要走近新媒体。这意味着我们需要了解每一种新出现的技术，观察每一个关键变化，深度体验每一种新的应用。

任何研究者都可能会有头脑发热、眼睛发花的时候，尤其面对新媒体这个永远没有定态的对象。所以我们不必惧怕自己可能会犯的错误。但这些错误应该有助于让我们在未来变得更加耳聪目明。

即使对于那些很快就可能消失或边缘化的技术或应用，如果我们能在它们闪现的那些瞬间捕捉到它们身上某种可能被其他技术所继承的基因，那也是值得欣慰的。对于我来说，正是RSS应用中个性化服务的基因，为我对整个网络信息传播模式变革的观察，提供了起点。

另一方面，我们在深入的体验和近距离观察之后，又需要从中抽离出来，保持"远"一点的思考。

有人认为，新媒体研究的优势就是永远有新的热点，只要跟着热点走，就不愁没有研究话题。但是，如果只是简单地跟着热点走，那么也许我们只是在技术的大潮涌来时，捡到一点点冲上岸的贝壳，却永远无法把握其潮起潮落的规律。

对于那些风靡一时且自己沉浸其中的应用，例如博客、微博等，研究中我反倒是迟疑的，我怕自己个人的感性因素会妨碍我对它们的客观判断，也怕外界的喧嚣会让我失去独立的观察。这些干扰因素，都可能使得我们的研究成为过眼烟云。

但我们又不可能不去触及这些新现象，如果要让自己的研究走得更远一点，在努力抵抗干扰以保持相对"远距离"的思考的同时，我们还需要在变化的对象中，寻求那些不变的规律。

在新媒体时代，只有"变"是永恒的，也就是说，新媒体永远不变的法则就是"变"。但是，如何判断出哪些变化将带来暴风骤雨，哪些变化只是浮云，哪些又是变化的风景中的"不变"法则，这是对新媒体研究者一个关键的考验。

要对近期与远期趋势做出准确判断，要把握那些变中的不变，需要对技术、市场、政治等几者之间的博弈法则有清晰的了解，也需要对"人"的本性有深入的认识。前面几种因素决定新媒体应用的宏观景象，而人的因素则决定了新媒体的生存根基。

我在很多场合都表达了这样一个观点，至少到目前为止，新媒体并没有改变社会运行的公式，但它改变了公式中某些参数的值，因而使得运算结果与从前相比有了很大的差异。当然，当某些参数的值发生质变时，也许会带来根本性的社会变革。所以我们既需要谙熟社会运行的基本公式，又需要知道哪些值发生了变化，并且敏感地判断这些变化对于运行结果的影响，从而对最终走向有更清醒的判断。

而要能做出这样的判断，不仅需要对技术的了解，也不仅需要新闻传播视角的观察，更需要政治学、经济学、社会学、社会心理学等学科的视野与理论，以及它们的方法支持。虽然我自己离这样一个目标，还有太远的距离，但这一直是我努力的目标。

多年来，作为新媒体的研究者，我们不断听到一种批评的声音，即新媒体研究都是在传统的理论框架下，在验证原有理论，没有自己的理论建树。这的确是一个客观现象，但我倒是觉得，新媒体的研究，首先不应该是为了提出惊世骇俗的所谓新理论，而是应该老老实实地把我们社会的运行公式弄明白。即使国外的研究者关于新媒体的研究，绝大多数时候，也是在研究原有的运行法则是如何在新媒体上起作用的。

有时候，哪怕我们提出一些新的名词，总结出一些新的现象，也不必急于证明这是多么了不起的新理论。它们可能只是一些新的观察角度，甚至可能只是外壳或包装上的一点自我粉饰。克制对所谓理论创新的冲动，把问题研究透，才是研究的本意。

当然，这并不意味着我们不期待着真正的突破或革命，无论是新媒体本身的，还是新媒体研究领域的，抑或我们自身的。

互联网在中国的成长，已经进入第三个十年，它也升级成为了移动互联网，而物联网的兴起，也将更新我们对媒体的认识。新媒体带来的大变革的雷声正在远方响起，我们需要竖起我们的耳朵，判断它将在哪个方向引来巨变。

而对于我们自身来说，要实现真正的突破，除了敏锐的洞察力外，我们还需要耐心，包括对自己作为研究者成长过程的耐心，以及对新媒体发展过程的耐心。同时，我们也需要在一个较长时间段内保持相对明晰和稳定的研究线索，在不断变化的研究话题中保持相对不变的研究焦点。

"触媒"时代受众自治的"纸媒"社会化媒体特征
——以城市生活类周报iPhone形态为中心的实证研究

童清艳
钮鸣鸣

童清艳
Tong Qingyan

作者小传

女，1968年11月生。上海交通大学教授，复旦大学新闻学院新闻学博士、复旦大学管理学院应用经济学博士后，美国哥伦比亚大学商学院远程信息研究院CITI访问学者。有专著4本，参编著作1本，参译著作1本。主持国家、省级课题皆聚焦新兴媒体发展及传统媒体应对策略，如"触媒用户信息传播特征及传统媒体应对策略研究""省级以上政府微信公众账号文本研究""新媒体发展现状及趋势的分析研究——用户自主传播的媒体创意效应""上海世纪出版集团人力资源战略管理"等。主要著作有：《传媒产业经济学》（复旦大学出版社2007年版）、《新闻实务：内容策划与媒体设计》(上海人民出版社 2013 年版)、《受众研究》(上海交通大学出版社 2013 年版)、《超越传媒——揭开媒介影响受众的面纱》(中国广播电视出版社 2002 年版)。主要论文有:《社会化媒体之涟漪效应研究》(《新闻与传播研究》2015 年第 1 期)、《新闻在微博中的再传机制研究》(《新闻与传播研究》2013 年第 7 期)、《"触媒"时代受众自治的"纸媒"社会化媒体特征》(《新闻与传播研究》2012 年第 5 期)、《中国新媒体产业发展的现实议题——兼谈他国学者对我国媒体现状的几个关注点》(《新闻记者》2012 年第 2 期)、《受众构成:新媒体巨大利润空间的基点》(《新闻记者》2009 年第 7 期)等。

钮鸣鸣
Niu Mingming

作者小传

女,1980年10月生。本科毕业于东华大学金融系,2009年考入上海交通大学媒体与设计学院攻读硕士,现为上海青年报社总经理。

"触媒"时代受众自治的"纸媒"社会化媒体特征
——以城市生活类周报iPhone形态为中心的实证研究

童清艳 钮鸣鸣

内容提要：

本文选取城市生活类周报的 iPhone "触媒"形态为研究对象，从传者、受者不同侧重点出发，借助文本分析、控制实验、深度访谈等研究方法，发现"触媒"是一种基于受众自治的社会化媒体，其切合当下受众媒体使用的心理趋势，并从阅读体验、功能优化、广告运营方面勾勒出传统媒体向 iPhone 触媒内容转换和融合的有效路径。

关键词：触媒 社会化媒体 受众自治

以应用程序为技术支持的新型"触媒"（Touch Media），有着多媒体的表征以及人机交互的参与性体验，异于早年的手机媒体,通过开放式的应用平台,信息可以从传者直接到达受者,是一种完全由用户主动式信息选取的媒介形态,颠覆传统采编、发行、经营理念,导致传播特征的嬗变。如何把握 iPhone "触媒"形态的传播特征,构建一种全新"应用化生存"的传播模式,是一个全新的理论与现实课题。

一、"纸媒"到"触媒":由"传"到"受",一种游移消费媒体软件

手机报、手机杂志等各类纸质媒体升级为媒体软件,"应用程序"简化了读者获取信息的路径、强化了专业化服务,助于固化受众的习惯。但它的便携性、移动性和智能性也给媒体机构提出了一个新的课题:由于媒体的主要使用环境从室内搬到了室外,以传播空间为代表的地理环境和以传播对象为主体的接收环境都发生了很大的变化。美国学者研究发现,用户在使用、阅读 iPad 形态的报刊时,往往更在乎他们关注的信息,而且要以他们喜欢的方式呈现,更多的故事、照片、图表、视频、互动才是他们喜欢的[1]。"任何人"在"任何地点"和"任何时候"获得"任何想要的资讯信息",这是移动终端阅读发展的内在驱动力和终极目的[2]。

移动媒体已呈现极强的游移消费特点,设计受众喜欢的应用,实现从"以新闻生产为中心"到"以用户为中心"的转变尤为关键[3]。于是,传统媒体和新媒体之间的"关系理论",例如,以"报纸消亡论"和"媒介进化论"为代表的"替代说",以及以"媒介融合"为核心的"融合说",等等,各陈己见,其实质是"媒体消费需求论",围绕受众的媒体需求,以受众为中心讨论问题。

---

[1] Jake Batsell, *Intrigued, But Not Immersed, iPad's Performance as a News Platform*, International Symposium on Online Journalism, 2011-04.

[2] Terry Flew, *What will the Apple iPad deliver for newspaper?*, Communications Policy and Research Forum, 2010-11.

[3] 同上。

其中，所谓"替代说"，顾名思义，是指报纸杂志等纸质媒介最终会被新媒体所替代。其理论依据来源于西方的"报纸消亡论"。

所谓"融合"说，学者认为，在媒介融合的大趋势下，报纸杂志应该也可以实现结合移动应用的转型。其理论依据大体来源于西方媒介融合的思想。

笔者认为，媒介新技术已经给传统媒体提出再造生产流程规定了生产方法，一方面，iPhone系列"触媒"形态促使受众获得信息的方式改变了，传统的媒体受到极大冲击，从而迫使传统媒体为适应受众的需求，探寻调整自身传播信息的方式；另一方面，数字技术的发展也为传统"纸媒"变身"触媒"提供了软件功能，界定了媒体内容生产要素，满足了当代人们游移性，以及"随时随地"阅读，并自主选择、编辑、再加工与再传媒体内容的消费方式。这时的受众，已经从原先传统意义上的读者，演变为"以我为中心"的"媒体软件下载者"，在自主消费媒体内容的同时，创造性地由媒体消费者角色，"越狱"为"自我媒体内容生产者"，不断刷新着传统媒体内容。

二、"触媒"时代传播特征：以城市生活类周报iPhone形态为中心的实证研究

城市生活类周报是一种针对特定的细分市场、有着日报的新闻视角和杂志策划思维的纸质传播媒介，其内容倾向于生活服务类，这与iPhone触媒的个性化服务理念不谋而合：双方都试图为受众提供更加便捷的周边信息服务，以实现受众"使用与满足"理论的休闲娱乐、促进人际关系、确认自我和监测环境效用。

本研究拟用定性分析和定量分析相结合的研究方法，达到以下研究目的：

A. 发现传播特征。通过研究对象文本及内容的比较，解决两大议题：第一，当下城市生活类周报iPhone触媒版有怎样的通用文本范式？第二，从

纸质周报向 iPhone 触媒形态转变或二度编辑的过程中，讯息传播模式发生了哪些转变？由此，发现并归纳城市生活类周报 iPhone 触媒形态的总体特性。

B. 测量传播效果。选取一份具代表性的城市生活类周报，从受众需求角度，分析其纸质版与 iPhone 触媒版的传播效果异同点，测量城市生活服务类周报 iPhone 触媒讯息传播的优缺，进而通过量化研究发现其文本的传播效度，从而勾勒城市生活类周报向 iPhone 触媒内容转换和融合的"应用化生存模式"：诸如哪些讯息更适合 iPhone 形态，该讯息以何种叙述或呈现模式，以期完成触达受众，实现传者预期的传播效果。

（一）传者：文本分析——以《周末画报》《生活周刊》《申江服务导报》为例

1. 研究对象的甄选

选取的研究对象是在全国具有一定媒体品牌价值的 3 份城市生活类周报：《周末画报》《生活周刊》和《申江服务导报》。3 个研究样本均已推出 iPhone 触媒版，但又有显著的差异性。

《周末画报》为现代传播集团（香港上市公司）旗下刊物，关注全球化大都会生活方式与资讯，定位是"新世纪中国精英读品"，在我国率先发布首个 iPhone 应用《iWeekly》。

《生活周刊》是全国第一份生活服务类周报，定位为都市白领阶层的"优质生活读本"，恰逢 iPhone4 入市初期开发《Lifeweekly for iPhone》。

《申江服务导报》由解放日报报业集团主办，是一份融新闻性与服务性于一体的综合性周报，在年轻读者中深具亲和力和影响力，推出其 iPhone 版《申活志》，首创了"活动"与"投票"等互动版块，力求打造"移动互联时代的随身读本"。

这 3 份具有影响力的城市周报几乎覆盖了青年受众层级，具有一定的比较研究价值。

2. 样本的提取

本研究以"同一出版月（2011 年 9 月份）"为取样范围。具体抽样如下：

（1）报纸样本

《周末画报》（逢周六出版）第663期、第664期、第665期、第666期；

《生活周刊》（逢周二出版）第1382期、第1383期、第1384期、第1385期；

《申江服务导报》（逢周三出版）第716期、第717期、第718期、第719期。

（2）iPhone版样本

上述三份周报的iPhone版讯息同步需1~2个工作日完成，本研究选取报纸对应样本：

《iWeekly》（2011年9月5日版、12日版、19日版、26日版）；

《Lifeweekly for iPhone》（2011年9月8日版、15日版、22日版、29日版）；

《申活志》（2011年9月9日版、16日版、23日版、30日版）。

3.分析类目

排列需要进行分析或比对的类目，从而得出相关结论，并为后面的控制实验和深度访谈提供依据。根据研究需要，本文将文本分析类目主要分为"内容"和"形式"两大方面，根据iPhone版周报的特点，两大类目下又列有相关子类，具体划分如下：

（1）讯息的推送（Push）模式分析

讯息的过滤选择与二度呈现。此类目是针对传统纸媒内容在实现移动终端应用时，选取何种内容，以及如何转换的问题所做的分类。其中包括：内容的选择，转换后内容量，转换后的分类变化等细分内容。

图文的分配比例和结合程度。此问题涉及的是传统纸媒中的排版问题，而在移动终端应用中，由于正文版面形式较为单一，则主要涉及的是文字和图片的分配比例问题。两种不同介质下的图文结合方式，以及图文的结合程度也会存在很大的不同之处。

广告的呈现方式。广告是传统纸媒最大收益来源，在报刊内容中占有很大的比例。而在移动终端应用中如何插入广告内容，较之传统纸媒存在相应的变化。

（2）讯息的呈现（Use）模式分析

封面呈现方式。封面作为报刊的招牌，第一印象很重要。在移动终端应用中如何呈现，是各大报刊首先要解决的问题。

版面及栏目设置。和纸媒报刊一样，移动终端应用中如何设置栏目版面，是本文分析的目的。

讯息使用方式上的创新。新媒体介质下的创新部分是此次研究的重点，大部分的 iPhone 应用都具备了转发、分享、收藏等功能。如何发挥移动终端应用的优势，是此次研究的取向。

4. 纸媒与其 iPhone 版触媒的文本分析研究

（1）《周末画报》和 iPhone 版《iWeekly》

从它的栏目设置与讯息分类方式上，不难发现其中的差异性特征。

表1 2011年9月《周末画报》与《iWeekly》讯息分类对比

	《周末画报》版面设置
	新闻	包括国际时事报道、军事、科技、娱乐、探索等全方位新闻资讯
	财富	包括商业发现、行业精英、科技、创新、商业话题等商界资讯
	城市	包括城市话题、观察、焦点探讨，美食、文化等方面的内容
	生活	包括服饰、美容、生活风尚等方面的时尚潮流资讯
	别册	特别介绍2011年秋冬高端品牌的女装趋势
	《iWeekly》栏目设置
	趋势	主要对国内外新闻进行深入全面报道，主要内容来源于纸媒的新闻版
专栏	最新	用户可在此分类中查看各类更新的文章
	Lifestyle	集合各类品味生活时尚的评论文章
	电影	提供最新电影资讯，一周北美电影票房&音乐排行情况
	文化	提供与各类文化相关的评论文章
	美食	有关美食文化的文章
	Lohas	集合了与乐活族相关的资讯
	时尚	就服饰、潮流、美容等和时尚元素相关的文章进行归类
	摄影	集合摄影相关信息和评论文章
	阅读	集中汇总书评，提供阅读推荐
	星座	汇总女巫店12星座每周运势预测
	Geek	汇总 Geek 研究的文章
	iPhone	主要推荐苹果程序库（App Store）应用程序，提供最新的 iPhone 信息

续表

城市	提供与读者生活息息相关的话题、内容等，包括美食、音乐、演出、文艺等方面信息。此栏目下还可查看到上海、北京、广州等大城市的天气情况。
画报	集合所有大幅精美广告海报，可供分享和收藏
一周图片	以大幅精美图片附加说明的方式对一周趣闻或事件汇总报道，以封面形式呈现
更多	包括提供五子棋游戏、汇率换算、程序设置、倒计时、招聘启事、用户反馈等服务内容

通过表1的比较分析，可以发现iPhone版较之报纸原型，在讯息分类处理、栏目设计构建等方面做了以下直观性的改变：

第一，iPhone触媒版在栏目设置上加强了讯息的细分化处理，并且讯息的分类方式打破了传统新闻报刊的模式。在细分化的阅读门类中，讯息特征的辨别度提高，为用户提供了更为快捷的讯息选择路径。

第二，iPhone触媒e版附带很多即时性的服务功能，例如"城市"栏目的天气情况等。除了对文章和图片设有"分享""收藏"等互动功能之外，还设置"用户反馈"模块，便于用户从受者角度与传者进行直接的对话交流。《iWeekly》中已经点击查看过的文章会在标题后出现"√"标识，对用户起到提示阅读的作用。

第三，iPhone触媒版将广告以精美图片的形式加以呈现，增加广告的可观赏性，同时将广告与正文内容独立开来，既不影响阅读体验，又不失美观大方。

第四，筛选之后的iPhone触媒版，在信息量上相比纸媒更为丰富，门类众多。

进一步分析与比较，研究发现iPhone触媒版与报纸原型在内容和形式上的细微差异：

第一，商业广告的显著性被淡化。纸媒中插入了大量的巨幅广告海报，iPhone触媒版则仅选取了其中的几张，广告量相对较少，广告的可读性较强。

第二，版面语言的灵活度被削弱。纸媒版式灵活多变，图文结合紧密，iPhone版格式化的文字段落右上角插入图片的版式处理，图片与文字结合的亲密程度因为受限于手机屏幕而不如报纸原貌。

第三，单位篇幅的容纳量被压缩。针对同一篇报道也采取了适应性手法，内容上有删改，配图的选择上也呈现出差异。

(2)《生活周刊》和《Lifeweekly for iPhone》

《生活周刊》与《Lifeweekly for iPhone》在讯息分类和栏目设置上的差异呈现出与《周末画报》及其iPhone触媒版相类似的取向，即分类进一步细化、栏目进一步通俗化。

表2　2011年9月《生活周刊》与《Lifeweekly for iPhone》讯息分类对比

\multicolumn{3}{|c|}{《生活周刊》版面设置}		
"城"叠		主要包括周记、对话、焦点、观察、悦读等内容，聚焦城市热点故事
"尚"叠		主要包括服饰、美容、旅游、情感、游戏等内容，汇集时尚潮流资讯
\multicolumn{3}{|c|}{《Lifeweekly for iPhone》栏目设置}		
	最新	提供最新更新的所有该栏目下的内容，方便用户即时查看
	焦点	集合了聚焦城市热点话题的评论性文章
	我闻	汇集了作家专栏式的对个人身边发生事情的评论小文章
	观察	包括一周热词的回顾，提供就当下比较热议的社会问题发表看法的文章
城事	对话	集中各类人物访谈性文章
	文化	对各类文化现象做出评议的文章集合
	读城	聚焦上海城市文化的回忆与现状
	话题	包括就特定话题展开评论的文章
	职场	为白领阶层提供与职场有关的资讯
人物		以个人图片的形式分类，集合与该图片中人物有关的报道
	最新	提供最新更新的所有该栏目下的内容
	风尚	提供服饰、美容、科技、养生等多方面的时尚资讯
	星情	汇集最新的影视剧、演出、明星等相关娱乐信息
	游走	集合了世界各地旅游风光资讯
生活	情感	将与情感生活有关的小文章汇总
	同乐馆	主要集中介绍各类美食信息
	书碟	汇总了各类书评、演出评论、影评等，提供书籍、演出、电影等相关信息
	健康	包括瘦身、心理健康、养生等各种资讯
	宝贝	着眼于亲子关系和育儿心得的交流
画报		集合了大量的封面照片、街拍以及广告海报，并对该图片进行简单评述
收藏		用户可对自己喜欢的文章或图片进行收藏，继而在该栏目下轻松实现阅读

两种文本比较后发现，iPhone 触媒版《生活周刊》的分类较之纸媒版更为细致，用户能够更为方便地找到自己感兴趣的讯息或文章。

《Lifeweekly for iPhone》具体的个体特征：

第一，讯息的同步性。纸媒中的全部内容都可以在 iPhone 触媒版中找到对应的文章，且栏目分类也相差无几。

第二，文字的完整性和图片的适配性。iPhone 触媒版在收录纸媒版内容时，做出删改的地方不多，很多文章就是全文转载，但在配图选择，以及图文结合程度上还存在差别。

第三，商业广告的独立性。纸媒版在正文内容之中插入了大量除整幅海报之外的小型广告，涉及旅游、美容等各个方面，这难免对阅读造成一定影响。而 iPhone 版则基本将广告以画报形式呈现，与正文部分相独立。另外，iPhone 触媒版新增了一些广告软文，可算是另一种广告的呈现形式。相对而言，iPhone 触媒版的广告量较少，且插入方式不大会对阅读正文产生什么负面影响。

第四，服务的定制性。除了对喜爱的文章或图片可以分享、收藏之外，iPhone 触媒版还在主页面上设置了"全国各大城市三日天气查询"功能、"链接到《生活周刊》微博"的一键式便捷链接功能，以及专门的用户反馈功能。用户还可以自己添加分栏，依照阅读习惯整理信息分类方式，这极大地增强了服务功能的个性化特征。

（3）《申江服务导报》和 iPhone 触媒版《申活志》

iPhone 版《申活志》增加了活动和投票的栏目，前者以日历的形式列出当天的重要活动信息等，体现了贴心服务的特征，后者则在提供资讯之余，引发用户对某些热点话题进行互动投票，既增加了趣味性，又能让传播者直观地得到用户的态度反馈，iPhone 触媒版中的文章和图片，都实现了转发或收藏功能，用户可就自己的喜好选择不同的互动功能。

表3　2011年9月《申江服务导报》与《申活志》讯息分类对比

《申江服务导报》版面设置		
A 娱乐		包括人物、调查、电影节、晒菲林、星搭档、竞技体育等栏目
B 新闻		包括申报在线、绝对焦点、热门话题、城事发现、白领民生、人情法理等栏目
C 文化		包括都市脉象、发现上海、拍客帝国、畅读等栏目
D 玩乐		包括旅游、美食等栏目
E 生活		包括男女、健康、人才、财道、游戏等栏目
申周刊		主要集中介绍最新潮流的美容、服饰、科技等方面内容
《申活志》栏目设置		
资讯	特写	包括新闻、职场、热点调查等各方面的资讯报道
	时尚	对流行服饰、化妆以及潮流趋势的内容集合
	娱乐	主要包括影视、明星等各种娱乐信息
	畅读	主要包括专栏、书评等内容
	闲情	主要包括旅游、美食等内容
活动		以日历的形式显示当天的重要活动和演出信息等
投票		用户可就最新热点问题进行投票互动

在进一步的文本分析过程中，研究发现iPhone触媒版《申活志》的独有特性：

第一，表述的通俗性。同样一篇新闻报道在实现iPhone形态转换过程中，编辑对内容大多进行了裁剪或口语化的修改，并且在配图上也显得更为直白。对于过长的标题或者引题、副题等也做出进一步改编。

第二，广告的服务性。纸媒几乎在各个栏目分版下都有大幅的广告专版，而iPhone触媒版则几乎没有广告的痕迹，仅在"活动"这个栏目下，可能存在广告的嫌疑，但由于是以活动提醒的形式出现，服务性超过了广告性。

5. 研究小结

（1）城市生活类周报iPhone触媒形态的内容特征

第一，内容的精简性。3份报纸选择了对纸质媒介内容的筛选和修改。即使是内容重合度较高的《生活周刊》，也是选择性挑选了部分内容。做完内容筛选后，编辑们考虑到iPhone触媒屏幕的显示特征，大多对选好的文章内容再做一定程度的修改，力求更加短小精悍、通俗易读。

第二，图文的独立性。由于iPhone触媒屏幕的限制，3份报纸在实现文本转换的时候，都放弃了原有纸媒版面设计的丰富元素，采用了以文字为主、图片为辅的形式，大多安排一到两段文字配一张图片，且图片出现形式大多在文字段落的右上角。基于这种形式，iPhone触媒版内容的图文结合程度就不如纸媒紧密，相对来说图片与文字内容较为独立，而那些无法呈现在文字内容中的大幅精美图片，一般都被采编人员列入专门的"画报"栏目中。

第三，广告的隐蔽性。鉴于广告已经成为传统纸媒报刊的主要收益来源，3份报纸中都不可避免地插入了大量的整版广告，形式各异。而iPhone触媒版中，广告在数量上少了很多，形式上也大多采取了图片方式出现，集中收录在"画报"专栏。

第四，服务的贴合性。生活城市类周报本身具有的服务性功能，在实现iPhone触媒版转换时达到了增强的效果，iPhone触媒版实现服务的手段和方式也更加多样化。iPhone触媒版《申活志》首创的"活动"提醒功能，结合日历的形式，方便用户选择自己感兴趣的活动，合理安排时间。iPhone触媒版《iWeekly》在"更多"分栏中，不仅设有五子棋这样的小游戏以供消遣，还设有汇率换算、倒计时等实用性功能，此外"城市"分栏中还可以查看到几大城市的天气状况，贴心服务。iPhone触媒版《生活周刊》首页就可以查看全国各地三天的天气情况，还可一键链接到《生活周刊》的微博，既方便用户查看最新网络更新，又起到了宣传本媒体的作用，可谓一举两得。

（2）城市生活类周报iPhone触媒形态的表达特征

第一，版式的相似性。3家报刊的iPhone版版式大多选择了相差无几的版面设置。

分别打开3家报刊的客户端首页（图1），可以看到，《iWeekly》以屏幕下端横向设置分栏，上端以显示一周图片的形式作为主页。iPhone版《生活周刊》的主页略有不同，以屏幕纵向设置分栏的形式作为主页，打造首页自定义概念。iPhone 版《申活志》则较为直接，首页就是"资讯"分栏内容，下方横向设置"资讯""活动""投票"3 项栏目，上方顶端横向设置"资讯"中的子分栏。

图 1 《iWeekly》《Lifeweekly for iPhone》《申活志》首页（从左到右）

图 2 《iWeekly》《Lifeweekly for iPhone》《申活志》主要内页（从左到右）

虽然3家报纸的iPhone触媒版主页不同，但只要选择点击进入分栏信息，就大体采用几乎相同的版面设置了（见图2），基本都是下端横向设置主要分栏，上端大图片显示重点信息，大图片下面纵向列出其他小图片加小标题的信息，如果有子栏目分类，则选择列于屏幕上端或屏幕下端主要分栏设置的上方。当然，由于报刊定位和栏目设置的差异性，少数几个栏目在形式上表现略有不同。

第二，分类的易检性。iPhone触媒版对自身纸媒版内容进行了更为细致的分类。iPhone触媒版《申活志》在"资讯"栏目下分出"特写""时尚""娱乐""畅读""闲情"5个子栏目。iPhone触媒版《iWeekly》则在"专栏"栏目下又分出包括"最新""生活""电影""文化"等12个子栏目。iPhone触媒版《生活周刊》则划分更为详细，不仅在"城事"栏目下设有"最新""焦点""我闻"等9个子栏目，还在"生活"栏目下设有"最新""风尚""星情"等9个子栏目，总共分类达到了18种之多。这种对内容细分化的趋势，不仅是信息量增多之后的采编归类上管理上的需求，也是为读者用户在面对庞大信息量时能够"有迹可循"的服务性思想的体现。iPhone触媒版《iWeekly》和iPhone触媒版《生活周刊》都加入了"最新"这一子栏目，目的是为用户即时查看最新更新内容提供更加便利的途径。

第三，讯息的互动性。3种报刊的iPhone终端应用形式，都实现了对文章、图片的收藏和转发功能，读者能在第一时间通过邮箱或微博，将自己喜欢的文章或图片发布出去，让更多其他人看到，从受者身份简便地转换为传者身份。此外，3家报刊还各自在互动性上作出创新尝试：iPhone触媒版《申活志》设有"投票"栏目，吸引读者就时下热议话题发表看法；iPhone触媒版《iWeekly》和iPhone触媒版《生活周刊》特别加入"用户反馈"功能，用户可直接通过邮件和主编方进行交流沟通。

（二）受者：控制实验——以《生活周刊》为例，附深度访谈加以佐证

1. 研究目的

上一节文本分析研究中，从"传者"对受众需求的考虑角度，对城市生

活服务类周报 iPhone 触媒形态的总体特征予以研究。此节选择"控制实验"的研究方法，侧重测试并且比较受众对于不同媒体"纸媒"和 iPhone "触媒"在"信息的接收程度""信息的选择性差异"和"使用与满足"三大方面的作用与效果。

同时，对实验者进行深度访谈，作为对于实验结果的佐证和深化。

2. 研究对象

选择"纸媒"《生活周刊》和 iPhone "触媒"《Lifeweekly for iPhone》的目标受众群体。

这是基于研究的便利性考虑。笔者中钮呜呜负责《Lifeweekly for iPhone》开发运营，能获取组织上的支持，如配备实验助理、提供实验场地等。同时，《生活周刊》为本次研究开放读者数据库，便于分析该报既有受众状况，招募实验对象。

本次实验共计招募符合目标受众特征（而非实际读者和用户[①]）的 80 名自愿者参与（受测者信息见图 3）。实验以 9 月份出版的 4 期《生活周刊》及

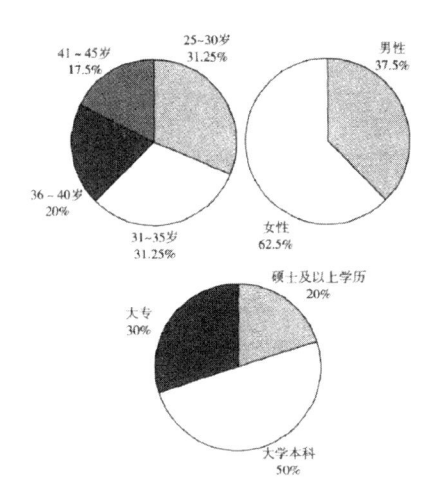

图3 《生活周刊》或《Lifeweekly for iPhone》实验受测者基本信息

---

① 实际读者和用户对《生活周刊》内容取向和形式风格有所了解，可能存在先入为主的预判。

其对应的iPhone版（技术人员事先对用于实验的iPhone进行设置以确保讯息均为9月版）作为测试工具，同时将80位自愿者以抽签方式随机分为4个测试批次（每批20人）、2个测试组别（"报纸阅读组"和"应用使用组"）。4次实验均在封闭空间内进行，同时给予两组20分钟的阅读/使用时间，随后填写书面问卷。部分自愿者完成上述实验后被邀请参与一对一式的深度访谈。

3. 测量指标

本次实验主要关注以下三项测量指标与调查：

（1）信息接收度调查

首先是信息记忆量的比对——将阅读过程中读到的信息进行现场回忆性记录（5分钟），即将过去20分钟内获取的信息（一篇文章内容作为一个信息单元）以书面形式记录下来，记录形式不受两个方面的限制：第一，信息的完整性——受测者记录的信息可以是文章标题、关键词句、信息要点、图片或数据信息等；第二，信息的有序性——受测者在回忆并记录信息的过程中，不必依照版面设置顺序或实际阅读顺序来规整信息记录的有序性。

其次是信息记忆度比对——两组受测者被要求在可记录的前5篇文章中进行深度回忆，将每篇文章的信息点（标题、主要内容/事件、配图）尽可能多地描述记录下来，记取标题得1分，记取主要内容/事件得3分，记取配图得1分，单篇文章全部记取得5分。

（2）信息选择性调查

首先是阅读兴趣度比对——根据内容分析的原则将《生活周刊》内容划分为"社会新闻""城市专栏""娱乐文化""生活方式""情感生活""实用资讯""图片报道"和"广告信息"8大类目，要求受测者在阅读后针对其兴趣程度给每一类目进行意见评定，参考克里特量表模式，意见分为5档——"非常好""好""一般""差""极差"。

其次是体验兴趣度比对——通过访谈了解两种不同媒介对用户/读者阅读体验的不同感受。

（3）媒介"使用与满足"调查

通过以下 6 个复合选项，了解受测者对于媒介的"使用与满足"情况。

a "我觉得收获了消遣和娱乐，可以忘记烦恼、释放情感、感受快乐。"
b "我觉得有利于促进人际关系，可以增加社交话题、了解他人所想所为。"
c "我觉得增加了自我认同，我感到自己更加充实、自信。"
d "我觉得开阔了视野，能了解这座城市、这个世界更多的人和事。"
e "此次阅读让我毫无所得。"
f "其他。"（请列举）

4.研究小结

（1）iPhone 触媒版长于信息获取数量

表 4　报纸阅读组与应用使用组对于媒介信息的记忆度比较

信息记录量（单位：篇/人）	报纸阅读组（单位：%）	应用使用组（单位：%）
5 篇以内	10%（4 人）	5%（2 人）
6—10 篇	50%（20 人）	40%（16 人）
11—15 篇	37.5%（15 人）	50%（20 人）
15 篇以上	2.5%（1 人）	5%（2 人）

如表 4 所示，尽管面对几乎相同的媒介信息，但两个实验组的卷面反馈大不相同。报纸阅读组在规定时间内阅读和相应可记忆的信息主要集中在 6—10 篇文章信息，而应用使用组对于信息的获取和相应可记忆的信息则大多可以达到 11—15 篇，而且更有 5% 的受访者可以记忆 15 篇以上的信息，这一比例是报纸阅读组难以企及的。由此可见，《生活周刊》在 iPhone 移动应用较之纸质原型之于受众的信息获取量更大。

导致这一差异的原因何在？在随后的深度访谈中发现，以下两个因素可能是影响不同组别受测者在信息获取量差上的原因：

第一，信息的分类方式。纸质《生活周刊》的分类方式较为传统，基本上恪守"新闻+副刊"的周报模式——"城"叠24个版面聚焦当周国际、本地、人物、娱乐等新闻,"尚"叠24个版面聚焦服饰、美容、旅游、情感、游戏等时尚潮流资讯。这一"内容(性质)本位"的分类方式虽然符合城市生活类周报的固有模式,但也容易陷入"为了分类而分类"的采编陈规,即有部分内容原本具备诸新闻要素,但因为出版周期较长等原因,时效性丧失进而纳入副刊版块。这种编辑原则虽符合新闻采编的要义,却有悖于读者/用户对于新闻性信息的消费习惯。

相反,应用版《生活周刊》"城市""人物""生活""画报"的分类就显得言简意赅,且遵循"形式本位"的分类立场,即新闻与资讯分离、事件与人物分离、图片与文章分离。此种分类方式或许在某种意义上颠覆了传统周报的采编原则,但却跨越了"新闻""副刊"的藩篱,进而方便读者关注信息本身。而且,应用版中的"收藏"可以让用户对自己喜欢的文章或图片进行收藏,继而在该栏目下轻松实现阅读——这从客观上实现了信息分类主导权的转移,即从采编手中转移到读者指尖。

第二,版面的设计方式(版式)。传统报刊版式基本包括版面设计(标题、导言、正文、图片说明)、字体、分栏、图片、辅助线形色块等基本规范,美术编辑在不违背版式规范的前提下会求新求变,用版面形式的变化来烘托信息、抓人眼球。然而鉴于手机屏幕的分辨率及尺寸局限,版式的变幻空间非常狭小,《生活周刊》的iPhone应用版式基本上是格式化的,任何一篇文章或图片在方寸之间的屏幕上显示的形式都整齐划一,类似网页形态。尽管格式化版式牺牲了形式的丰富性多样化,但统一的呈现形式带来的正向效应在于让读者不受形式引导的左右而更加专注于信息(尤其是其兴趣所在的信息)本身。

(2)iPhone触媒应用版式短于信息获取深度

两组受测者被要求在可记录的前5篇文章中进行深度回忆,将每篇文章的信息点(标题、主要内容/事件、配图)尽可能多地描述记录下来,记取标题得1分,记取主要内容/事件得3分,记取配图得1分,单篇文章全部记取得5分,5篇文章全部记取总分为25分。经过测量统计发现:报纸阅读组对于信息的深度获取/记忆率大大高于应用使用组。

表5 报纸阅读组与应用使用组对于媒介信息记忆深度的比较

信息记忆度（单位：分/人）	报纸阅读组（单位：%）	应用使用组（单位：%）
5分以内	2.5%（1人）	5%（2人）
6—10分	5%（2人）	12.5%（5人）
11—15分	30%（12人）	50%（20人）
16—20分	52.5%（21人）	27.5%（11人）
20分以上	10%（4人）	5%（2人）

在关于信息记忆深度的测试结果中不难发现报纸阅读组对于信息的记忆程度主要集中在16—20分这一档，而应用使用组对于信息的记忆度偏弱，大多集中在11—15分这一档。在比较两种媒体介质的内容文本以及针对受测者深度访谈后，我们发现以下两大因素是导致上述差异的主要原因。

第一，较之纸质版《生活周刊》，iPhone应用上所呈现的部分内容经过采编人员的"二度编辑"，从标题到文章选取均有删减。尤其是"焦点"类深度专题报道，在纸媒上通常采取4个版的报道量，而在iPhone应用上，为了适配于手机屏言简意赅的信息表述，编辑人员进行了筛选，一般只选取1—2篇。因此，手机应用对于读者而言只能满足其"浅阅读"或者说"碎片式阅读"的诉求而达不到对于深度信息的触及。从受测者角度，笔者也了解到传统报刊的受测者较手机应用受测者阅读长文章时更有耐心，手机阅读者面对长篇大论时，较多表现出不耐烦或无法持久阅读的情绪，这也是内容转换过程中不得不对文章进行"二度编辑"的原因。

第二，触摸屏幕式的阅读方式也是导致阅读深度降低的因素之一。众所周知，传统纸质报刊对于受众的阅读过程具有一定的强制性，即读者大多遵循"逐页翻阅"原则，阅读顺序（版序）事实上已被新闻采编事先设置。而触屏式阅读遵循"菜单点击"原则，用户可以在主菜单上快速浏览自己最感兴趣的信息，进而选择深入阅读抑或浅显浏览两种模式进入信息。所以尽管触屏阅读的信息捕捉速度远高于纸质翻阅式阅读，但信息的获取路径是个体兴趣或经验取向的、碎片化的，信息的完整度、整体性在个性化选择阅读过程中被不知不觉地解构。

（3）信息选择的差异性

在对受测者的卷面分析过程中，我们发现：在同样的信息范围内，报纸阅读组与应用使用组的兴趣点殊有不同，这某种程度上恰恰印证了"媒介即讯息"的说法，同样一份报纸的讯息因为媒体介质的不同而呈现出相异的状态。

笔者根据内容分类原则将《生活周刊》和《Lifeweekly for iPhone》的内容划分为"社会新闻""城市专栏""文化娱乐""生活方式""情感生活""实用资讯""图片报道"和"广告信息"8大类目，要求受测者在阅读后凭借兴趣和体验感受为每一项阅读评定意见，研究者为每一档意见设置不同分值——"很好"（2分）、"好"（1分）、"一般"（0分）、"差"（-1分）、"极差"（-2分）——并进行汇总比较，结果如表8所示：

表6　报纸阅读组媒介信息的兴趣度统计

序号	阅读兴趣类目	选项人数（单位：人）					总分（单位：分）
		很好(2分)	好(1分)	一般(0分)	差(-1分)	极差(-2分)	
1	社会新闻	5	16	15	4	0	22
2	城市专栏	4	15	16	4	1	19
3	文化娱乐	4	15	16	3	2	16
4	生活方式	3	13	17	4	3	9
5	情感生活	3	14	18	5	2	11
6	实用资讯	2	13	18	4	3	7
7	图片报道	3	12	19	4	2	10
8	广告信息	0	2	11	19	8	-33

表7　iPhone阅读组媒介信息的兴趣度统计

序号	阅读兴趣类目	很好（2分）	好（1分）	一般（0分）	差（-1分）	极差（-2分）	总分（单位：分）
1	社会新闻	3	11	21	3	2	18
2	城市专栏	7	19	12	2	0	31
3	文化娱乐	4	15	18	1	2	18
4	生活方式	4	13	21	0	2	17
5	情感生活	6	16	16	1	1	25
6	实用资讯	2	9	27	2	2	11
7	图片报道	11	18	10	1	0	39
8	广告信息	0	1	22	13	4	-20

表8　报纸阅读组与应用使用组对于媒介信息的兴趣度比较

序号	阅读兴趣类目	报纸使用组总分（单位：分）	应用使用组总分（单位：分）	应用使用组差异率
1	社会新闻	22	18	-18.2%
2	城市专栏	19	31	63.2%
3	文化娱乐	16	18	12.4%
4	生活方式	9	17	88.9%
5	情感生活	11	25	118.2%
6	实用资讯	7	11	57.1%
7	图片报道	10	39	290%
8	广告信息	-33	-20	39.4%

备注：应用使用组差异比率计算公式：（应用使用组对应值—报纸使用组对应值）/应用使用组对应值。

通过兴趣度的差异比较，可以发现iPhone版《生活周刊》较之纸质版从受众角度上看，存在以下几大新特征：

第一，最显著的特征是，受众对于广告图片报道的兴趣度大大提升。一方面，从大栏目分类上，iPhone触媒版《生活周刊》专门开辟了"画报"栏目，与另外三个板块平级，在内容推送上占据重要位置。另一方面，在具体编排方式上，纸质《生活周刊》讲究图片的混排和版式处理，而iPhone触媒版更突出单张图片本身，同时，iPhone触媒较好的画质为图片良好的视觉表达提供了技术条件，而报纸则限于纸张、印刷等原因较难达到精美效果。

第二，对于内容信息的兴趣取向上，移动终端用户对事关个体信息的关注程度远高于离自身较远的社会化公共信息，"自媒体"属性得到充分印证。笔者将上述信息类目再度划分为3大类型，即"个体信息"（与个体息息相关的"城市专栏""情感生活"）、"群体信息"（与大多数人相关的"生活方式""实用资讯"）、"社会信息"（公共的"社会新闻""娱乐文化"），将各类目评分进行累计形成以下坐标图形（见图4）。之所以将"广告信息"和"图片报道"摘除是因为广告与图片（见表9、图4）难以在"个体—群体—社会"这一维度上予以定位。

表9 个体信息、群体信息、社会信息的兴趣度比较统计

类型	阅读兴趣类目	报纸使用组总分（单位：分）		应用使用组总分（单位：分）	
个体信息	城市专栏	19	30	31	56
	情感生活	11		25	
群体信息	生活方式	9	16	17	28
	实用资讯	7		11	
社会信息	社会新闻	22	38	18	36
	娱乐文化	16		18	

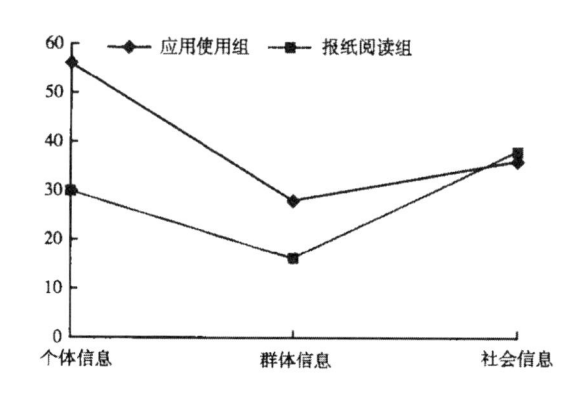

图4 个体信息、群体信息、社会信息的兴趣度比较曲线

由图4可见手机屏幕阅读者在使用《生活周刊》应用中的兴趣取向是以个体为中心向外延伸的,而纸质阅读者在阅读一份报纸的过程中,兴趣有可能被采编人员设置或引导,个人兴趣较之公共关注并不明显。换而言之,报纸作为"公共媒介"的特征在方寸屏幕间衰减,在众多移动使用组中的受访者看来,使用移动应用的过程中已经毫无"读报"的心理暗示,相反大多数人认为是在"接触一种全新的媒体资讯"。

所以,媒体介质的变化亦导致了受众对于媒体定位的认知位移。《生活周刊》目前定位为"城市生活优质读本",即基于优质生活的价值立场对城市生活的解读和推介。在深度访谈过程中,报纸阅读组有超过60%的受访者"对于《生活周刊》的总体印象(定位)"均直接或间接、清晰或模糊地切合了这一定位。而同样的问题在针对应用使用者的寻访中却仅获得了18%的近似回答。

第三,相比报刊测试者而言,iPhone触媒版阅读测试者对于广告信息的兴趣度更大。这对于媒介经营者而言不失为一大利好趋势。事实上,在比对同一广告信息在两种介质上的呈现差异后不难发现,传统硬广告信息在屏幕上呈现出"去广告化"的趋势,即弱化了广告的形式感,增强了广告内容的可读性,譬如精美的广告图片本身就非常吸引眼球。在纸质报刊上,硬广告信息基本上是以格式化的尺寸和方位体现的(如通栏、半版、整版等),而在移动应用终端上,广告图文可以杂糅在包括新闻信息在内的任何信息之中,可读性的增强使得它从传者功利性地主动传送转而演变为受众非功利性地自觉接受。

第四,"使用与满足"调查分析:发现iPhone触媒版《生活周刊》较纸质版更具黏性。

对于初次阅读《生活周刊》的人而言,阅读体验是否能继续引发后续阅读的兴趣呢?纸质报纸和移动应用哪个对于读者更具黏着度?表10为问卷统计结果。

表10 《生活周刊》与《Lifeweekly for iPhone》黏着度比较

	会继续阅读	不好说	不会
报纸阅读组	35%（14人）	35%（14人）	30%（12人）
应用使用组	45%（18人）	37.5%（15人）	17.5%（7人）

注：此调查未将iPhone版受测者的设备条件考虑在内。

在针对两个组别中"会继续阅读"者的进一步问卷中，笔者将传播效果研究中的受众选择媒介的"使用与满足"类型纳入问题当中，即通过报纸阅读或应用使用可能获得4项满足：消遣娱乐、促进人际关系（获取谈资、信息分享）、确认自我（获取新知、更新观念）、监测环境（了解社会和城市动态）。受测者根据体验做出多项选择（统计结果见表11）。

表11 报纸阅读组与应用使用组对于媒介满足度调查

	消遣娱乐	促进人际关系	确认自我	监测环境
报纸阅读组	92.9%（13人）	21.4%（3人）	64.3%（9人）	78.6%（11人）
应用使用组	94.4%（17人）	72.2%（13人）	77.8%（14人）	66.7%（12人）

注：统计方法为某一选项被选总数除以参选人总数。

上述测量结果与上文的研究结果颇为相近，《生活周刊》移动应用受测者依旧体现出"轻阅读"的使用诉求，消遣娱乐、确认自我的功能被放大，监测环境的作用相对变小。值得关注的是，应用使用组"促进人际关系"的占比远远大于报纸阅读组，为何同样的信息内容在方寸屏幕之间被放大？通过进一步访谈，笔者了解到，因为收藏、分享等功能的设置，信息传递由纸质的单向度转而向多维度延伸。某种意义上而言，移动应用具备了部分社会性媒体（Social Media）[①]的特征，即用户在信息组织、交互与分享中达到观念碰撞、信息交流的使用需求。

---

① 社会性媒体，又称社交媒体，维基百科将其定义为"一种用于社会交往，可得便利，可拓展性强的传播媒介"。ESOMAR欧洲市场研究学会《社会化媒体研究指南》（2010）认为，社会化媒体指允许用户创造、交流内容并进行互动的在线平台及技术，最常见的形式包括：博客、微博、在线视频、论坛、社交网站等。

总体而言，移动应用切合了当下受众媒介使用的4种心理趋势：

第一，分享心态。iPhone版受测者较报纸阅读者更乐于将喜欢的文章推荐给朋友，通过微博转发和邮件转发的形式与人分享，这种"分享"多于"传阅"的现象经过深度访谈后发现有三大原因：1.iPhone触媒阅读分享更便利，稍按几个键，不出几秒钟就可以将文章转给他人，而且分享痕迹被保留，方便分享者和受享者随时提取阅读，而不用通过存储报纸。2.iPhone触媒版分享内容易被复制或再分享，信息扩散快，分享广度大，往往是一带多的群分享模式，分享信息也是一种社交手段，切合时下潮流。3."自媒体"盛行，用户通过在微博上展现分享文章或图片，以表达个人趣味或情感，在互联网的公共空间中打造个人标签。

第二，实用心态。无论哪一款阅读软件，美好的图片总是能获得用户青睐。苹果产品细腻高清的屏幕也为图片的呈现提供了较好的硬件条件。因此，保存有意思的、具有一定美感的图片，或直接用于手机桌面、QQ等社交工具头像成为iPhone触媒版受测用户的一大乐趣。当然，文章的收藏，截取部分文字用作签名等也是iPhone触媒版用户实用心态的一大体现。

第三，参与心态。报纸的封面是采编人员精心制作的，但iPhone触媒版的首页完全可以自己来打造，"自定义"是iPhone触媒版很重要的一个功能，这对于用户将更有亲和力，"我的周刊我做主"。iPhone触媒版测试者更渴望深入地参与到媒体的采编环节，以实现个人的价值，增加话语权。

第四，游戏心态。不管是iPhone还是iPad，其iOS平台提供给广大开发者的空间是巨大的，简单触摸后，将会出现怎样的惊奇效果，用户总是抱着这样期待的目光。因此，即使是在使用一款媒体软件而非游戏软件，iPhone用户仍然渴望能够在其中感受到触摸屏的交互性，即内容与用户之间的互动，这一点在阅读娱乐性或休闲性较强的文章时尤为明显。

三、"触媒"时代传播特征：基于受众自治的社会化媒体

"触媒"iPhone 触媒形态虽然脱胎于传统"纸媒"，但其文本形态、传播范式、受众反馈模式、运营机制等诸多方面无不显现出其独立的媒体气质。以上研究可见，城市生活类周报 iPhone 触媒形态已然超脱其纸质元神，成为一种独具个性的新媒体形态，是一种基于智能手机平台的报刊应用，革新了"手机报"的概念，并加以创新和超越，其讯息传播和接受关系有别于手机报的单向式推送，其应用程序是受者与传者之间主动构建的"传播契约"——受者自觉下载报刊客户端，并能及时将意见分享、反馈。

作为新兴媒介形态的 iPhone 版"触媒"，具有纸质形态所不具备的传播优势：讯息分类更趋细化，更利于获取或检索；讯息的服务性、即时（地）性更为加强；使用者满足程度明显提升，受众本位的传播理念主导，用户必须自行下载方可获得媒介信息，而下载后是否经常使用，也由用户说了算。

本研究发现，"触媒"iPhone 版具备"版式的统一性""分类的易检性""讯息的互动性""图文的独立性""体验的共享性""阅读的定制性""推送的即时性"等诸多传播特性，这些传播特征都是围绕受众需求的核心理念展开。一切贴近受众——"天气查询""信息同步""资讯索引""讯息分享""友好提示"等功能均获益于全新的媒介技术手段：iPhone 触摸屏和智能功能，以及移动互联网的全面支持。读者通过 iPhone 触媒形态阅读报刊获取信息后，不仅可以马上将意见反馈给传者，或将信息通过重新编码转发给他人，还可以与信息源（例如信息中提到的书店、专栏作者等）取得联系，甚至和在接收同类信息的其他受众取得关联。这种受传一体，多身份介入的交叉性传播特点，暗合了眼下社会化媒体的集体兴旺的现状。

单向信息传递的方式早已不能满足新时代的大众传播环境下受众的需求，更快、更广、更密的网状传播是未来大众媒介的发展趋势，"纸媒"在向"触

媒"形态转变中，已经初步具备社会化媒介的基本属性，这也对传媒产业升级提出了新的挑战。①

本文是上海交通大学文科科研创新基金项目（项目编号：11TS05）的阶段性成果。

作者：童清艳，该文发表时系上海交通大学媒体与设计学院副教授，
美国哥伦比亚大学商学院访问学者，博士后
钮鸣鸣，该文发表时系《城市生活周刊》副总经理，硕士
原载《新闻与传播研究》2012年第5期

---

① 童清艳：《传媒产业经济学导论》，复旦大学出版社2007年版，第143—148页。

遴选意见

《"触媒"时代受众自治的"纸媒"社会化媒体特征》一文，综合规范地运用了文本分析、控制实验、深度访谈等研究方法，揭示了新媒体时代传统媒体由"纸媒"到"触媒"、传统受者由单纯的受者到传受一体的"华丽转身"背后隐匿的传播特征，勾勒出了传统媒体向iPhone触媒内容转换和融合的有效路径。论文让不同研究方法得出的结论相互印证，堪为实证研究的样本。

写作回眸

研究是一项集体创造的活动

　　这是"拯救"硕士生毕业论文收获的成果。
　　当时我刚从美国访学回来，身为上海青年报社总经理的钮呜呜在上海交通大学就读在职硕士，与我讨论她毕业论文的选题。
　　选什么做研究方向呢？我们在交大徐汇校区碰了许多次，从广告、发行、报业集团经营，讨论了一个多月。我让她谈现实中遇到的困惑，期望以问题来切入。因为作为导师，我向来希望在职研究生能结合自己所长，用理论去剖析现实动态，发现规律，引入思考，寻求答案，从而指导自己如何解决业界难题，就是希望他们"学能致用"吧。
　　可讨论来讨论去都被我否掉，因为没能出现让我眼前一亮、为之振奋的选题。
　　秋叶泛黄，我回到母校复旦，在管理学院李达三楼听了一场有关社会化媒体口碑营销的前沿讲座，讲座讨论的议题，与我在美国哥伦比亚大学商学院思考的peer to peer（用户之间的互传）以及video games（视频游戏）的互动娱乐营销内容很是相通。讲座结束时，我与一家美国社会化媒体数据挖掘公司的总经理结识，还前往该公司参观，惊喜地发现，social media（社会化媒体）是未来媒体的发展方向，它完全改变了传统媒体自上而下，一对多点的传播，是一种用户之间点对点的"疯传"。

当时苹果手机以其智能与时尚为众人所追捧，这更让我坚信，未来的内容传播载体将是可以"随时、随地"伴随人们的智能手机！未来的报纸、视频内容都将由此集合到受众那里，"触媒"时代到来了。我们形象地将手指的触屏阅读、放大与缩小，称为一种"touch（触）"的行为。

恰逢iPhone4入市初期，上海青年报社《生活周刊》在开发Lifeweekly for iPhone，这是全国第一份生活服务类周报，定位为都市白领阶层的"优质生活读本"，为什么不选择这作为研究对象呢？就这样，我们定下了选题。

研究生论文中期考核的时候，我们就研究内容、研究方法再进行讨论：同样文本在报纸、触屏上传播会发生哪些改变？读者（受众）需求会呈现哪些转换？广告、图片、文字等等纸媒上的元素在触屏上如何表达？传者与受者之间关系有哪些微妙的变化？这些都是需要去研究，并分别从传者、受众两角度去发现的。

钮鸣鸣悟性很高，执行力非常强，因她主管业务所需，做实验、调研都水到渠成。于是，从传者角度，选取的研究对象是在全国具有一定媒体品牌价值的三份城市生活类周报：《周末画报》《生活周刊》《申江服务导报》。三个研究样本均已推出iPhone触媒（Touch Media）版，但三个研究样本又有显著的差异性。至于受众，基于研究的便利性考虑，钮鸣鸣负责Lifeweekly for iPhone开发运营，能获取组织上的支持，如配备实验助理、提供实验场地等。同时，《生活周刊》为本次研究开放了读者数据库，便于分析该报既有的受众状况，招募实验对象。

本次实验共计招募符合目标的受众（而非实际读者和用户：实际读者和用户对《生活周刊》内容取向和形式风格有所了解，可能存有先入为主的预判），现场同时阅读纸媒和"触媒"，完成控制实验并辅助深度访谈。

半年后，钮鸣鸣带来研究结果，论文的初稿也摆在我的案上。记得当时我们一起在吃面，那个融洽的氛围里，我很不忍心说出心中对于论文的种种要求，因为她放在我面前的是份工作报告，根本不是论文。没有研究理论，没有研究假设，没有研究结论，就是描述一份工作过程，而且逻辑混乱，甚至词不达意。

但我还是得说。于是，让她去搜集有关口碑传播理论，让她整理有关传统纸媒转型理论与观点，让她去看一些研究论文版本，告诉她论文的框架结构、语言表述特点……看得出，那天她神情紧张，表情痛苦，但没办法，作为导师，我只能严格要求。

就这样，改了一次又一次，数月之后，在我这里，毕业论文终于"勉强"通过，学院答辩小组也一次性地顺利过关。这是一篇约5万字的硕士毕业论文，我很清楚它的研究价值，但遗憾的是，直到定稿，论文也没能表达出它应呈现的分量。

与她商量后，我亲自动刀，"刷刷"将其截掉一半，我在思考如何提升它的学术发现与研究价值。我相信，这篇论文有重大发现，就存在那里，需要挖掘。

我又再次翻阅《受众演化》（Audience Evolution）以及产业经济学方面的书，那段时间，一直在思考它的发现。记得那天我坐在电脑前，对着这篇论文，心中有个强烈的声音在对自己说："这论文看到媒介技术对媒介生态的影响以及受众需要的变化！是个划时代的发现！"我断定，这是突破性的发现，人类已经告别"纸媒"时代，大步迈进"触媒"时代，我们需要找到社会化媒体的"触媒"特征，是什么呢？受众自治！

于是，我将题目改为："触媒"时代受众自治的"纸媒"社会化媒体特征——以城市生活类周报iPhone形态为中心的实证研究。

论文的研究价值也由此提炼出来：以iPhone为代表的智能触摸手机的兴起，颠覆了传统采编、发行、经营理念。如何把握iPhone"触媒"（Touch Media）形态的传播特征，构建全新的传播模式，关系到传统媒体的生存问题。

我将"纸媒"到"触媒"概括为：由"传"到"受"，一种游移消费媒体软件，"触媒"时代传播特征是基于受众自治的社会化媒体，其应用程序是受者与传者之间的主动构建的"传播契约"——受者自觉下载报刊客户端，并能及时将意见分享、反馈。用户必须自行下载方可获得媒介信息，而下载后是否经常使用，也由用户说了算。受传一体，多身份介入的交叉性传播特点，暗合了眼下社会化媒体的集体兴旺的现状。本研究认为，媒介新技术已经使传统媒体再造生产流程，并规定了它的生产方法，一方面，iPhone系列"触媒"形态促使受众获得信息的方式改变了，传统的媒体受到极大冲击，从而迫使传统媒体为适应受众的需求，探寻调整自身传播信息的方式；另一方面，数字技术的发展也为传统"纸媒"变身"触媒"提供了软件功能，界定了媒体内容生产要素，以满足当代人们的游移性，以及"随时随地"阅读，并自主选择、编辑、再加工与再传媒体内容的消费方式。

这时的受众，已经从原先传统意义上的读者，演变为"以我为中心"的"媒体软件下载者"，在自主消费媒体内容的同时，创造性地由媒体消费者角色，"越狱"为"自我媒体内容生产者"，不断刷新着传统媒体的内容。

最后我得出结论："单向信息传递的方式早已不能满足新时代的大众传播环境下受众的需求，更快、更广、更密的网状传播是未来大众媒介的发展趋势，'纸媒'在向'触媒'形态转变中，已经初步具备社会化媒介的基本属性，这也对传媒产业升级提出了新的挑战。"

随着人们通过手机上网而接触媒体内容的行为迅速普及，上述发现得到现实的有力验证。

论文压缩、提炼、框架调整、加进许多观点、修订完题目之后，我对着电脑，真正体会到"众里寻他千百度"的喜悦。

回头来看，平时学术积累，跨学科地思考前沿问题以及多与业界沟通非常重要。教学相长也是诞生优秀思路的来源。因为未来的方向在新生一代那里。年轻学子总是能站在时代发展的潮头，但缺乏厚实的理论、严谨的方法，他们似是逛大卖场，可以搜集到有价值的素材，但要把素材打磨成精品，还需要老师们的悉心指导和成熟理论与独特判断力的注入。

研究是一项集体创造的活动。

（童清艳 执笔）

我们需要什么样的网络意见领袖？

胡 泳

胡 泳
Hu Yong

作者小传

北京大学新闻与传播学院教授，政治学博士。中国传播学会常务理事，中国网络传播学会常务理事。"信息社会50人论坛"成员。中国信息经济学会信息社会研究所学术委员会主席。世界经济论坛社交媒体全球议程理事会理事。中国互联网研究年会（Chinese Internet Research Conference）指导委员会委员。

国内最早从事互联网和新媒体研究的人士之一，发表论文逾百篇，有多种著作及译作。著作《网络为王》（1997）是国内首部全面介绍互联网的诞生、发展、现状以及未来趋势的专著。著作《众声喧哗：网络时代的个人表达与公共讨论》(2008)获北京市第十一届哲学社会科学优秀成果奖二等奖、第六届吴玉章人文社会科学奖优秀奖。另著有《没有两片云是一样的》(2011)、《信息渴望自由》(2014)、《网络政治：当代中国社会与传媒的行动选择》(2014)、《知识论导言》(2014)等。

译作《数字化生存》(1996)是中国迈入网络时代之际影响最大的启蒙读物。另译有《2.0版：数字化时代的生活设计》(1998)、《比特之城：空间·场所·信息高速公路》(1999)、《人人时代：无组织的组织力量》(2009)、《认知盈余》(2011)、《宏观维基经济学》(2012)、《知识的边界》(2014)等。

我们需要什么样的网络意见领袖？

胡 泳

内容提要：

意见领袖在很大程度上决定着中国互联网上的论辩伦理和交往伦理，尤其是在网上可否推行有效的对话。本文在对"意见领袖"的概念、要件以及微博中意见领袖如何确立并发挥影响力进行辨析的基础上，探讨在中国特定的网络环境下，我们究竟需要什么样的意见领袖。

关键词：意见领袖 微博 对话

意见领袖的概念

"意见领袖"（opinion leadership）源自传播学者保罗·拉扎斯菲尔德（Paul Lazarsfeld）和伊莱休·卡

茨（Elihu Katz）在20世纪40年代提出的两级传播论（two-step flow of communication）[1]，指媒介讯息不是直接传向所有个人，人与人之间也不是相互隔绝，而是相互影响的。讯息和观念常常是一个从广播与报刊流向意见领袖，然后经由意见领袖流向人群中不太活跃的其他部分的过程。即：大众媒介→意见领袖→一般受众。这个理论也被用来解释创新以及商业化产品是如何在人群中扩散的。

意见领袖是这样一种能动者：他或她积极使用媒体，并把媒体讯息的内容或者意义传递给处于低端的媒体用户。在那些接受其意见的用户当中，他或她拥有很高的公信力并且广受尊敬。罗伯特·K.默顿（Robert K. Merton）区分了两种不同类型的意见领袖：单型的（monomorphic）和多型的（polymorphic）[2]。前者指某一专门领域中的意见领袖，他或她虽然是该领域的权威，但在另一领域只能充当跟随者；后者则可以在广泛的领域中影响许多人。

做这样的两种区分是很有必要的。这是因为随着资讯的发达与知识生产方式的改变，知识门槛降低，同时学科界限日益模糊，在媒体上出现了一批似乎无所不知无所不晓的"专家"，对无论哪个专业哪个方向都要去发表自己的"专家意见"。这在大陆被称为"万金油专家"，在台湾则有一个特别的称呼叫做"名嘴"。多型的意见领袖有日益增多的趋势，他们忘记了"术业有专攻"的道理，忘记了专家只有在自己的专业方向上才是大家，离开专业就只是一个普通人的常识。

在1957年发表的文章《两级传播：关于一个假设的最新报告》中，卡茨发现，意见领袖比起媒体来，对人们的意见、行动和行为拥有更多的影响力[3]。原因在于：意见领袖被认为是可信的、没有企图的，人们不觉得自己在

---

[1] Katz, E. &Lazarsfeld, P. F, *Personal Influence: The Part Played by People in the Flow of Mass Communication*. Glencoe, Ill: The Free Press, 1955.

[2] Merton, R. K., *Social Theory and Social Structure*, Glencoe, Ill: Free Press, 1957.

[3] Katz, Elihu, "The two-step flow of communication: An up-to-date report on an hypothesis", *Public Opinion Quarterly*, 21: 61,78,1957.

被他们所认识的人以某种方式诱使，按照某种套路去想事情。与此相反，媒体很多时候被视为强加于人，因而影响力大大受损。虽然媒体可以增强受众的某些观念，但意见领袖则可能改变或者决定个人的意见甚至行动。

意见领袖的领导作用是如何实现的呢？这一作用的实施和持续，依赖于意见领袖的技术能力、社交技巧以及对现存社会体系的价值与规范的遵循。这种领导作用是非正式的，说服是最主要的方式。通常来讲，一位意见领袖与他的追随者之间存在不对等的钦佩与赞赏的关系，一种强烈的想变成其所追随的领袖那样的人的意愿，构成了追随者听从意见领袖的意见的基础。

谁是意见领袖？

卡茨认为，成为一位意见领袖有三个要件：意见领袖必须是价值的表达者；必须拥有专业能力；必须身处社交网的战略中心[1]。简而言之，第一个要件衡量的是意见领袖是什么人（他是何种价值观的化身）；第二个要件衡量的是意见领袖知道什么（他最擅长什么）；第三个要件则衡量意见领袖认识谁（他处在什么社会位置上，哪个社会群体跟他关系最密切）。

第一个要件跟思想相关。意见领袖，顾名思义，必须有意见。换言之，意见领袖必须是一位思想者，要靠思想去引导别人。在公关行业里有个用语，叫做"思想领袖"（thought leader），指的是某些行业中被普遍认为有创新性想法的人，他们常常对本行业的发展"指点江山，激扬文字"。

意见领袖也离不开价值观。在公共舆论领域中，最重要的，但也是最难捕捉的就是舆论背后的价值观。某些人是否会就某些话题形成舆论，价值观本身起着重要的决定作用。换言之，人们之所以形成公共舆论，是因为他们的价值观推动着他们这样做。所以，一个强大的意见领袖必然是一个拥有强

---

[1] Katz, Elihu, "The two-step flow of communication: An up-to-date report on an hypothesis", *Public Opinion Quarterly*, 21: 61,78,1957.

烈价值观的个人。

价值观在人生的早期就会形成，父母和学校都可能扮演重要的角色。而价值观一旦形成，人终其一生很难改变，只会随着年龄的增长而加强。构成价值观的因素包括宗教信仰和道德标准。相对而言，价值观会抵抗媒体日常的说服与影响，它也不会在某一次辩论之后遽然改变。然而，价值观的确是可以被形塑的——在某些情况下，也可能完全被改变——通过长时间暴露于彼此冲突的价值观之下，通过协调一致的思考和讨论，通过迥然一新的证据或者环境的出现，以及通过与自己认知和尊敬的贤能人士"合不上拍"的那种感觉。最后这一种方式，正是意见领袖可以对其追随者施力的所在。

第二个要件强调意见领袖的专业素质与能力。专家之所以被叫做"专家"，就是因其专业性。社会学还专门发明了一个词汇来指称充满风险的现代社会中的专业性，这个词叫做"专家系统"（expert system）。专家系统是指把我们日常生活组织起来的方式方法与专业队伍，他们掌握着我们所不熟知的专业知识，而我们则无可奈何地被卷入一系列专家系统之中，并且时时刻刻依赖他们。现代社会中，专业知识无处不在，构成我们生活中的持续体验。在交通体系中出行，在传播体系中传递信息，在金融体系中进行交易，这些专家系统业已成为像空气和水一样不可或缺的东西。

对专家系统的信任并不是依赖专家本身，而是专家所使用的专门知识的可靠性。专家系统的存在同样让信任从人对人的信任转向人对制度、对系统的信任。伴随着专家系统的概念，必然出现"权威"的概念。与权威相关的还有责任：权威愈大，责任愈大。

第三个要件则表明，意见领袖存在某种"代言人"特性。很多意见领袖本身是公共知识分子，力图成为超越利益的、代表社会良知的公共事务的介入者和公共利益的守望者，因而也常常被视为"沉默的大多数"的代言人。这个"沉默的大多数"，怀有自己的意见和主张，但却无力或无法表达，因而必须借助意见领袖来表达。

意见领袖在媒体上能够获得更多的曝光机会，他们寻求他人的接受，也存在强烈的提高自身社会地位的动机。而在其追随者看来，意见领袖的社会地位比自己高出很多，他们活动频繁，人脉广泛，常就社会基本问题发表意见，也对随时发生的重大事件表态。

在很多时候，意见"领袖"更像是意见"经纪人"，他们会穿越群体的界限，将信息在不同群体间进行传递。在这种情形下，他们不是处在事物的中心而是事物的边缘，不是某个群体的领袖，而是不同群体之间的联系人。

微博上的意见领袖

2002年，马尔科姆·格拉德威尔出版《引爆点：如何制造流行》（The Tipping Point：How Little Things Can Make A Big Difference），其实是在互联网时代用一套崭新的术语重新诠释"意见领袖"这个概念[①]。格拉德威尔称，要想传播达成效果，就需要把有限资源集中于三类人身上：他们是联系员（connector），致力于把大家联系在一起；内行（maven），喜欢向他人传授知识；推销员（salesman），热衷于说服他人相信某个观点或事物的有效性。如果配合得当，这三类人可以造成迅猛的"病毒式传播"，甚至引发新的思潮或流行趋势。

需要说明的是，所有这三类意见领袖并不一定是名人，也可能是某些社区的普通成员，通过知识的积累和人脉的扩张，成为传播潮的发动者和变革的催生者。在互联网时代，出现了一个突出的变化，即"意见领袖的民主化"。甚至可以说，在网上，凡是持续提供信息和意见的个人都在某种程度上扮演着意见领袖的角色。进一步，我们还可以说，凡是有志于成为意见领袖的人，只要付出足够的努力，就可能在网上成为意见领袖。

从当下中国的现实来看，互联网的出现，极大地拓展了言论空间，"意见

---

① [美]马尔科姆·格拉德威尔：《引爆点：如何制造流行》，钱清、覃爱冬译，中信出版社2009年版。

领袖"不是一个个、而是批量产生,特别是在微博上各显其能。据人民网舆情监测室秘书长祝华新分析,网络名人的批量涌现,在一定程度上改变了过去由政府和官方媒体主导新闻宣传和社会舆论的格局[①]。

微博,作为一种后起的信息传播工具,具有一些重要的特点,这些特点也影响到意见领袖的作用。

第一是快速化。微博代表着互联网发展的新动向。传统媒体都有一个新闻周期的问题,比如报纸,新闻主要以日计算;比如电视,新闻主要以小时计算;而微博几乎不受新闻周期限制,属于即时新闻,在瞬间,信息即可传递出来,传统媒体无法望其项背;同时,信息量的密集程度,也是传统媒体无法与之比拟的。

法国社会学家布尔迪厄在其电视研究著作《关于电视》中,曾经提出过"快思手"的概念,批评电视制造了一种"快速思维"[②]。他认为,受收视率影响,也屈服于紧急性的压力,电视培养了一批"快思手",他们以"固有的思想"来进行论证,也正因为平庸普通,所以他们总和接受者轻易就达成了共识。

在微博上对时政发表意见,为了适应微博的速度,意见领袖被迫成为"快思手"。并且,中国处于矛盾与冲突多发的社会转型期,各种事件如走马灯般应接不暇,因而存在一种强大的社会压力,驱使已负盛名的意见领袖不断对新的事态发展发表看法。由此,在微博的时间限制之内,意见领袖们能否真正思考,并说出一些有见地的见解,就成为一个真正的考验。

微博的第二个特点是碎片化。以前的媒体传播信息是从中心到边缘,比如说某地发生突发事件,媒体派记者前去采访,然后刊登见报,众人传阅,网络转载,首发的媒体就是这个"中心"。但现在,很多突发事件的现场恰恰可能会有微博用户,他们可以即时传递信息,也许某个此前默默无闻、无足轻重的人,突然就成为信息的中心,产生瞬间最大影响力。这个人未见得可

---

① 《网络凸显名人话语权善用"名人意见场"》,《人民日报》2012年7月18日。
② 布尔迪厄:《关于电视》,辽宁教育出版社2000年版。

称之为意见领袖，但他或她的确能在彼时彼地发挥意见领袖的作用。

在突发性事件中，通常来说，公众还是更信任长期履行信息过滤、引导职能的"领袖"类人物，因为这类意见领袖有踪迹可寻，有过往形成的公信力和美誉度，也有可见的专业资格。比如，如果发生了一起重大法律案件，那么，在微博上比较活跃的律师，因其责任感、正义感强，社会地位和专业程度较高，与媒体联系也比较密切，很容易成为该案件当中众望所归的意见领袖。

在事件过程中，意见领袖承担了"解码"的功能。意见领袖不仅仅传递事实，更重要的是，还要对事实加以评论和阐释，这时微博的碎片化特性会对思维产生很大的影响。在微博上传递的信息，来源比较广泛，内容时常杂乱无章，更有甚者，信息的真假也难以分辨，这些对意见领袖的信息加工能力、独到的观察与判断能力以及去伪存真的甄别能力都提出了极高的要求。可以说，一个不会"解码"的人不可能成为微博上的意见领袖。

微博的第三个特点是直接化。直接化，顾名思义，就是消除了中介。在这里，"消除中介"的意思不是说意见领袖的信息中介作用消失了（前面讲过，"意见领袖"在很大程度上就是某种"意见经纪人"），而是说，微博上的意见领袖具有易接近的特点。换言之，他或她应该是"粉丝"能经常接触到的。这和布尔迪厄谈到的电视上的"快思手"还有所不同。观众可以在电视上看到专家侃侃而谈，但在现实中，要想和专家发生直接接触则几乎不可能。现在，由于技术的发展、媒体的演化，易接近性已不再是问题。微博解除了"不在场"状态下主体间直接互动的诸多限制，使得追随者与意见领袖的"零距离对话"成为可能。

由于微博意见领袖与网民容易形成呼应，他们针对社会热点、公共事件发表言论时，其观点往往影响大批粉丝和舆论走向，甚至改变公共事件在现实中的走向。这极大地增强了意见领袖的号召力。然而，与此同时，随着意见领袖越来越从幕后走向台前，完全暴露于舆论"包围圈"之中，他们也必须做好足够的心理准备，迎接没有遮挡的挑战。

很多意见领袖对微博的直接化特性认识不足。他们可能由于此前追随者众而保持较高的心理位势，但在传播手段一再被颠覆的情况下，如果自诩为精英者还以传统方式进行形象管理，甚至意图作秀，他们可能会遭遇被先前的追随者从"神龛"上直接掀翻在地的命运。意见领袖的地位在微博时代不是牢不可破的，有些时候，崇拜者转眼间就可能成为激烈的反对者。

另一方面，由于粉丝的影响，人们又容易将自身群体的代言人神化，以致形成对此代言人无所不能、永远正确的盲目迷信，甚至用语言暴力去攻击另外一些持不同意见的网民。还有人根据粉丝数量的多少来判断意见领袖的高下，忘记了真理本身与人多势众无关。

对网络意见领袖的要求

意见领袖在网络时代的作用是毋庸置疑的。信息的大爆炸与人们分散的注意力共存，各种存有特殊利益的群体操纵信息的手段日益娴熟，这导致受众既难以辨别信息的真伪，也难以判断何种信息对自身有益，以至于出现了一个奇特的悖论：在信息丰裕时代，很多人却痛感有用的信息十分匮乏。在此情况下，对意见领袖的呼唤是切实的，存在着巨大的对纷繁复杂的信息进行有价值的分析和甄选的需求。

与过去书斋里坐而论道的知识分子相比，网络上的意见领袖不乏行动力，他们是积极参与公共事务的行动者，促进了表达与行动的一体化。在社会转型震荡不已、社会共识亟待重建的今天，中国迫切需要"公共意识和公共利益的看门人""社会正义和世道良知的守护人""沉默的大多数的代言人"等发挥作用。

意见领袖也在很大程度上决定着中国互联网上的论辩伦理和交往伦理，尤其是在网上可否推行有效的对话。这件事情之所以重要，是因为我们在现实当中无法对话。

对话的意义是怎么夸大也不过分的，因为它构成了人类生活的本质特征。

查尔斯·泰勒说:"只是因为掌握了人类丰富的语言表达方式,我们才成为人性的主体,才能够理解我们自己,从而建构我们的认同。"他是在广义上使用语言一词的,它不仅包括通常所说的词语,而且包括人们用以界定自身的其他表达方式,如艺术、姿态和爱的"语言"。然而,上述语言并不天然自足,人们要通过与他者的交往才能学会这些表达方式。没有人出于独自进行自我界定的需要而掌握语言,相反,正是通过与自身有关的人进行的互动交往,每个人才被带入到语言之中。乔治·赫伯特·米德把这样的人称为"有意义的他者"(significant others)。在这个意义上,人类思想的起源不是独白式的,不是每一个人独自完成的,而是对话式的。

泰勒进一步说:"我们总是在同某种东西的对话(有时候是同它的斗争)中建构我们的认同的,这种东西是有意义的他者希望在我们身上看到的。"这是说,个人的认同本质性地依赖于其自身和他者的对话关系。没有对话,你怎么会知道自己是谁?

既然对话如此重要,我们可以向每个人提出一个简单的问题:你会对话吗?

1989年,捷克知识分子哈维尔等人,在布拉格成立了"公民论坛",制定8条《对话守则》,在街头巷尾张贴,内容是:

1. 对话的目的是寻求真理,不是为了斗争。

2. 不做人身攻击。

3. 保持主题。

4. 辩论时要用证据。

5. 不要坚持错误不改。

6. 要分清对话与只准自己讲话的区别。

7. 对话要有记录。

8. 尽量理解对方。

这些守则简单而实用。遵守这样的对话规则,对话才有效。可惜的是,在网上,就连所谓的网络意见领袖都常常不能用它们来要求自己,更何况一般的网民?

在中国的互联网上,"意见领袖"们轻率的人格攻击、粗俗的自我陶醉和炫耀以及一言不合便喷薄而出的狂妄而空洞的威胁恐吓俯拾皆是。在极端的情况下,甚至有人从骂阵走向了"约架",斯文扫地、一地鸡毛。"一地鸡毛"的唯一好处是,这些网络上的意见领袖,现在让大家得以近观,明白人非圣贤,"To err is human, to forgive is divine(失误人皆有之,而宽恕乃超人之举)"。如同网友 mostarich 所说:"美女也臭脚,所以不要把一切都想象得太美好。"

更根本的问题在于,我们需要什么样的网络意见领袖?人民网舆情监测室曾经给名人微博提出 6 项建议:[1]

1. 在鉴别消息真伪方面:对不熟悉的领域慎言;重视官方信息源;用常识和理性审视;追求传播过程的动态真实。

2. 在转发别人的观点方面:务必注明出处及时间;对信息须多方求证;无法证实的消息请加标注;有错就改。

3. 在传播客观真实的信息方面:恪守真实客观的基本原则;尊重信息传播途径的每一个环节;发挥名人与粉丝的互动优势。

4. 在发表对事实的评论方面:以责任感为原动力;以事实为依据坚持客观公正;开放性发言,不贸然驳斥他人观点;不涉及攻击性、歧视性言论;避免断章取义。

5. 在控制网络发言负面情绪方面:"不欺软,不怕硬";给自己一点情绪缓冲时间;放低姿态;从冲突中寻找真知;不谩骂、不傲慢;遇到特例也可以采取删帖、拉黑手段;收起好胜心。

6. 同时展开自律与他律。

这些建议都是比较技术性的。加州大学伯克利分校萧强教授对网络活动中的"代表性人物"或者"发言人"则提出了更多的规范性要求:

---

[1] 胡江春等:《名人微博乃社会"公器"人民网舆情监测室给出六项建议》(http://politics.people.com.cn/GB/30178/14184036.html)。

1. 他/她拥有发言的平台，比如博客。

2. 他/她的信号（言说）应当是非常基本的，可以形成"身份认同"的言说。不仅仅是就事论事，技术或者技巧层面的论理。

3. 他/她的信号（言说）应当不仅仅是修辞的，而且是身体力行的。在很多情况下，是为之付出常人没有付出的"代价"，不管这代价是时间、金钱，还是自由。

4. 他/她最好有一技之长，是某种"专家"。现代社会人人都有分工，人们比较信"专家"的话。

5. 他/她的私人品行也要经得住不仅是大众的八卦眼光，还包括政敌的攻击。网络时代更是私事容易公开化，所以公信力很容易被其他事情瓦解掉。

除了以上五条，或许还要加上第六条：学会倾听。不去倾听，一味自说自话、自以为是，也会丧失公信力。

如果用这几条去衡量的话，在纷乱复杂的网络活动中，真正的影响力并不容易建立。"发言人"也不是好当的。《易》曰："君子以言有物而行有恒"，庶几近之。

作者：胡泳，该文发表时系北京大学新闻与传播学院副教授

原载《新闻记者》2012年第9期

遴选意见

《我们需要什么样的网络意见领袖》一文，立足于多层面的概念考察与理论检视，证实了意见领袖作为公众议题的代言人和民意表达者的合法存在，提升了人们对意见领袖作为新思想阶层的经验期许。如果意见领袖缺少论辩伦理和对话交往伦理的内在武装，那么这样的人就等于卸掉了精神的盔甲，徒具形骸。在今天无处不在的网联时代，人们需要什么样品质的意见领袖？本文作者是为数不多的知情者。

写作回眸

营造自由而可持续的互联网对话空间

学会说话的唯一方式,是在一个可以说话的空间里不断练习。

——题记

对话的意义

《我们需要什么样的网络意见领袖?》一文的写作缘起,其实可以远溯到对早期的中文社交媒体的观察——我是这类媒体最早的用户之一。在2007-2009年间,中文社交媒体这个圈子还不是很大,沉浸其中的几乎是个熟人群体。该群体不乏同心同德或者同仇敌忾的时候,但在更多的场合,就如你所能预料到的,有人的地方就有纷争。有几位我所尊敬的知名网人和他们的支持者,在饭否和Twitter上,互相骂阵,他们忘记了是在一个公共场合这样做——这就好像有人天天在你们家客厅吵架,你想谈点正经事都不行。这事让我心生很大的困扰。

我不关心私人领域的是非曲直,我关心的是中国互联网上的论辩伦理和交往伦理,尤其关心在网上可否推行有效的对话。这事之所以重要,是因为我们在现实当中无法对话。网络上好不容易拥有的一块对话试验田,数位也号称网上意见领袖的精英，其意气用事如此，试验如何进行得下去？

　　对话的意义是怎么夸大也不过分的，因为它构成了人类生活的本质特征。我在文中引用查尔斯·泰勒和乔治·赫伯特·米德的话来论证，人类的生存是对话式的。由此，我提出一个很简单的问题，即每一个人是否会对话的问题，并列举了对这个问题的各种答案，包括哈维尔等人的答案。如果没有记错的话，哈维尔的8条《对话守则》，大概我是最早在大陆予以扩散的。

　　这些守则简单而实用。遵守这样的规则，对话才有效。可惜的是，在网上，就连所谓的网络意见领袖都常常不能用它们来要求自己，更何况一般的网民？我为"网络精英"们轻率的人格攻击、粗俗的自我陶醉和炫耀以及一言不合便拿出的狂妄而空洞的威胁恐吓而感到难过。我尤其在意一位有影响力的网人所说的这句话："除了我认识的人之外，我一直都是谁关注我我就关注谁。希望那些主动关注我，在我关注你们之后又取消关注的人告诉我一声，以便我取消对你们的关注。"回声室里的声音，是不能当作大自然中五音杂陈的天籁的。

说话的权利

　　发表意见就是说话。关于"说话"的"话题"看似简单，其实很难"说"。在中国，尤其难说。

　　为什么难说呢？看看中国一些大知识分子的纠结就知道了。2007年温家宝总理到解放军总医院看望正在调养中的季羡林，祝贺季老96岁寿辰。当时温总理说："我喜欢看您的散文，讲的都是真心话。您说自己一生有两个优点：一是出身贫寒，一生刻苦；二是讲真话。对吧？"季老回答说："要说真话，不讲假话。假话全不讲，真话不全讲。"并解释说："就是不一定把所有的话都说出来，但说出来的话一定是真话。"

　　季老是"国学大师"（尽管他本人不认可这顶桂冠），从这段纠结的话中可以看出他的心结。无独有偶，另一位大知识分子，文学泰斗巴金，"以说真话为自己晚年奋斗的目标"，然其代表作《随想录》，用陈思和的评价来说，"巴金一向说话坦率浅易，但在《随想录》里却充分表现出高度的言说技巧与策略，或说是鲁迅杂文里所谓'奴隶语言'的再现，暗示、象征、曲折迂回、欲言又止的文风鲜明地烙上了那个时代的印记"。而且，就算巴老晚年直率地说了真话，你也不免心生悲哀：在中国生活，只有到了晚年这"一头"才能"真"么？年轻时在做什么呢？关于这一点，巴金先生有两句描写："我听过数不清的豪言壮语，我看过数不清的万紫千红的图画。"显然，"豪言壮语"有淹没真话、吓倒真话之效。

2011年4月温家宝在中南海同国务院参事和中央文史研究馆馆员座谈时，说"我仍旧要强调讲真话"，然而"讲真话，就要有听真话的条件"，"要创造条件让人们讲真话"。

讲不了真话，不想说假话，那沉默总可以吧？也不可以。

1953年，胡适在台湾接受曾虚白访问，指出大陆的知识分子没有"不说话的自由"，并由此认为"沉默的自由"是比"言论自由"更基本的人权。这段话随着新中国历史的进展，被证明具有惊人的远见。1957年，知识分子被破天荒地动员"畅所欲言""言无不尽"，吃了苦头的知识分子懂得了"祸从口出"，暗自想不说话总可以了吧。他们没有想到，更厉害的还在后头。那就是剥夺你的"沉默权"，强迫表态。

史家雷颐先生有文曰《表态的"艺术"与"胆魄"》："凡'运动'一来，人人都要表态，没有沉默权；而且必须按照统一部署、统一态度来'表态'。"这种当众表态、人人过关的方式在"文化大革命"中发展到顶峰。如此一来，华夏大地陷入一片"万马齐喑"的失声状态，就成为必然。那个年代宣扬的是"万众一心"，而万众一心的表现，必然是"万口一辞、万言一腔"。

韩少功《马桥词典》中，有个有意思的概念叫做"话份"，意指语言权利，或者说在语言总量中占有一定份额的权利。握有话份的人，他们操纵的话题被众人追随，他们的词语、句式、语气等等被众人习用，而这种习用，到了众人连自己都不知的地步。有最大话份的人，当然是当权者，他们"拥有自己强大的语言体系，总是伴随着一系列文牍、会议、礼仪、演说、典籍、纪念碑、新概念、宣传口号、艺术作品，甚至新的地名或新的年号等等，以此取得和确立自己在全社会的话份"。

这种话份的最好象征物，就是大喇叭。凡是对"文化大革命"岁月有记忆的人都知道，曾几何时，中国每个村头，每条街道，每个车间，每间学校，每个广场，都矗立着一个个高高在上的"大喇叭"。"大喇叭"的那头连着官府衙，这头对着你我他，其最根本的功能在于向我们"喊话"。

1970年代出生的贾樟柯，他的"县城"体验，即一种中国内地小城镇的文化和社会经验，在电影《站台》中表现得淋漓尽致，而这种表现，在艺术手法上，又是通过运用背景影音媒体所传达的声音和图像来暗示人物所处的历史时间，其中一个必不可少的媒介物就是大喇叭。

无论是回看早先的影音还是翻阅国人的个人记忆，"大喇叭"已经成为一个重要的时代意象，形形色色的"喊话"也早已成为记忆中的"背景音"。上海的评论家吴亮接受杂志采访，问听什么歌长大的，他答"听高音喇叭里的歌长大的"。那不是音乐，而是声音。1980年代，有人开始练琴，弹钢琴和拉小提琴。到一个朋友家，把窗帘拉起来，留声机插好，那种感觉，后来人无法想象。所以，吴亮说，"我记忆中不是音乐，而是听音乐这回事情给我印象深刻"。

大家都说一种话，都听一种声音，这种状况终究不能持久。正如一众"蓝蚂蚁"终将让位给争奇斗艳的帅哥美妞，你无法把一切个人化的东西都归零。

我们知道，在暗夜里最先睁开眼睛的总是诗人。中国从"文化大革命"噩梦中醒来的十年，我们对北岛的"我不相信"、顾城的"黑夜给了我黑色的眼睛/我却用它寻找光明"都耳熟能详。顾城这首诗的名字不是别的，正是叫做《一代人》。这代人首先要发出的是自己的声音，那是多少年来被压制的声音，北岛称之为"被判决了的声音"："我来到这个世界上，只带着纸、绳索和身影，为了在审判前，宣读那些被判决的声音。"（《回答》）

我一直认为，20世纪90年代以降的中国互联网，在精神上与理想主义的80年代存在着血脉相连的关系。今天很少有人还记得，1986年，在深圳曾经有过一场现代诗大展。发起者是朦胧诗的代表人物之一徐敬亚。1986年7月5日，徐敬亚以个人的名义向全国发出了50多封邀请信。在这封手写的信中，徐敬亚用极富鼓动性的语言说："要求公众和社会给予庄严认识的人，早已漫山遍野而起。权威们无法通过自省懂得并接受上述事实。"

还有什么比这更好地道尽了互联网精神？诗人杨黎曾经感慨，当时的中国有太多限制了，诗展的推出，让大家"在这一瞬间都自由了"，有了"说话的权利"。接下来，诗歌在商品化大潮中衰微了，王朔说，在"全被当成笑话全被消费期"，"文学强迫自己冒充一股社会势力的现象被终结了"。

诗歌早已成为遥远的过去，今天，让我们真正有了"说话的权利"的东西不是别的，就是互联网。

从鸦雀无声到众声喧哗

互联网带来了什么呢？

中国前外长杨洁篪在2012年3月6日的记者会上，阐述有关中国的外交政策时提出，"这个世界是一个很不平衡的世界，有人拿着大喇叭，有人只有小喇叭，有人没有喇叭"。

把这段话用来形容有了互联网以后的中国，也不无贴切：当一些人还在"煞有介事"地拿"大喇叭"喊话的时候，我们每个人都获得了拥有一支"小喇叭"的可能性。（当然，弱势群体也伴随着技术和表达能力的障碍。大多数穷困者和为数不少的少数族裔人群并不能有效地使用互联网，很多人甚至难以接触到数字媒体。）"话份"获得了民主化。一瞬间，前所未有的兴奋激荡全身，人们举起形色各异、长短不一的"小喇叭"，谈论家长里短，传播声色犬马，非议朝政，臧否人物，千军万马，千言万语，但就是再也汇不成一句话。

这是一个崭新的时代，它的核心特征，正如我的一本书的书名所说，就是"众声喧哗"。从鸦雀无声到众声喧哗，这种进步的意义和价值是怎么说也不过分的。

钱钢说："多灾多难的中国百姓，有隐忍沉默的传统。但改革开放三十年来，政府还利于民，人民权利意识苏醒，鸦雀无声，变为众声喧哗。百姓有种种诉求，诉求有时也会以非理性的方式表达。"

首先要承认，这是个重大突破：隐忍沉默的传统在中国几千年历史上第一次被打破，而且，一旦打破，再重归沉默就成为不可能。其次，多年鸦雀无声之后，大家不太会说话，常常情感战胜理智；或者，只会说"话份"垄断年代流传下来的那些"混账话"；或者，只顾自己说，而不听别人如何说，凡此种种，都是再正常不过的情形，完全不值得大惊小怪。

自由而可持续的互联网对话

互联网为中国人历史性地提供了表达空间,但却未能营造理想的言说环境。戾气十足的公共对话遍及朝野:名人对骂,公知约架,只有站队,不见是非;高官骂不爱国的人是"败类、人渣",主流媒体称揪出的"大老虎"为"叛徒、国妖",整体而言网络语言的粗鄙化,对互联网形成公共领域的能力构成严重挑战,也使寻找社会共识的努力格外艰难。

当下网络的整体粗鄙化,是全社会弥漫的戾气在互联网空间的真实折射,其又同社会转型期的种种矛盾和挑战息息相关。属于互联网自身的问题,我们可以通过技术的、法律的手段予以解决,但属于社会的问题,只能通过社会建设和治理,才能从根本上予以解决。

社会建设是一个漫长而艰苦的工作,容不得急躁,但或许当务之急是先从改变当下的网络话语习惯和体系做起。一场又一场的骂战喧嚣终会平息,但它们对于互联网生态带来的损害却是长期性的。在"革命"和"战斗"文化的浸淫之下所形成的思维定势和话语惯性导致人们在网络上很难展开公共说理,议论和批评动辄变成人身攻击和意气之争,凸显了公民理性的缺失和民主对话的低能。互联网对话,追求的应该是人的自由平等和尊严价值,而不是唯我独尊、压制异见,更不是语言暴力的宣泄。

专研博弈论的诺贝尔经济学奖得主罗伯特·约翰·奥曼证明,如果人们能够充分交流,而且都是理性的,那么人们之间不可能在给定事件的判断上存在不一致。换言之,如果是两个理性而真诚的真理追求者争论问题,争论的结果必然是二人达成一致。由此可以得出的推论是,如果争论不欢而散,那么其中必然有一方是虚伪的或是有偏见的,这种偏见使得他们漠视那些令人不愉快的或与已形成的观念不相符的信息。

互联网中的对话,只能是在理性和真诚的态度下,才可以成为自由而可持续的。今天的中国互联网上,非理性的表达很多,对此忧心忡忡的智者不少,比较悲观者如茅于轼,他甚至说:"中国占人口一半多的人,还处于'文革'状态,或皇权统治状态。基本上不懂得现代社会的处事原则。要么是一些缺乏理性的'文革'战士,要么是逆来顺从的奴隶状态。这从网上很多的发言可以看出来。"

  其实,学会说话的唯一方式,是在一个可以说话的空间里不断练习。而更为核心的前提,则是要成"人"。只有"人",才会说真话,"非人"不会说真话。有"人"的独立,才会有社会的独立;有"人"的主体性,才会有国家的正当性。最终,对"说真话"的呼唤,指向的是如何建构起自我认知,具备自己的主体性。

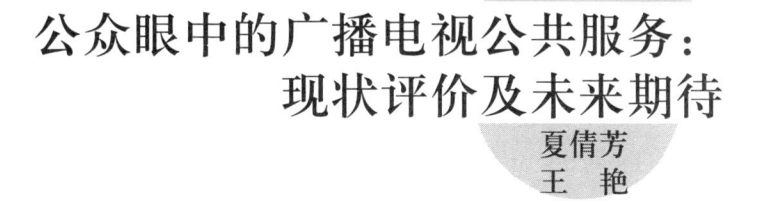

公众眼中的广播电视公共服务：现状评价及未来期待

夏倩芳
王 艳

夏倩芳
Xia Qianfang

作者小传

女，1966年1月出生，武汉大学新闻与传播学院教授，博士生导师，《新闻与传播学评论》副主编。毕业于武汉大学，获文学学士、新闻学硕士和传播学博士学位。曾任职于安徽省马鞍山市《马鞍山日报》社。1993年至今，任教于武汉大学新闻与传播学院。曾赴美国 University of North Carolina at Chapel Hill（北卡罗莱纳大学）大众传播学院、加拿大 University of Western Ontario（西安大略大学）媒体研究系等地做访问学者。2009年度入选教育部新世纪优秀人才扶持计划；2015年担任武汉大学珞珈特聘教授。

1990年代曾从事台湾传媒研究，现主要研究兴趣为媒介社会学、传播政策与法规、广播电视公共服务。主持过教育部人文社会科学重点基地重大项目"传播与社会冲突研究"、教育部新世纪人才规划项目"广播电视优质节目界定及保障体系研究"、国家新闻出版广播电视总局重大项目"广播电视公共服务运营、评估与保障体系研究""低俗节目治理研究"等,并承担过多项地区委托的媒介改革课题。

自 1993 年以来,作者在海内外重要学术期刊发表研究论文约 50 篇。其中代表性的研究作品有:《"挣工分"的政治:绩效制度下的产品、劳动与新闻人》《制度性资本、非制度性资本与社会冲突性议题的传播》《"国家"的分化、控制网络与社会冲突性议题传播的机会结构》《"风险规避"逻辑下的新闻报道常规——对国内媒体社会冲突性议题采编流程的分析》《公众眼中的广播电视公共服务:现状评价及未来期待》《社会冲突性议题的媒介建构与话语政治:以国内系列反"PX"事件为例》《媒介市场化中的节目品质议题:流变与困境》等。

王 艳
Wang Yan

王艳

女，1984年7月出生，武汉大学新闻与传播学院2011级博士研究生，研究兴趣为新闻生产社会学。

公众眼中的广播电视公共服务：
现状评价及未来期待

夏倩芳　王　艳

内容提要：

本研究采取问卷调查的方式，了解我国公众如何评价目前广电媒体在公共服务方面的表现，以及他们期待如何改善，希望借此为我国广电媒体改进其公共服务之作为提供实证支持。研究以独立、创新、多元、深度有意义和端庄五个维度，尝试性地构建了指标体系。本研究在执行过程中发现，公众对于媒体"公共服务"缺乏基本认知，作者期望学界同仁努力，承担起向政府、媒体和公众普及"公共服务"理念的责任，这本身也是推动我国广电媒体改进其公共服务作为的任务。

关键词：广播电视公共服务　公众需要　平等服务　多元化

一、调查目的和指标体系说明

广播电视公共服务,即广电服务于公众需要,是广电媒体自诞生以来就被赋予的社会功用,是媒体所有者占用稀缺资源的正当性所在。随着技术的发展,频谱资源稀缺性的消失强化了市场竞争的正当性。然而,由于市场竞争的特性,满足消费者的需要并不能天然地实现公共服务,甚至对收视率的竞逐反而可能导致媒体更偏离公共服务。因此,在当下,全球性的广电领域放松规制三十多年后,广电媒体如何服务公众利益的问题日益凸显。在许多国家,公共服务正在重回广电媒体的评价体系,它涉及以节目评价为中心的一系列探索和改革。这是本研究所处的宏观语境。在我国,近二十年来,伴随媒介市场化的深入,广电媒体在公共服务方面的作为日益衰落,已成为当前民间和政府共同关注的社会问题。我们通过此次问卷调查,试图了解我国公众对于广电媒体的公共服务表现如何评价、有哪些问题,以及公众期待作何改善。本文希望为改善我国广电媒体的公共服务提供实证支持。

什么是广播电视的公共服务?或者说,广播电视应服务于公众的哪些需要才算服务了公共利益?首先是"公众"的问题。作为公共服务对象的"公众",一个是量上的含义,指境内所有的公民;二是质的含义,指所有互异的、多样的、不同的人群和族群。因此广电有平等服务、普及服务和多元化的要求。从应然面上讲,我国广电媒体公共服务的对象应包括不同民族、不同阶层、不同地域的公众,照顾到人群间的差异性需要。根据我国的人口结构和广电传播现状,目前最主要的不均衡存在于城乡公众之间,因此本次调查将城乡差异列为主要的探讨问题之一。

其次是"需要"的问题。公共服务所要满足的是公众的"需要",它有别于市场所要追逐的个体的"想要"。"想要"(wants)体现的是个体的价值,是"根据个人的偏好和私人性满足所作的心理定义";而"需要"(needs)体现的则是公共价值，它是根据普遍福利和公共目的所作的文化定义①。前者把受众视为市场中自利的消费者，仅仅关乎个体的偏好；后者把受众视为关注公共事务的公民，他们需要媒体满足其知晓权，提升其品位，养成明辨是非的心智慧力，也即一个"自治的公民"之所需。"想要"与"需要"之间常常并不相洽，在激烈的市场竞争之下甚至相悖。

这些"公众需要"确立了广电媒体所必须服务的重大公共价值。欧洲理事会（Council of Europe）部长会议在1994年提出的布拉格决议（Prague Resolution）中明确地提出："公共服务广电……支撑着民主社会之政治、法律和社会结构所赖以建立的种种价值，特别是关于人权、文化，以及政治上的多元主义。"②这些重大的公共价值，构成广电"为公众而作"的任务，包括：优质的信息、教育和娱乐；呈现社会和文化多样性；提升或保障（国族）文化发展；以及建立公共领域和促进政治民主，等等。③公共服务的这些"任务"，不是某些特定国家或地区的经验，而是经过了近百年、多国的实践检验和理论探讨，具有超越国界的普适性，我国亦没有理由重起炉灶。

那么，如何将公共服务的"任务"落实到广电媒体的日常运作中？如何实作地检视节目和频道的公共服务表现？由于公共服务"任务"的抽象性，难有统一、客观的评价标准，一些国家和地区根据自己的经验制定衡量标准。迄今为止，"普及""独立""创新"和"多元"四个维度获得了普遍共识，成为核心的评价维度。其中，"普及"指的是广电的设施"覆盖面广，人人可以免费进入"④。其他三项是目前比较通行的内容和频道评价的一级维度，一般以此为基准再结合具体的"公众需要"来制定指标体系，具有较大弹性，如我国港台地区就增补了"深度，有意义"这一条，本研究打算设置"端庄"这

---

① ［美］西奥多·格拉瑟：《公共新闻事业的理念》，邬晶晶译，华夏出版社2009年版，第14页。
② Council of Europe, *The media in a democratic society: 4th European Ministerial Conference on Mass Media Policy*, (https: //wcd. coe. int /com. instranet. InstraServlet?command = com. instranet. CmdBlobGet & InstranetImage = 411463 & SecMode = 1 & DocId = 517420 & Usage =2). 1994, p. 26.
③ 魏玓：《公共广电机构治理初探：原则、课题与机制》，《广播与电视》2008年第29期。
④ ［加］马克·莱伯伊：《世界公共服务广播的形势：俯瞰与分析》，《新闻与传播研究》1997年第2期。

一条也是根据我国当前的实际情况①。在一级维度之下，再设置更具体的二级乃至三级指标。这些指标具有因地、因时、因社会心理的灵活性，如在我国，舆论监督、关注民生在当下具有突出的重要性，我们将之列入新闻节目的考察指标②。

本研究试图了解我国公众如何看待广电在公共服务方面的作为，以及期待作如何改善；因城乡差异是当今我国的主要国情，本研究还试图探寻城乡公众在广电公共服务需求上的差异。国内已有的广电受众调查几乎都是收视率调查，尚未有针对广电的公共服务表现所作的专项调查。因此，本研究缺少国内现成的指标体系可供参照。本次调查的指标体系设计借鉴了国外和港台地区的相关成果，并参考此前本课题组所作的两次大规模公众访谈的结果③。该指标体系具有很大的尝试性，期待学术界的后续研究加以修正（见表1）。

表1 广播电视公共服务表现的评价指标④

一级指标	指标说明	二级指标
独立	不受政治或商业集团干预，能提供独立的消息及观点。	真实可信；客观公正；满足知情权；发挥舆论监督功能。
创新	内容与形式应该新鲜，有创意，并可以反映社会的动态本质。	节目注重创意，不盲目跟风模仿；内容和形式新颖；制作精良。
多元	能反映多元社会的各种观点和经验；公民可从中找到属于其自身经验的文化呈现与政治意见；提供翔实的新闻及信息节目和涵盖领域广泛且丰富的节目类型。	消息来源多样，平衡报道，反映多种观点和意见；传播不同人群和族群的文化；内容和节目类型丰富多样，能满足不同人群的需要。

---

① "广播电视公共服务研究"课题组在 2010—2012 年间进行了两次大规模的公众访谈（一次有关公众对于广电公共服务的认知，一次有关国内低俗节目的常规特征及传播效应）。我们将这两次访谈中的发现纳入本研究的指标体系建构。"端庄"直接来源于课题组的调查结果。

② 夏倩芳、管成云：《公共服务如何做——关于电视节目质量的公众访谈》，《现代传播》2012 年第 1 期。

③ 同注①。

④ "独立""创新""多元"和"深度，有意义"的指标说明综合自以下文献：Croteau & Hoynes. *The Business of media: Corporate Media and the public Interest*, California: Pine Forge Press, 2001; McQuail, Denis. Media Performance: mass communication and publicinterest, London: Sage, 1992;［美］詹姆斯·卡瑞·珍·辛顿：《英国新闻史》，栾轶政译，清华大学出版社 2005 年版；曹琬凌、彭玉贤、林珍玮：《公共广电问责体系初探：以台湾公广集团公共价值评量指针建构为例》，《新闻学研究》2008 年第 96 期；钟起惠：《公广集团公共价值评量体现研究报告》，台湾观察家营销研究有限公司 2008 年版等。

续表

一级指标	指标说明	二级指标
深度，有意义	提供深度的新闻报道；节目内容有意义且与公众切身有关。	节目有深度，有脉络；富有教育意义，有思想性，有启发性；提供充分深入的信息；关注公共事务；关注民生，贴近百姓；主题健康向上，能引导正确的价值观。
端庄	节目格调高雅；主持人、嘉宾等表现得体。	品位格调高雅；寓教于乐，益智怡情；不低俗（不恶搞、不煽情、不渲染暴力和恐怖场景等）；记者、主播和嘉宾表现得体，无出格言行；艺术品位较高，具有观赏价值。

二、样本描述

本次调查的实施时间为 2012 年 1 月至 2012 年 3 月，由武汉大学新闻与传播学院《广播电视公共服务研究》课题组执行，调查对象是 15～64 岁周岁的大陆公民。为提高问卷的回收率和填答质量，并控制样本的城乡分布，同时受经费所限，本次调查采取非随机方式获取样本。具体做法是，根据调查所需，在全国范围内确定二十余位具备便利条件的联系人，由他们向符合条件的受访者发放问卷。共发放 1600 份问卷，回收有效问卷 1461 份，有效回收率达 91.3%。因联系人的原因，样本集中在湖北（35.8%）、贵州（21.5%）、安徽（21.5%）和北京（10.5%）。对于本研究的目的而言，样本在地区间分布不均衡并不影响结论的有效性。

本次调查样本中，城市居民占 52.8%，农村居民占 47.2%，符合我们探讨城乡差异的要求；男（51.8%），女（48.2%），比例均衡，两项都接近《2010 年中国人口和就业统计年鉴》的资料[1]。

教育程度方面，初中及以下者占 35.1%，高中/中专者占 30.5%，大学以上占 34.4%。样本以 25～49 岁的中青年为主，占到 81.8%。

职业分布情况：样本中较多的是企事业单位员工（21.9%）、农业劳动者（15.9%）、各类专业技术人员（教师、医生和工程师等，15.5%）和个体工商户（11.7%）；其他职业，如工人、商业/服务业员工、私营企业主、军人和

---

[1] 国家统计局人口和就业统计司：《中国人口和就业统计年鉴2010》，中国统计出版社2010年版，第4—6页。

武警、NGO 成员、无业/待业者、学生、离退休人员等都有覆盖，职业分布广泛，职业阶层跨度大。

受访者以中低收入者为主。其中两成左右月收入在 1000 元以下，一半多人（54.3%）月收入在 1000~3000 元之间，另有 17.6% 的人月收入在 3000~5000 元，月收入 5000 元以上者占 8.9%。接近我国的实际情形。

本研究数据管理与分析主要采用社会统计软件 spss16.0。

三、公众对广播电视公共服务表现的评价与期待

（一）公众对广播电视公共服务表现的评价

目前，国内每家广播电视台（总台）都拥有少则几个多则几十个频道/频率，这些频道/频率都采取市场化经营，依靠公共财政支撑的传统的公共服务模式已不存在，但这些频道/频率之间仍有分工。因此，我们只能选择理论上被赋予更多公共服务职责的综合性频道/频率作为考察对象，经济频道/频率、除新闻外的各类专门频道/频率不在其列。

为更准确地了解公众对我国广电公共服务现状的评价，我们将按照总体—频道/频率—分类节目逐层进行调查。节目类型分为新闻、剧集/戏剧、娱乐、少儿和社教节目 5 类。问卷采用李克特五级量表测量公众的评价，分别为"非常不满意（1）""不满意（2）""一般（3）""满意（4）""非常满意（5）"。

1. 总体评价

将公众对我国广播电视公共服务表现总体评价的 8 项指标（见表 2）合并为复合指标后（$\alpha=0.88$, N=1273），均值为 3.55（SD=0.60），表明超过"一般"程度，但距"满意"还远。

公众对广播电视"关注民生，贴近百姓"方面的表现感到最满意，其次是"能够关注公共事务"和"内容丰富多样，能满足不同人的需要"，对以上三方面的评价倾向肯定。公众对品位格调方面的评价偏低，且明显低于对其

他方面表现的评价。频数分析显示，接近一半（48.9%）的受访者评价一般，另有 13.5% 的受访者明确表示不好（"不满意"与"非常不满意"之和）。我国广播电视在余下四方面的表现皆一般（均值在 3.49 到 3.55 之间）。

从单因素方差分析来看，城市居民对贴近性；深度，有意义；寓教于乐和形式美感四方面的评价显著低于农村居民。

表 2 城乡公众对我国广播电视公共服务表现的总体评价

	总体	城市	农村	方差齐性检验（F-test）
节目关注民生，贴近百姓	3.71	3.62	3.82	15.798***
能够关注公共事务	3.68	3.68	3.68	0.020n.s.
内容丰富多样，能满足不同人的需要	3.68	3.69	3.68	0.050n.s.
能引导正确的价值观	3.55	3.51	3.58	2.400n.s.
节目有深度、有意义，能引人思考	3.54	3.47	3.61	8.631**
节目寓教于乐，益智怡情	3.52	3.47	3.58	6.127*
形式生动活泼，制作精良	3.49	3.43	3.55	7.731**
格调高雅，不媚俗、不搞恶趣味	3.30	3.28	3.32	0.892

注：*$p<0.05$；** $p<0.01$；*** $p<0.001$；n.s. 差异不显著（$p>0.05$）

2. 对频道 / 频率的评价

接着，我们列出中央—省—市三级电视 / 电台中，应担负公共服务职责的频道 / 频率，测度公众的评价。将这 10 项合并为复合指标后（α=0.90，N=821），均值为 3.60（SD=0.54），表明公众对这些频道的公共服务表现的评价超过"一般"程度，但远未达到"满意"。

人们对各频道 / 频率的评价均值见图 1，感到最满意的是 CCTV-1 和新闻频道，评价均值超过"满意"程度，明显高于其他频道 / 频率，满意率（"满意"与"非常满意"之和）高达 83.7%；受访者对于地市级频道 / 频率的评价明显要低于中央级，都在 3.5 以下，而本市广播综合台的表现最不能令人们满意。不同媒体比较，人们对电台公共服务表现的评价低于电视。

单因素方差分析显示,农村居民对 CCTV-1、新闻频道(F=13.749,P<0.001)、本省卫视频道(F=7.106,P<0.01)和地面综合频道(F=7.604,P<0.01)的评价高于城市居民。

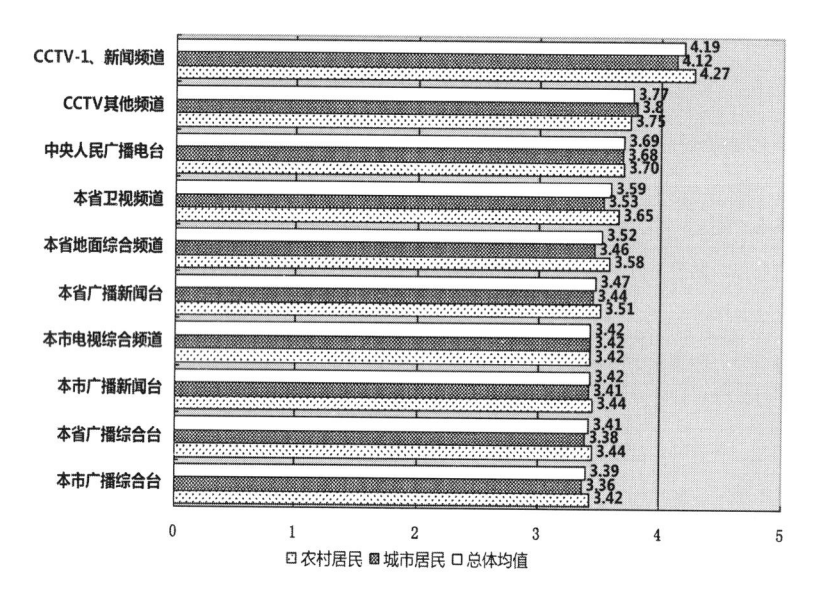

图1 城乡公众对频道/频率公共服务表现的评价

3. 分类节目评价

我们本欲对广播和电视节目分别进行测量。为此,我们在"节目评价"前设置了媒体选项,结果只有极少受访者选择评价"广播",数量无分析效力。所以,以下的"节目"分析皆指电视节目。

(1)新闻类节目

以 11 个指标(见表 3)测量公众对新闻类节目公共服务表现的评价,构造复合指标后(α=0.92,N=1274)测量出公众的整体评价为 3.70(SD=0.60),表明公众的态度超过"一般"而未达到"满意"。

公众满意度最高的方面是"新闻传达国家和地区的政策"(3.91),评价均值接近"满意",五成多的人表示"满意",另有两成左右的受访者表示"非常满意"。受访者对新闻类节目在其他方面的公共服务表现也比较肯定（见表3）。目前公众评价较低的是"消息来源多样，能平衡报道各方意见"和"报道详细深入，能引发思考"，但评价均值也超过了3.5（详见表3）。

城乡居民对我国新闻类节目公共服务表现总体上趋向满意且无显著差异。

表3 城乡公众对新闻类节目的评价

	总体	城市	农村	方差齐性检验（F-test）
新闻传达国家和地区的政策	3.91	3.93	3.90	0.614n.s.
记者和主播称职，语言平实精练，表现得体	3.82	3.80	3.84	0.949n.s.
新闻报道真实可信、客观公正	3.81	3.77	3.85	2.749n.s.
新闻关注重要事务，发挥了舆论监督功能	3.78	3.75	3.81	2.271n.s.
新闻关注民生，贴近百姓生活，能服务公众需要	3.70	3.66	3.73	2.058n.s.
新闻能反映民情和民众意见	3.64	3.61	3.68	1.938n.s.
新闻有完整的脉络和背景，有助于理解	3.63	3.65	3.62	0.275n.s.
新闻的分析和评论比较公正，观点比较合乎逻辑	3.63	3.62	3.63	0.039n.s.
不煽情和渲染恐怖场景	3.59	3.60	3.59	0.040n.s.
消息来源多样，能平衡报道各方意见和信息	3.56	3.54	3.58	0.554n.s.
报道详细深入，能引发思考	3.54	3.51	3.57	1.717n.s.

注：n.s. 差异不显著（$p > 0.05$）

（2）剧集/戏剧类节目

剧集/戏剧类节目主要包括在广播电视上播出的各类电视剧、戏剧和广播剧等。以6个指标（见图2）构造复合指标（$\alpha=0.87$，N=1321）测量出公众对此类节目公共服务表现的整体评价为3.43（SD=0.66），超过"一般"程度，但离"满意"还远。

公众感到相对满意的是"题材关注现实生活"，六成受访者表示"满意"（"满意"与"非常满意"之和）。该类节目在制作精良（3.57）和思想价值（3.54）上也表现较好。公众评价最低的是创新和品位格调问题。"格调高雅，艺术品位较高，观赏性强"和"不渲染暴力、性，不煽情"两方面的表现都未超过3.5。而对"原创性高，不跟风模仿抄袭"（3.10）表示不满意和非常不满意的人数比例达到22.3%，另有46.6%的人表示"一般"。

城市人群对该类节目在"有一定深度、有教育意义，能引人思考"方面的评价显著低于农村居民（F=11.537，P<0.01），在其他方面二者态度均无显著差异。

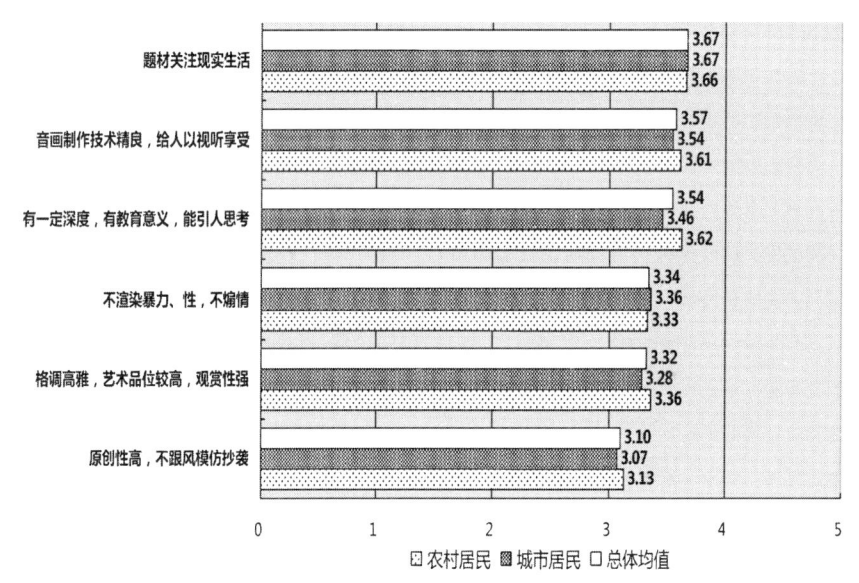

图2 城乡公众对剧集/戏剧节目的评价

（3）娱乐节目

娱乐类节目包括综艺、各类表演、真人秀、脱口秀、娱乐信息、情感倾诉、婚恋交友、才艺竞秀等节目。调查结果显示，公众对娱乐类节目在各指标上的评价都介于"一般"到"满意"之间，将9个指标作为测量的量表，构造出一个复合指标后发现（α=0.92，N=1292），测得公众对该类节目公共服务表现的整体评价均值为3.49（SD=0.68），超过"一般"程度但离"满意"较远。

公众最认可的是"主题健康向上，倡导积极的生活态度"；其次是"主持人多才艺，有魅力不轻佻"和"无歧视倾向，合乎道德"，然后是"节目形式生动活泼"。对品位格调（3.28）和原创性（3.21）两方面的表现最不认可，评价均值明显低于其他方面。娱乐节目在余下三方面的表现大致一般（均值在3.42~3.52之间）（见表4）。

城市居民对娱乐节目在主题健康向上、内容深度、品位格调和原创性四方面的评价，显著低于农村居民。其他方面无显著差异。

表4 城乡公众对娱乐节目的评价

	总体	城市	农村	方差齐性检验（F-test）
主题健康向上，倡导积极的生活态度	3.73	3.67	3.79	6.520*
节目形式生动活泼	3.63	3.59	3.67	3.193n.s.
无歧视倾向，合乎道德	3.60	3.57	3.64	1.880n.s.
主持人多才艺，有魅力不轻佻	3.57	3.53	3.61	2.094n.s.
内容轻松而有深度	3.52	3.47	3.57	4.267*
嘉宾表现得体，无出格言行	3.49	3.48	3.50	0.144n.s.
节目参与性强、规则公平	3.42	3.39	3.45	1.697n.s.
节目格调高雅，不低俗	3.28	3.22	3.36	7.406**
注重创意，不跟风模仿	3.21	3.14	3.29	7.900**

注：*p＜0.05；**p＜0.01；n.s. 差异不显著（p＞0.05）

（4）少儿节目

对测量少儿节目公共服务表现的8个指标合成复合指标（α=0.92，N=1277）发现，公众整体评价均值达到3.84（SD=0.65），接近"满意"程度。公众感到最好的方面是"题材符合小朋友兴趣"（3.93），评价均值接近"满意"程度，超过七成的公众表示满意（"满意"与"非常满意"之和）。感到最不满意的是"节目制作优良精致"，评价均值明显低于其他选项，对余下6方面的表现都接近"满意"（见图3）。

农村居民对此类节目在"有教育启发性"上的表现评价显著高于城市居民（F=9.956，P<0.01），在其他方面上无显著差异。

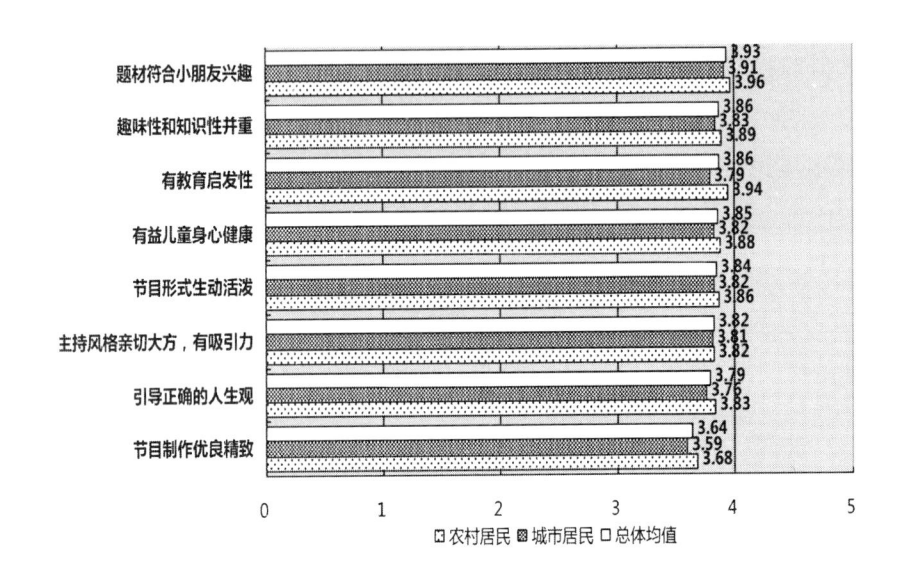

图3 城乡公众对少儿节目的评价

（5）社教类节目

社教类节目是指社会教育和文化教育的节目，包括法制节目、军事节目、农业节目、科教节目、生活服务节目、纪录片等。将10个方面（见表5）合成复合指标（$\alpha=0.93, N=1298$），测得公众的整体评价均值为3.87（SD=0.59），接近"满意"程度。

公众对社教类节目在"选题关注公共问题"的表现评价最高，其次是"内容具有知识性和思想性""对生活有帮助，有启发，有服务性"。以上三方面的评价均值均超过或接近"满意"程度。受访者对余下7个指标的评价均值也都倾向于肯定，其中满意度较低的是"制作技术精良，有观赏性""介绍多样的价值观"和"呈现方式灵活多样，寓教于乐"三方面。

城乡公众对该类节目的评价在多数指标上无显著差异，但农村居民对主持人及嘉宾素养的满意度比城市居民稍低。

表5 城乡公众对社教节目的评价

	总体	城市	农村	方差齐性检验(F-test)
选题关注公共问题	4.08	4.10	4.06	1.143n.s.
内容具有知识性和思想性	3.96	3.96	3.96	0.000n.s.
内容对生活有说明,有启发,有服务性	3.95	3.95	3.95	0.010n.s.
主持人和嘉宾有较高的专业素养	3.88	3.94	3.82	7.422**
弘扬和保存多种多样的民间文化	3.85	3.82	3.88	1.918n.s.
问题的探讨有深度	3.83	3.87	3.79	2.704n.s.
传播各民族文化珍品,有利于族群间的沟通和理解	3.81	3.79	3.83	0.873n.s.
制作技术精良,有观赏性	3.74	3.78	3.71	2.201n.s.
介绍多样的价值观	3.74	3.74	3.75	0.090n.s.
呈现方式灵活多样,寓教于乐	3.74	3.73	3.75	0.127n.s.

注:** $p<0.01$;n.s. 差异不显著($p > 0.05$)

(二)公众对广播电视公共服务的需求和期待

仅仅通过对现有节目进行评价,未必能准确把握公众对广电服务的真实看法。因为现有节目局限了选择的范围,框限了参照系,阅听人的眼界因而受到限制。尤其在市场竞争激烈的情况下,虽然频道繁多,节目令人眼花缭乱,但节目的同质化也会使参照系被框限,甚至缩减。因此,我们通过了解公众的"收视/收听动机""选择节目的考虑因素",以及对于目前公共服务表现的欠缺、如何改善的期待等,来进一步发现公共服务的问题和公众所需,并与前面的调查结果相矫正。

1. 收视/收听动机

我们要求受访者将其收视/收听动机按重要性排序,将各种动机分别进行赋值,结果发现,公众的收看收听动机依次是"了解时事与政策""开阔视野、增长知识""获得有用的信息",最后是"消遣娱乐"(见表6)。

表6 公众的收视/收听动机

	最重要(%)	比较重要(%)	不太重要(%)	最不重要(%)	未选中(%)	排序	平均秩（mean rank）城市	平均秩（mean rank）农村	Z检验
了解时事与政策	53.9	10.1	8.7	6.0	21.2	1	618.06	576.06	-2.311*
开阔视野、增长知识	21.5	26.0	28.6	4.2	19.8	2	590.31	607.90	-1.180n.s.
获得有用的信息	18.9	36.0	14.4	4.2	26.5	3	587.82	610.75	-0.914n.s.
消遣娱乐	16.8	12.0	13.1	24.3	33.8	4	614.03	580.69	-1.717n.s.

注：*p<0.05；n.s.差异不显著（p>0.05）

由于数据不符合正态分布，我们采用mann-whitney秩和检验比较城乡差异，发现（见表6）两类人群在"获得有用的信息""开阔视野、增长知识"和"消遣娱乐"三个题项上没有显著差别，但城市居民比农村居民更加重视从节目中"了解时事与政策"（Z=-2.311，p<0.05）。

2.选择节目的考虑因素

阅听人选择节目时的考虑因素，可以从一个侧面反映其需要。我们列出8个因素，要求受访者按重要性排序，结果发现，前四位都是节目质量的重要内涵（排序见表7），表明我国公众在选择节目时非常看重内容质量。

农村受众把节目"是否容易理解"看得比较重，而城市公众选择节目时并不太考虑此项。mann-whitney检验进一步证实了这点。这提醒媒体人，制作节目时需顾及农村受众这方面的需求。

表7 城乡公众选择节目的考虑因素

	排序 总体	排序 城市	排序 农村	平均秩（mean rank）城市	平均秩（mean rank）农村	Z检验
节目是否真实可信	1	1	1	592.53	578.50	-0.781n.s.
内容是否有深度和启发性	2	2	2	578.90	594.16	-0.792n.s.

续表

	排序			平均秩（mean rank）		Z 检验
	总体	城市	农村	城市	农村	
选题是否有意义、重要	3	3	3	576.81	596.55	-1.042n.s.
立场是否独立、公正	4	4	4	585.92	586.09	-0.01n.s.
节目形式是否生动活泼	5	5	5	595.30	575.31	-1.105n.s.
主播和嘉宾的表现	6	6	7	601.01	566.61	-1.991*
制作是否精良	7	7	8	597.73	572.53	-1.529n.s.
表达是否容易理解	8	8	6	561.71	612.78	-3.029**

注：*p<0.05；** p<0.01；n.s. 差异不显著（p > 0.05）

3. 目前广电媒体公共服务的欠缺及公众期待

（1）广电媒体公共服务的欠缺

我们列出 7 项重要的公共服务功能，询问受访者目前媒体在哪些方面有欠缺。图 4 显示，人们认为最欠缺的依次是"满足公众知情权""提供高质量的娱乐节目"和"发挥舆论监督作用"，持此看法的人都超过了半数，在城乡两类人群中皆如此。这里有意味的是，这个结论与广电媒体泛娱乐化的现象恰恰相反，说明目前媒体上虽然娱乐节目充斥，但并未能滋养公众的精神生活，须对当今的娱乐化进行反思。认为我国广电在"传播现代文明"上表现不足的人也较多，超过了 45%。而余下三项虽比前者低但也都超过了 30%。在公众看来目前我国广电公共服务在以上方面都存在缺失。

城乡之间仍有值得关注的差异，城市受访者中认为媒体在满足知情权方面做得不够的人最多；而农村受访者中认为欠缺高质量娱乐节目的人最多。这既反映了农村文化生活缺失的实情，也反映了目前电视媒体上花样繁多的娱乐节目距离农村公众的需要更远，他们希望媒体提供适合他们的文化娱乐服务。此外，农村公众对于媒体"传承民族文化"面上的评价也明显低于城市公众，从中可看出两类人群在公共服务需要上的差异。

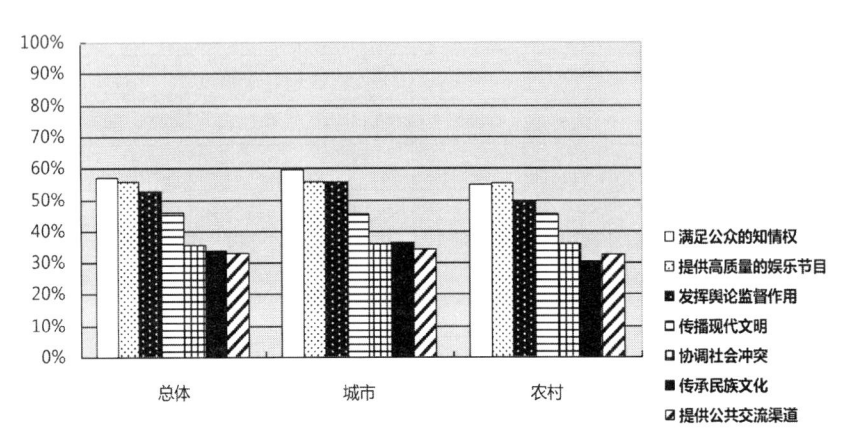

图4 城乡公众眼中广电媒体公共服务的欠缺

（2）对平等服务的期待

公共服务要求对不同人群、族群提供平等服务。我们列出9类人群，询问受访者需加强针对哪些人群的服务。图5显示，认为需加强对农民服务的占据首位（55.0%）；其次是老龄人群（47.4%），"少年儿童"和"残障人士"紧随其后，都接近四成；而"白领人群"最少（仅11.2%）。这反映出公众认为广电媒体未能实现平等服务的要求，忽视农民、老人、少儿等弱势人群，这个评价符合目前的实际情形。

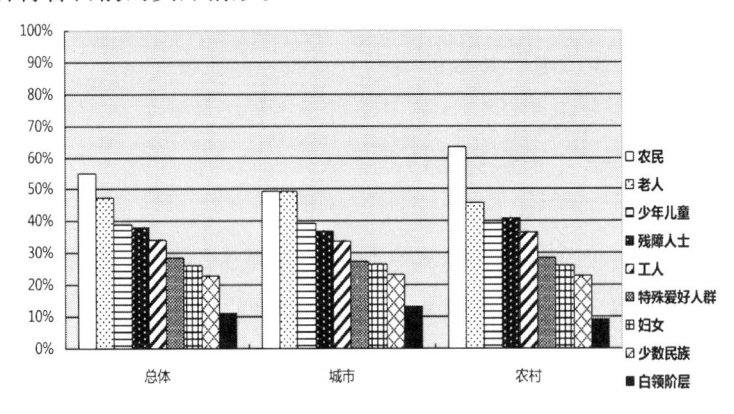

图5 城乡公众对平等服务的期待

城乡之间无实质性差异。农村受访者中要求加强对农民的服务的人数比例最高，达到了63.3%。城市受访者也将农民列为首位，其次是老人和儿童。但数据也显示出，城乡受访者都普遍忽视了对"妇女"和"少数民族"的关注，这个现象应引起我们的警觉。

（3）对多样性的期待

根据公共服务的要求，广电媒体应提供丰富多样的节目，满足人们多方面的需求，促进公民全面发展。我们列出14类内容，询问受访者哪些需要增加或加强，以此推测目前公共服务的欠缺和公众的需求。表8显示，"健康知识"排在首位，其次是"法律知识"，"社会纪实"和"国内新闻"紧随其后；而"体育竞技""财经"和"民间戏曲"相对较少。

城市受访者选择法律知识、社会纪实和健康知识的人数比例最高；而农村居民最期待提供健康和法律知识等方面的服务，选择比例远大于其他选项，这应是他们日常生活中缺乏司法和医疗资源的反映。此外，农村居民对"民俗"和"民间戏曲"的需求明显高于城市居民，而这本身也是目前广电节目最缺乏的服务。

表8 城乡公众对多样性的期待

	总体 (%)	城市 (%)	农村 (%)
健康知识	46.0	40.6	51.8
法律知识	43.6	41.8	47.4
社会纪实	38.4	41.3	37.0
国内新闻	36.4	37.6	36.6
生活服务	33.9	34.9	33.2
文化艺术	31.9	32.5	31.1
国际新闻	29.7	29.8	28.6
科学技术	29.4	29.0	29.7
儿童节目	21.8	23.2	21.8
军事	20.9	19.2	22.7

续表

	总体 (%)	城市 (%)	农村 (%)
民俗	20.7	19.5	24.7
体育竞技	17.4	16.3	18.1
财经	13.9	13.9	14.1
民间戏曲	11.6	10.2	14.7

（4）对公共服务品质的总体期待

我们列出7项关涉公共服务品质的衡量指标，询问受访者哪些方面亟须改善并按紧要程度排序。表9显示，列在前三位的依次是："提供全面、权威、可靠的新闻信息""增强舆论监督力度"和"提高节目的思想性和教育性"。人们对"提高节目格调"的要求排在最末位。前文中我们看到，人们对目前节目的品位格调普遍评价不高，但此处却显示，当与其他方面比较时，公众并不认为这个十分紧要，他们迫切希望改善的是知情权满足、舆论监督方面。这与近几年决策层的看法不一致。

表9 城乡公众对公共服务品质的总体期待

	排序 总体	排序 城市	排序 农村	平均秩（mean rank）城市	平均秩（mean rank）农村	Z检验
提供全面、权威、可靠的新闻信息	1	1	1	563.17	574.53	-0.637n.s.
增强舆论监督力度	2	2	2	591.18	542.85	-2.587*
提高节目的思想性和教育性	3	4	3	565.15	572.29	-0.384n.s.
提供公正的评论与分析	4	3	4	592.04	540.84	-2.795**
节目内容更加丰富多样	5	5	5	559.07	579.17	-1.121n.s.
增加更多的公众参与互动平台	6	6	6	565.42	571.99	-0.371n.s.
提高节目的格调	7	7	7	592.95	540.84	-3.08**

注：*p<0.05；** p<0.01；n.s.差异不显著（p＞0.05）

四、结论与思考

本次调查以"独立""多元""创新""深度,有意义"和"端庄"五个维度,来衡量公众对国内广电媒体的公共服务表现作何评价。结果发现,总体评价介于"一般"与"满意"之间,无论是频道/频率还是分类节目,均未达到满意程度。节目类别之间,社教、少儿和新闻类节目要好过娱乐和剧集类。在公众看来,媒体在"创新"和"端庄"两方面的表现堪忧,这是目前普遍的问题。

公众认为目前广电媒体的公共服务存在着多方面的缺失,在知情保障、舆论监督和提供高质量娱乐方面最甚。媒体在平等服务方面存在明显缺失,农村居民、老龄人群和少儿等弱势人群的需要未得到足够重视。农村公众对于平等服务的要求最为强烈,这是目前广电媒体普遍忽视农村人群的反映。关于少儿群体,公众既对现有少儿节目的评价比其他类节目高,又认为媒体对少儿的服务仍欠充分。那么,媒体应如何更好地服务于少年儿童的成长,需另作专门研究。在满足多样化需求方面,媒体的作为亦有欠缺,尤其要加强法律、健康等实用性服务和新闻信息服务。

城乡受访者之间总体上差异不显著,即没有实质性差异。但城市公众对绝大多数指标的评价都低于农村公众,这可能出于两个原因:一是农村居民媒介接触单一,导致其参照系比城市居民更狭小;二是农村受访者的教育程度普遍低于城市受访者。

以下几点须特别关注:

其一,关于娱乐化。目前,娱乐节目成为收视法宝,电视媒体充斥着花样繁多的各色娱乐。吊诡的是,公众评价最低的却正是娱乐和剧集类。公众眼中的"媒体公共服务的缺失"中,"提供高质量娱乐节目"高居第二位,农村居民则将它排在第一位。这应促使我们反思娱乐节目的品质问题,以及目前泛娱乐化的大问题。

其二，关于知情保障。从公众对公共服务现状的评价和他们的期待来看，满足知情权、舆论监督等方面仍是公共服务的老话题，公众认为最亟须改善。此处无须赘述。

其三，关于平等服务。在被媒体忽视的群体中，农村受众远高于其他人群，列在首位，农村受访者的反映十分强烈。我国有6.7亿农业人口，占了收视人口的绝大部分，而且他们的媒介接触比城市人群单一，电视是他们最依赖，甚至是很多人唯一接触的媒体。因此，广电媒体，尤其是电视，需要认真反思对农村公众服务的问题。调查也发现了农村居民与城市居民确有一些需求上的差异，如"娱乐"方面，农村受访者比之于城市受访者，更介意媒体在"提供高质量娱乐节目"（见图4）方面的欠缺，可以推知，目前媒体上泛滥的娱乐节目不太契合农村受众的需求，而农村文化娱乐生活的匮乏，促使农村公众更加依赖电视提供服务。农村居民还有一些特殊的文化需要期望媒体满足，如民间戏曲、民俗等（见表8），而这些也是目前媒体上非常缺乏的。关于农村人口的公共服务需求，还需做专门调研。

其四，有意味的是，无论对于频道还是节目，公众评价较高的指标大都关乎节目的意义和价值。我们据此看出，公众不仅接受节目的教化功能，且比较看重这一面。这正契合公共服务的要义，媒体大可不必为了竞争眼球而牺牲教化功能。但目前在教化方面媒体做得不令人满意，需要改进。

本次调查有一些缺憾愿与同行分享。在调查过程中，我们发现很多受访者对于"公共服务"缺乏基本认知，许多"需要"未被公众意识到，再加上他们囿于眼下的国内媒介环境，缺乏较大的参照系，眼界受到局限，因而对一些问题的理解存在偏误，这直接影响到问卷填答的准确性。如关于"平等服务"，受访者普遍忽视妇女和少数族群的传播权益；关于公共服务的功能，受访者大多对媒体在协调社会冲突、提供公共交流管道、传承民族文化等方面应担负的责任不清楚，等等。我们意识到，学界有必要担负起向政府、媒体和公众普及"公共服务"的理念和知识的任务，这本身也利于推动媒体改进公共服务。

在本次调查结束后，本课题组于 2012 年 3—7 月执行了对中南部四省电视台的两类节目——新闻节目、社教节目，和两个频道——卫视和地面综合频道的节目内容调查工作，从内容方面再来检视媒体公共服务的作为。该调查的结果将与此次研究相对照，起到相互矫正的作用，以弥补本次研究的不足。

广电媒体公共服务的研究，国内虽有前人涉足，但经验性研究尚匮乏，这阻碍了该领域研究的实质性进展。本次研究是尝试性的，期待后来者继续。

（贵州财经学院罗坤瑾老师、皖西学院姚道武老师、三峡大学张芹老师为本次调查提供了帮助，特此感谢。）

本文系国家广电总局社科规划重大项目"广播电视公共服务指标、运营和保障体系研究"（项目编号：GD08009）的研究成果。

作者：夏倩芳，该文发表时系武汉大学新闻与传播学院教授、博士生导师
　　　王艳，该文发表时系武汉大学新闻与传播学院 2011 级博士研究生
　　　原载《现代传播（中国传媒大学学报）》2012 年第 10 期

遴选意见

《公众眼中的广播电视公共服务：现状评价及未来期待》一文采取问卷调查方法，了解我国公众如何评价目前广电媒体在公共服务方面的表现，以及他们对如何改善公共服务状况的期待，为我国广电媒体改进公共服务提供了实证支持。论文以当下正在做的事情为中心，紧密结合本土实际做学问，体现出学术接地气的特征。将庙堂之高与江湖之远有机结合，不仅有直接的借鉴作用，而且对新闻传播学的对策研究亦有积极的启示。

写作回眸

广播电视"公共服务"研究需要从理论到经验

获奖论文《公众眼中的广播电视公共服务：现状评价及未来期待》，是本人主持的国家新闻出版广播电视总局重大项目"广播电视公共服务的运营、评估与保障体系研究"的阶段性成果之一。此前，国内学者在广播电视公共服务领域的研究，主要是引介西方理论和进行定性研究。这些研究虽然重要，但由于缺乏我国的经验数据，理论与经验之间缺少连接，不仅在理论上难以推进，一些政策建议也难以真正奏效。笔者突破了既往的研究局限，进行了首次全国性广播电视公共服务的实证调研，包括3次系列调查：全国性公众的广电媒体公共服务认知问卷调查、全国公众深度访谈和媒体实地调研。这些调研均缺乏既有经验可以借鉴，具有较高的原创性，为探索我国广电媒体的公共服务改善路径提供了实证数据。

获奖论文即属于《全国公众广电媒体的公共服务认知问卷调查》的直接成果，该项调查获得了公众对于我国广电媒体公共服务表现的评价和期待方面的详细数据，试图为建立制度化和常规化的频道—节目品质评价体系、改善我国广电媒体的公共服务提供实证支持。该次调查的一级指标体系来自国际学术界对于广电节目公共性品质的探讨，再结合笔者于2010—2012年间主持的两次规模较大的公众访谈——一次是有关公众对于广电节目品质的认知，一次是有关国内低俗节目的常规特征及传播效应，最终形成了我国广播电视"公共服务"表现评估的三级指标体系。该指标体系可供后来研究者们参考。

本次调查的实施时间为2012年1月至2012年3月,由武汉大学新闻与传播学院"广播电视公共服务研究"课题组执行,调查对象是15～64周岁的大陆公民。为了提高问卷的回收率和填答质量,并控制样本的城乡分布,同时受经费所限,本次调查采取非随机的方式获取样本。具体做法是,根据调查所需,在全国范围内确定二十余位具备便利条件的联系人,由他们向符合条件的受访者发放问卷。共发放1600份问卷,回收有效问卷1461份,有效回收率91.3%。因联系人的原因,样本集中在湖北(35.8%)、贵州(21.5%)、安徽(21.5%)和北京(10.5%)。对于本研究而言,样本在地区间分布不均衡并不影响结论的有效性。

由于是根据研究目标控制了样本,本次调查样本的各项数据都基本符合全国人口统计数据。城乡比例:城市居民占52.8%,农村居民占47.2%;性别:男性占51.8%,女性占48.2%,男女比例均衡。两项数据都接近《2010年中国人口和就业统计年鉴》的资料。教育程度和收入、职业分布均基本符合。

三次实证调查都属于探索性研究,作者不仅希望为决策者和媒体提供实证资料,也希望与后续研究者们一起完善调查方法。作者希望更多的广播电视研究者们不囿于书斋里的钻研,而走向田野走向经验。

(夏倩芳 执笔)

对一场关于微博说理功能的论争的分析

马少华

马少华
Ma Shaohua

作者小传

1961年生于北京。中国人民大学新闻学院副教授，2001年自《中国青年报》调入高校任教，主讲新闻评论写作和新闻评论研究，也在全校开设选修课"论证与辩论分析""乌托邦作品解读"。

独著《新闻评论教程》（高等教育出版社2007年版），与人合作主编的《新闻评论案例教程》（中国人民大学出版社2008年版），分别在2008年和2011年被评为北京高等教育精品教材。另著评论教学与研究文集《什么影响着新闻评论》《想得很美——乌托邦的细节设计》。

论文写作一方面集中在中国近现代的报刊评论，如

《早期的"时评"——论我国近代新闻评论发生发展的形式规律》(2006)、《论时评的起源》(2009)、《论我国早期新闻评论中的交流性因素——以梁启超为例》(2008)、《论梁启超后期评论风格的变化》(2008);另一方面集中在对媒体言论论证与修辞的分析,如《论媒介言论中具有论证性的修辞》(2010年,与人合作)、《〈环球时报〉社评中英文版的修辞差异》(2013)、《梁启超"少年中国说"中的修辞与学理》(2014)。

对一场关于微博说理功能的论争的分析

马少华

内容提要：

一场关于"微博是好的说理形式吗？"的论争，既反映着微博作为一种广泛使用的表达渠道在当代中国公共生活中的影响力，也反映着中国知识界对于公共表达方式复杂的价值判断。这场论争本身涉及一些复杂的因素和实践、学理问题，需要分析廓清。

关键词：微博 论证 说服

微博，作为一种在广泛程度上前所未有的公共表达渠道，其促进社会交流、满足表达欲望的社会价值，近年来在业界和学界都得到了许多积极评价。但是，对于微博特定传播效果的质疑，尤其是其理性交流效果的质疑，却较少引人注意。2011年末，在《南方周末》和《南方都市报》的评论作者之间，围绕着"微博是好的说理形式吗？"的论题展开论争。对于微博这样一种近年来已经深刻地介入社会公共生活的网络交流工具而言，这样一场平面媒体论争，虽然并未充分展开，影响也不大，却具有标志性的意义。因为其中不仅涉及受到微博冲击的文本观念的共识重建问题，更涉及人们在传播载体、传播环境、表达主体等各个方面对借助网络工具进行普遍的理性交流的信心问题。

本文试图从对描述这场论争的争议线索分析双方论证效果入手，初步廓清它所隐含的和未能解决的基本问题。

一、论争线索的描述及论证效果分析

"微博是好的说理形式吗？"——这一挑战性的论题首先由近年来一直在"南方报系"写作专栏文章的美国加州圣玛利学院英文系教授徐贲在《南方周末》提出[①]。徐文发表的第二天，《南方都市报》即发表曾宪皓的文章《微博正是好的说理形式》，针锋相对。此后，徐贲还发表了《再谈"微博"与"说理"》《古代的"微博"》继续予以回应。他们之间的论争还引发了其他在媒体发表文章的专业知识分子的间接回应。

徐贲的文章，明显可以看出他坚持传统，以古希腊、古罗马的公共辩论为理想模式的说理观念。而反驳者曾宪皓更倾向于接受网络时代的文本观念，但值得注意的是，他的文章和词语中却明显带着中国古代宋明理学的思想印记。因此，这样的交锋似乎具有多重象征意义，仿佛不只是这两个人在进行论争，而是两个思想体系在进行论争。

双方论争的第一个焦点在微博的"空间限度"，即140个字符的限制问题

---

① 徐贲：《微博是好的说理形式吗？》，《南方周末》2011年12月1日。

上。徐贲把它当作影响说理的致命缺陷，认为这"不足以负载说理需要的充分信息"[①]。

实际上，新闻学者也有同样的判断。涂光晋、吴惠凡认为："由于字数限制，微博上的言论多为观点的直接表达，新闻评论基本要素中用以佐证论点的论据和用以展开论点的论证因没有足够的表达空间被省略或被压缩，这也使微博言论在观点的说服力上明显削弱。"[②]

而曾宪皓的反驳则认为："其实微博也可以远远不限于140个字，因为它有转发和评论。转发和评论的内容与140字才共同构成一个完整的话语，里头有解读、争议和扩展，这个'再创作'的补充空间是充分的。"[③]

显然，徐贲所持的是传统的文本观，即一个文本只能是由一个主体产生的，它也是人们对这个文本（是否具有好的说理功能）进行评价的边界。

而曾宪皓将微博的文本边界拓展到他人——转发者和评论者，即多个主体共同完成一个文本，则是具有颠覆性的。这是网络带来的新的文本观念。互联网本身就冲击了我们原来固有的文本观念，比如，BBS上的交互式碎片化表达就冲击了我们以往完整"成文"的观念，由此，一些新闻学者认为"不成文的讨论应当和成文的文章一样，纳入网络评论的范畴"[④]。而与互联网相伴随的多路径性和非相续性的"超文本"阅读经验，也是对传统的线性的静态文本观念的冲击。有学者通过对微博发展的"嵌套性"结构的考察，认为："节点信息一点点扩大的过程也是该信息单元的信息不断积累和丰富的过程。这样一种信息传播方式是以往任何传播媒介都没有的。"[⑤]这在学理上可以支持曾宪皓对微博文本边界的理解。

以什么样的文本边界作为论争双方的共识，这是这场论争中遇到的第一个障碍。实际上，在网络文本的冲击下，文本的社会共识已经不存在了。这

[①] 徐贲：《微博是好的说理形式吗？》，《南方周末》2011年12月1日。
[②] 涂光晋、吴惠凡：《表达·交流·争论·整合——新媒体时代新闻评论的变化与反思》，《国际新闻界》2011年第5期，第16—23页。
[③] 曾宪皓：《微博正是好的说理形式》，《南方都市报》2011年12月2日。
[④] 王振业、李舒：《新闻评论与电子媒介》，中国广播电视出版社2004年版，第223页。
[⑤] 张佰明：《嵌套性：网络微博发展的根本逻辑》，《国际新闻界》2010年第6期，第81—85页。

种共识一时还难以重新建立。因为即使对于微博的使用者而言，个体的使用经验尚不足以改变自古以来根深蒂固的文本观念。何况当代社会还有大量没有网络写作和微博使用经验的人。如果在微博的文本边界这个基础问题上双方没有共识，那么，这个论争实际上是无法进行下去的。这个共识的形成，不仅是一个以网络传播的学术研究为起点的知识普及问题，更是一个心理的、经验的、信念的问题。

而就意见信息表达的特殊结构而言，微博的其他参与者是否真的能够拓展140个字符的有效内容，是否真的能够弥补和增添140个字符的说理性，仍然是曾宪皓自己需要论证的，不是仅凭字数增加就能够推定的。如果一个"140个字符"的信息容量不足以说理，那么，来自其他人的多个"140个字符"加在一起就足以说理了吗？这取决于这么多"140个字符"之间的关系。它们真的会是像一个人写文章那样，按着一个论证目标，不断加强的吗？如果说一个文本是"不理性"的，那么，多个"不理性"的文本加在一起，就会变成一个"理性的"文本吗？变化又是怎样产生的呢？这些问题的结论仅从字数是不能推导出来的。

双方论争的第二个焦点，在于对核心概念"说理"的界定。

徐贲所坚持的"充分信息"条件，暗示着他持有传统意义上的公共说服观念。此外，在"说服"这个更宽泛的概念之下，他又将本来包含在传统的公共说服概念之中的情感因素切割出去，从而建立其"说理"的界定。而在他看来，语言的情感因素正是微博的表达特点：

> 微博往往使用感情色彩鲜明、富有修辞特色的"痛快"语言，这是因为微博信息需要借助强烈的情绪感染方能得以传播。结果便是不断强化、激励已经在起作用的情绪。富有感染力的话语给人一种雄辩的感觉，能够起到提高说服力的作用。然而，在这种说服中，需要把说理与感染作一区分，有感染不等于就有好的说理[①]。

---

① 徐贲：《再谈"微博"与"说理"》，《南方都市报》2011年12月6日。

在此后的另一篇文章中，徐贲进一步认为：

> 由于这种微博的信息量极小，为了加深印象、提高效果，有的使用者往往自觉不自觉地借助一些具有冲击力的表达方式，如偏激、夸张、煽情，使用激烈的情感字词，乃至粗陋芜鄙、污言秽语、谩骂侮辱。这些话语使用方式都与理性、平和、逻辑的公共说理不相符合①。

显然，徐贲对这场论争的核心概念"说理"作了比较严格的界定。即他坚持较窄的界定。他明确划分了通过论证（提供理由）与通过修辞两种不同手段的界线，即把"说理"限定在通过论证来进行说服。

而曾宪皓则试图拓宽对"说理"的界定：

> 徐先生这里谈"说理"实为"论证"和"思考"，并且只知"论证"和"思考"，而不认"结论"和"理解"。照此思维，禅宗是虚妄，顿悟不存在，口号皆扯淡。但事实上并非如此。贡献出结论，不代表推演缺位；语言简明是思维清晰的表现，不一定是便宜佞巧。所以，在不在理，应该看有没有理，而不是呈现形式②。

他进一步认为：

> "理"可以是格物致知、条理思辨式的，但也可以直指人心、明心见性式的。因为理本身就在事实之中，当把事情摆出来，是可以一望即明，不消啰嗦的。微博让人们看见更多事，看懂更多理。

---

① 徐贲：《古代的微博》，《南方都市报》2011年12月10日。
② 曾宪皓：《微博正是好的说理形式》，《南方都市报》2011年12月2日。

但在这里，曾文实际上是用"理"来偷换了"说理"的概念。

对此，徐贲强调了说理过程的显性化，并把这种显性化的形式作为说理的判断标准：

> 在公共说理中，那个不缺位的推演不能只是发生在说话者的头脑里，而必须说给公众听。放在一个人头脑里的推演是否可靠，是否符合逻辑，是否合理，不说出来，别人又如何检验呢？①

这种对形式的要求中，其实包含着观点交流的可理解性和充分性，应该属"理性"的评价因素。

这场论证中，双方对论题中的核心概念"说理"缺乏共识，原因何在呢？

其实，一个双方无争议的起点概念，可能是"说服"（Persuasion）。但是，"说服"（Persuasion）这样一个更具普遍性的概念，往往并不仅限于逻辑论证的手段，往往还包括修辞等语言技巧，后者即有诉诸情感的因素。可能正是因为这种考虑，所以，首先提出这个论题的徐贲，才选择了"说理"这个概念，对说服的手段加以限定。但正是因为这个"理"字，使反对者曾宪皓没有把它当作一种说服手段，而把它看作客观真理。这是汉语的多义性造成的。

二、参与者层面的问题

如果仅仅因为论争双方对核心概念界定不一致而认为这是一场无效的论争，也未免失于简单。实际上，这场论争至少真实地反映了当代中国社会对于微博这种接近于全民化的交流技术工具在公共领域中的不同的价值判断。

---

① 徐贲：《再谈"微博"与"说理"》，《南方都市报》2011年12月6日。

它在一定程度上曲折地反映出"精英"与"草根"对于公共表达方式的不同的价值标准。

比如，画家陈丹青认为："微博还是一个不太成熟的空间，每个人并没有太多的主张，只有很多情绪。"[①]其中"不太成熟"的判断，与其说是指微博这种交流工具本身，不如说是指参与微博写作的庞大的社会人群。而"很多情绪"云云，不正是目前转型中矛盾多发的中国社会底层人群的真实写照吗？徐贲从微博的形式条件上着眼——即从工具的可能性方面进行评价；而陈丹青则从微博的参与者和参与文化方面着眼。但着眼于"对话"效果的消极评价是两人共同的。

简单说，"草根"更看重表达本身的实现程度；而精英更看重表达的效果。这是两个社会人群对微博的期待与评价不同的一个原因。

美国学者迈克尔·舒德森在研究"对话"与民主的关系时把对话分为"社交模式"和"解决问题模式"两种模式，各自有不同的目标、价值以及规则[②]。"社交模式强调情绪教养，对话伙伴应该培养精妙技巧，以开展新鲜活跃的谈话。相反，解决问题模式注重论辩"，"解决问题模式中，选手的能力在于说理"。这对于我们理解微博的说理功能有很好的启发作用。微博，业界称其为"基于社交关系的传播"[③]，在学术上被看作"社交网络"的一种，可能更适合"社交模式"的对话。但它现在被人们当作"解决问题的模式"的对话来使用，是有着当代中国社会的具体原因的：一方面由于当代中国底层社会公共表达的旺盛需求；另一方面由于微博在技术上是一个可能迅速穿越被政治体制所分割的言论通道，形成巨大的传播势能的途径。

这场论争的复杂性在于，其本身是难以通过"说理"即精英间媒体论争的方式解决的。一方面，在中国当代言论空间的现实条件下，微博介入社会公共议题，有着旺盛的社会需求，已形成巨大的客观存在。另一方面，对

---

① 陈丹青：《要对话，而不只是喊话》，《凤凰周刊》2012年第3期。
② [美]迈克尔·舒德森：《为什么民主需要不可爱的新闻界》，华夏出版社2010年版，第217页。
③ 刘兴亮：《微博的传播机制及未来发展思考》，《新闻与写作》2010年第3期。

微博社会功能的价值判断和其"说理"效果的事实判断，很难以"精英"和"草根"划分界线。实际上，在这论争的一方曾宪皓的文章，既体现了与"草根"相合的价值倾向，也同样体现出在知识结构上的精英素养和精英趣味（如以禅宗和理学知识作为论据）。

实际上，不仅支持微博具有较好说理效果的精英人士大有人在，而且在微博中进行说理的精英人士也大有人在。就在上述论争的同时，中国政法大学法学院副院长何兵发表文章，以粉丝超过124万的中国社会科学院于建嵘教授的微博和粉丝超过248万的经济学家许小年的新浪微博为例，力驳"微博像广告，要言词激烈，才能吸引眼球"的观点，这实际上是对徐贲"微博是好的说理形式吗？"这一质疑的间接回应。他指出，许小年的微博是"激情与理性的完善结合。眼光精准，文字优美，几乎篇篇精品。他用直白有力的文字，将复杂的经济现象和原理展现给读者。深入浅出，直逼人心"。他也承认："试图通过偏激的言词，增粉丝、博出位的人确实有，多是匿名博主。"他还用自己微博写作的心理经验，来说明"由于不可控制的潜在的对立面的存在，（实名）博主们不得不瞻前顾后，反复思量"[①]。

但是，我们注意到，徐贲与何兵，这两位对于微博的说理效果持有不同观点的作者，他们恰恰选择的是完全不同的对象和论据来支持自己的观点。也就是说，他们都有意忽略了不支持自己论点的论据。在一定意义上说，他们的论点在一定范围内有限度地各自成立——如果把他们对微博的全称判断限定到不同的微博参与者的话。在这个意义上，他们各自明示和隐含的全称命题则是武断的。

解决这个问题的有效手段，也许不是徐贲、曾宪皓的演绎推理，也不是何兵的简单枚举（归纳推理的简易形式），而是对微博文本进行非选择性的、较大样本的内容分析。从理论上说，必须首先确认普遍接受的说理因素及其语言表现；其次确立一个最小的说理过程的最低条件。才可能在非选择性

---

① 何兵：《他们走在微博上》，《南方周末》2011年12月8日。

的、较大样本的微博文本的内容分析中，得出一个由比例性数据支持的盖然性结论。

但是，考虑到微博使用者是一个比以往任何媒体的参与者都要大得多的群体，其中，不具备说理论证素质的人数与具有这种素质的人数差距极大。因此，上述较大样本的内容分析的结果，也不问可知。

这样，这个论题的背后，其实还有一个参与者素质的问题，即表达主体问题，而不仅是微博的传播技术条件和传播环境问题。

这个问题被美国芝加哥大学社会学系教授赵鼎新在一篇题为《微博争论为何难取得共识》的文章中触及了，可以看作是"微博是好的说理形式吗？"论争的延续和深入。

作者从微博的传播技术特征出发，认为：

> 从一定意义上说，在微博公共空间中，人们的表现会接近于勒庞所描述的"乌合之众"，他们一方面表现得特别不服从权威，另一方面又在操纵下特别容易对权威产生崇拜甚至盲从[1]。

这种从传播的技术特征和社会学角度做出的判断，是有相关研究案例支持的。有学者在对"药家鑫事件"中微博舆论的集群效应做出分析时就揭示出"相互感染""刻板成见"的特点，以及名人效应对微博舆论的影响[2]。

另外，赵鼎新的文章从微博议题的性质出发，认为：

> 既然微博上的许多讨论是在意识形态层面上的讨论，这些讨论就会服从意识形态权力的一些基本特性。与本文有关的意识形态权力的特性有两个。第一是意识形态层面上辩论出输赢的不可能性：两个信仰不同宗教的人士辩论，结果往往都会觉得自己赢了。除非用强制手段，简单

---

[1] 赵鼎新：《微博争论为何难取得共识》，《东方早报》2012年4月27日。
[2] 靖鸣、李珊珊：《微博舆论监督中的集群行为及其成因探析》，《新闻与写作》2012年第1期。

的说服是难以改变另一个人的价值观的。第二是价值观社会存在的自然多样性：一个人所持的价值观在很大的程度上是由他的经历和性格所决定，不同的经历和性格自然就会导致人们采取不同的价值观和对同一价值观作出不同理解[①]。

这样，原来由徐贲发起的关于"微博是好的说理形式吗？"的论争，就由微博作为一种交流渠道是不是一种好的说理形式的问题，变成了微博中特定的主体和比较集中的议题是不是可以通过说理的形式达到说服的目的的问题。

由此，我们也可以发现，原来"微博是好的说理形式吗？"这个论题，本身预设了隐在的范围。其实，微博本身并不是一种"说理的形式"，它只是说理可能借用的传播渠道。只是这个渠道有这样几个规定性：第一，主体特征的规定性，与其说是赵鼎新所言的"接近于勒庞所描述的'乌合之众'"，不如说是由于技术上比以往任何媒体表达更为广泛的接近性和由此产生的庞大参与人群，使得被精英群体看作是"乌合之众"的人群获得了与精英群体平等的表达机会。这本来就不是传统意义上适合说理的主体。第二，议题特征的规定性：比较集中于价值性的、意识形态的议题。这类议题本来就具有各自持有、各自表达，而难以相互说服的特点。

由此看来，仅仅从微博的传播技术特征，即作为传播渠道的硬件条件来谈微博的说理问题，本身就是有局限的。这场争议不仅仅是"形式"问题，而似乎更多的是"主体"问题和"内容"问题。

三、微博议题的可说服性问题

赵鼎新的文章在最后提出了另外一个问题："在不少话题上，微博中的讨论却又能形成巨大的舆论一致。这是为什么呢？"他将原因一方面归结为国家等"强制性组织"的影响；另一方面则归结为"一个时代性思维方式"，并

---

① 赵鼎新：《微博争论为何难取得共识》，《东方早报》2012年4月27日。

举例说:

> "女巫大量存在"曾经是欧洲社会的共识,二战后法西斯主义声名狼藉,"文化大革命"后极"左"路线和专制政治成了过街老鼠。这些都是时代性思维方式的例子。时代性思维方式往往是以前强制性社会行动的非期然性结果,它同时也必须有强制性或者是半强制性权力的支持才能长期维持[1]。

显然,作者认为微博中的"舆论一致"不会是说服的结果。他揭示了主流价值观背后的权力。这种认识倾向是具有批判性的。但它在强调显在的和积淀的"强制性"因素的同时,没有考虑到这样一种可能,即人类在历史实践和历史经验中所共同获得的认识进步。与此相应,完全否定价值性议题的可论证性的可说服性,也不太符合在价值哲学领域的学术共识。实际上,他谈到的"一个时代性思维方式",正包含着社会整体认识进步的方向性。它们不一定要靠强制性权力维持。而它们自身,当然可以作为说理论证的前提。

美国哲学家培里认为:"价值判断在形式上与其他判断并无不同。它有形成判断的结构和方式;有自己的标志、宾词和对象。它可以根据预言行动是否依据被指称的行动解释的理由而发生,分为真的或假的。"[2]

基于此,有学者认为:"价值的可知性、可评价性,说明价值有公共社会性、社会可通约性,这就为价值规范提供了前提。"[3]

这其实也是价值的可说服性、可论证性的基础。有学者阐述了"价值推理"的机制:

---

[1] 赵鼎新:《微博争论为何难取得共识》,《东方早报》2012年4月27日。
[2] R.B.Perry, *Genaral Theory of Value*, New York: Longmans, Green and company, 1926. 转引自李江陵《价值与兴趣:培里价值本质论研究》,中国社会科学出版社2004年版,第231页。
[3] 李江陵:《价值与兴趣:培里价值本质论研究》,中国社会科学出版社2004年版,第102页。

由于价值判断之间存在着一定的层级结构，因此，根据价值判断之间的层属关系等逻辑联系，从基本的、非派生的价值原理推导出非基本的、派生的具体价值判断，这无论在逻辑上还是在实践中，都不存在什么特别的困难[①]。

这从一个侧面论证了价值判断具有演绎推理的特点。

对于这种价值推理在传统言论中的应用，我国近代政论家杜亚泉曾以这样一段话清晰地阐述了其机理：

凡一民族必有共喻之信条焉：何者为是，何者为非，何者为善，何者为恶。经千百年之沿守，遂深渍于群众意识之中。言论家本此信条，为立论基础，其褒贬之善恶，即共喻之善恶；辨别之是非，即共喻之是非。用能以心相印，无有扞格。犹之法庭之裁判先有公布之法律为人民所承认，故其判决有效。又如物理算术，先有公例公式，以求他人之谅解焉。群众共喻之信条，乃言论界之法律及公例公式也[②]。

由此可见，同一个社会中，以普遍接受的主流价值观作为前提，在价值性议题中的说服，是可能的。"在生活与实践中，人们更是无时无刻不在进行着这种推理。"[③]至于此种说理在微博这种特殊载体上实现的效果，则是另外一个问题。这里只是说明，不能以否定在价值议题上说理的可能性作为前提来否定微博说理的可能性。

关于微博说服或说理效果的论争，实际上缠绕着传播载体、传播环境、表达主体和议题等多个因素，难以完全分开，也许不是媒体论争本身能够解决的，也不是纯粹的学术研究能够轻易解决的。它一方面取决于微博写作实

---

① 孙伟平：《价值与事实》，中国社会科学出版社 2000 年版，第 157 页。
② 杜亚泉：《杜亚泉文存》，上海教育出版社 2003 年版，第 185－186 页。
③ 孙伟平：《价值与事实》，中国社会科学出版社 2000 年版，第 172 页。

践的发展，取决于建立在写作实践和接受经验之上可能发生的观念更易。另一方面也取决于多种方法的深入研究。但是，这个议题的媒体论争本身和对其进行的学术研究仍然是有意义的，它们至少显示分歧与问题——社会的问题与学理的问题。实际上，正如杜威所言："除非我们把我们之间的一些重大分歧提出来并牢记在心里，否则我们就不能相互理解。"[1]揭示分歧正是相互理解的前提。在这些基础上才可能为重建共识拓宽道路。

本成果受到中国人民大学"985 工程"新闻传播研究哲学社会科学创新基地的支持。

作者：马少华，该文发表时系中国人民大学新闻学院副教授
原载《国际新闻界》2012 年第 12 期

---

[1] 杜威：《杜威文选》，社会科学文献出版社 2006 年版，第 322 页。

遴选意见

《对一场关于微博说理功能的分析》一文，敏锐地捕捉到一种新的媒介文本及其公共表达所引发的"说理功能"之辩，作者精简地梳理了各方的争议线索，提炼出其中隐而未彰的切要问题，为传理研究开示了新的治学空间和知识增长点。该篇论文的议题富含广谱的跨学科通识元素，其行文简而不薄，辩而不华，是一篇富有新意趣的应用传播研究思辨之作。

写作回眸

在日记中"生长"的论文

我是一名讲授新闻评论的普通教师。自己也做过多年的媒体评论员,写过多年的专栏评论。在近些年评论写作和教学实践中,我越来越感到:当代新闻评论或公共言论的主要特征,已不是自上而下的宣传教育,而是平等的主体之间的表达与说服。因此,我的教学和学术研究兴趣,就自然更多地集中在论证、修辞等说服的手段与效果方面。

这是我写作《对一场关于微博说理功能的论争的分析》一文的个人认识背景。正是因为这样,我对论争现象以及论争的手段、效果等问题就特别关注。

在评论教学岗位上,我还养成了一个学术的习惯:看到一篇文章,或是两篇观点对立的文章,往往会在学术日记中随手对其进行逻辑分析。

这篇论文正是这样在我的学术日记中逐渐生长的。

我查阅了一下,我是在2011年12月6日的学术日记中写下我在那篇论文中最初的观察与思考的。

这一天,美国加州圣玛利学院英文系教授徐贲在《南方都市报》发表《再谈"微博"与"说理"》,对曾宪皓的《微博正是好的说理形式》予以回应。曾宪皓的文章,则是对徐贲在12月1日《南方周末》发表的《微博是好的说理形式吗?》的回应。

我在这一天的学术日记中写道：

> 这一组关于微博说服功能的讨论非常有意义。但我觉得，微博是否适合于说理，抽象的论争也许不能解决问题，恐怕还要取决于具体的文本分析。
>
> 我认为，《微博正是好的说理形式》一文，实际上是用"理"来偷换了"说理"的概念，比如（他写道）：
>
> "理"可以是格物致知、条理思辨式的，但也可以直指人心、明心见性式的。因为理本身就在事实之中，当把事情摆出来，是可以一望即明，不消啰嗦的。微博让人们看见更多事，看懂更多理。
>
> 而实际上，这个论争中的核心概念，与其说是"说理"，不如说是"说服"（Persuasion）。但是，"说服"（Persuasion）往往不仅限于逻辑论证的手段，往往还包括修辞等语言技巧。可能正是因为这种考虑，所以，首先提出这个问题的徐贲，才选择了"说理"这个概念对手段加以限定。但正是因为这个"理"字，使反对者曾宪皓不把它当作一种说服手段，而把它把当作客观真理。这是汉语的多义性造成的。

此后，在2011年12月11日的学术日记中，我记下了徐贲前一天在《南方都市报》上的继续回应这个话题的另一篇文章《古代的"微博"》，并进一步观察和分析了它的逻辑路径。我在日记中写道：

> 作者显然是从说服的角度来认识微博的，但是，他明确划分了通过论证（提供理由）与通过修辞两种不同手段的界线，即把"说理"限定在通过论证来进行说服。
>
> 然而，尽管徐贲并不认为微博是好的说理工具，但他显然并未放弃对网络说理的期待。在12月8日这期的《南方周末》上，他有一篇文章《网络说理要变温和》……

此后，在2011年12月31日的学术日记中，我在记下前晚读迈克尔·舒德森著《为什么民主不需要不可爱的新闻界》第九章《为何对话并非民主之魂》所受到的启发时，也联想到了"微博说理"的论争。我在日记中写道：

> 他引述了自古罗马西塞罗以来各代哲人对对话的观点。尤其是其把对话分为"社交模式"和"解决问题模式"两种模式，各自有不同的目标、价值以及规则的论述，对于我们当今理解新闻评论乃至微博的说理功能（这正是最近徐贲先生引发的论争），都有很好的启发作用。
>
> 我觉得，微博从技术特征来看，是一种更适合"社交模式"的对话，但它现在被人们作为"解决问题的模式"的对话来使用，也是有其原因的。

在2012年2月16日的学术日记中，我注意到《凤凰周刊》2012年1月第3期陈丹青写的专栏文章《要对话，而不只是喊话》中专门谈到微博的观点。我在日记中写道：

> 继去年徐贲在《南方周末》上连续发表专栏文章对微博做出消极评价之后，陈丹青这是另一篇对微博的交流功能做出消极判断的文章。徐贲多从微博的形式条件上着眼——即从工具的可能性方面进行评价；而陈丹青多从微博的参与者和参与文化方面着眼。但着眼于"对话"效果的消极评价是两人共同的。

此后，又过去了3个月，我在2012年5月1日注意到当天《南方都市报》言论版的"推荐"栏目摘编自4月27日《东方早报》的文章《微博争论为何难取得共识》。作者为美国芝加哥大学社会学系教授赵鼎新。我觉得，这刚好是2011年底由徐贲在《南方周末》发起的关于"微博是好的说理形式吗？"论争的继续。故把它保存下来。

我在学术日记中分析了赵鼎新教授文章的理路，然后写道：

> 这样，原来由徐贲发起的关于"微博是好的说理形式吗？"的论争，就由微博作为一种交流渠道是不是一种好的说理形式的问题，变成了微博中特定的主体和比较集中的议题，是不是可以通过说理的形式达

到说服的目的的问题。

由此，我们也可以发现，原来"微博是好的说理形式吗？"的论争，本身预设了隐在的范围。微博本身并不是一种"说理的形式"，它只是说理可能借用的传播渠道。这个渠道有这样几个规定性：第一，主体特征的规定性，即赵鼎新所言的"接近于勒庞所描述的'乌合之众'"。这不是传统上适合说理的主体。第二，议题特征的规定性：比较集中于价值性的、意识形态的议题。这类议题本来就具有各自持有、各自表达的特点，而难以达到相互说服的特点。

由此看来，仅仅从微博的传播技术特征，即作为传播渠道的硬件条件来谈微博的说理问题，本身就是有局限的。这场争论不仅仅是"形式"问题，而似乎更多的是"主体"问题和"内容"问题。

正是在这一天，我才想到，可以把这场关于微博与说理的论争整体上整理、分析一下，写成一篇专栏文章，当然它后来写成了一篇论文。

我现在回顾这些学术日记的线索，是要以此说明：当一个观察对象确立之后，人们就会对与它相关联的思想资源产生更多的敏感。而思考，则会随着更多思想资源的加入而拓展、深入。内部思考的信息与外部摄取的知识信息不断交换，并通过联系和积累，逐渐形成方向，逐渐深化。

学术日记具有积累思考、推进思考的作用。这是清代学者做学问的传统方法，梁启超、胡适、钱钟书曾多次向人们推介过这种方法。我自己写学术日记已经有十多年。我的一些学术论文的选题和雏形几乎都产生于学术日记。它们有的在日记中"生长"了好几年才终于成篇。《对一场关于微博说理功能的论争的分析》是在日记中"生存"时间最短的。

当然，对于说服效果而言，仅仅局限于对作品文本层面的逻辑分析，是远远不够的。熟悉西方传播研究中说服研究的同行都知道霍夫兰的实证研究，说服研究似乎必然诉诸实证的方法。而这一点，无论从研究手段还是学术训练方面，都是我个人的局限。我对观点表达和说理论争的文本分析，至多是提出了实证研究的议题。我学术日记中许多这样的议题，都没有真正走到实证道路上，也大都没有结果。

正是因为我明白自己这种学术上的局限，当中国社会科学院新闻与传播研究所举办的2012年度全国新闻与传播学优秀论文评选活动从全国20000多篇论文的"海选"中把我的文章拔擢出来时，我才感到十分吃惊。论文遴选结果报告中对我的那篇论文的《遴选意见》，也使我惊喜地发现，我的这样一种基于教学的学术习惯得到了鼓励和肯定。

《遴选意见》说我的论文"敏锐地捕捉到一种新的媒介文本及其公共表达所引发的说理功能之辩，作者精简地梳理了各方的争议线索，提炼出其中隐而未彰的切要问题"。

我从这个评价中体会到的是：尽管新闻传播学研究的问题可能往往最终要诉诸较大规模的实证方法，但是，值得研究的问题本身，总是出自于敏锐的观察和思考。《遴选意见》实际上是对于我提出问题的肯定，尽管我的论文仅仅提出了问题。

深度报道生产方式的新变化
——深度报道记者QQ群初探

鞠 靖

鞠 靖
Ju Jing

作者小传

1973年2月生，江苏人。毕业于南京大学社会学系，现为《南方周末》资深记者。在媒体工作近15年，主要从事法治、时政、社会领域的深度报道。曾先后获"《南方周末》年度传媒致敬（2003年）"、阿拉善中国环境报道奖（2009年）。2009年，获选Asia Journalism Fellowship，在新加坡南洋理工大学访学；2015年，入选中山大学卓越记者驻校计划。在从事新闻报道之余，主要从事调查报道方面的研究和教学工作。2012年至2014年兼任南京大学金陵学院传媒学院副院长。

深度报道生产方式的新变化
——深度报道记者QQ群初探

鞠 靖

内容提要：

本文以深度报道记者的QQ群为研究对象，探讨这一深度报道记者交流形式的发端、功能、作用机理。作者认为，深度报道记者QQ群不仅仅是深度报道记者之间保持沟通和协作的工具，而且直接影响了深度报道的生产方式，重塑了深度报道记者在产业链中的身份，并且有可能成为构建深度报道记者职业共同体的第一步。

关键词：深度报道记者　QQ群　虚拟社区　职业共同体　新闻生产方式　媒体协作

一、深度报道记者QQ群的概况

本文所探讨的深度报道记者QQ群，特指由深度报道记者为主创建、群成员绝大多数是以从事深度报道、调查报道、舆论监督报道、异地监督报道为主的记者的QQ群。由于中国深度报道记者数量有限，因此，深度报道记者QQ群的数量并不多。事实上，对于深度报道记者们来说，他们经常参与的QQ群往往和人数多少、是否活跃并非密切相关，甚至于连这个QQ群的名字中是否包括"记者"二字都不重要。目前，深度报道记者比较集中的QQ群如"小刀""蓝衣""东八区"，字面上都看不出与媒体工作者相关，但却是深度报道记者最常使用、有效性也非常高的QQ群。

一般而言，记者QQ群创建者的身份、目的十分复杂，由此建立的QQ群也十分多元。比较常见的种类有：

1. 由具有正式身份的记者创建的QQ群，如"深度报道记者群""小刀""蓝衣""东八区"等。

2. 由非正式的记者或者非记者创建的QQ群，如"律师媒体俱乐部"是由一名律师创建，像鲁宁平、葛树春等民间职业爆料人也建有自己的QQ群。

3. 由公关、广告等广义的"媒体人"创建的QQ群，其对广告、公关的诉求目的性更为明确。尽管还没有详细的统计，但可以肯定的是，这样的广告群数量巨大。

与后两种QQ群不同，深度报道记者QQ群建立的初衷，是帮助职业记者交流信息、完成采访。这样的QQ群往往是几位平常联系比较密切的记者发起组建，并在各自的交往圈中介绍、吸收新的成员，往往成员之间相互比较了解、信任，共同语言较多，尽管创立之初以完成工作为目标，但是随着交流增加，完成工作的功利性逐渐降低，情感交流等其他功能的重要性逐步提高。

综合考察上述三种QQ群，不同的QQ群，人们加入的方式和路径存在差别，而其难度也完全不同。

一般而言，要加入一个以深度报道记者为主的QQ群门槛相对比较高、难度比较大。除非是由已有的成员邀请或介绍加入，一个新进者的加入往往需要经过相对比较严格的验证过程。首先，申请加入者必须告诉群管理员自己的真实姓名和供职单位，管理员会借助百度或者谷歌等搜索工具进行搜索。如果搜索结果和申请者的描述不符，或者申请者发表的报道的数量和性质与群的定位不符，管理员会拒绝其加入。其次，管理员会在群内询问其他群成员是否认识或者了解这位新加入者，如果得到的结果是否定的，申请者即使已经被批准加入，也会被立即清理出群。最后，群成员往往被要求修改"群名片"，以真实的供职单位和姓名示人，这样，即使有人利用管理员的一时疏忽进入群，也会很快被发现。

二、深度报道记者QQ群的发端

深度报道记者QQ群的出现，既是深度报道这一特殊新闻报道类型的需要，又是中国新闻生产环境和互联网技术发展相结合的产物。

首先，客观上，深度报道记者需要借助各种手段缩短自己和报道领域、消息来源之间的距离。

如果按照报道内容和日常工作方式来对记者这一职业进行分类，通常情况下，可以把他们分成条线记者和综合记者。中国从事深度报道的记者绝大多数都是综合记者，其中的含义包括：

1. 由于报道性质和报道领域的限制，在物理空间上，他们的报道范围经常是陌生的；

2. 在人际关系上，他们报道的对象往往不在自己日常交往的范围内；

3. 在知识领域，他们的报道内容往往是他们不常接触的。

比如，在《南方周末》这样的全国性新闻周报中，综合记者占多数，即使有个别记者有自己的专属条线，也是长期自发形成而非制度性的。

同样的情况即使在美国也同样存在。赫伯特·甘斯对美国《新闻周刊》《时代》周刊的研究也表明，全国性的新闻工作者——我怀疑也包括地方性的新闻记者——只是在一个相对小而狭窄的消息来源集合体中腾挪辗转。而在这个集合体中，那些与他们保持经常性接触的人占大多数[①]。

如果说进入网络时代，通过搜索工具和借助外脑，深度报道记者能够快速弥补知识和背景的缺陷，那么，对于消息来源，他们就必须借助更加多样的手段来发掘。

其次，中国特殊的新闻生产环境决定了深度报道记者之间有交换信息乃至建立自己虚拟社区的需要和可能。

这里所说的中国特殊的新闻生产环境也包括几层含义：一是中国幅员辽阔，不仅地理环境，而且在风土人情习俗和历史沿革上有巨大的差异；二是中国的新闻管理制度和信息公开现状，决定了记者获取特定信息的难度；三是本地记者在报道本地负面新闻或舆论监督类新闻时往往受到各种限制；四是具有中国传统文化背景的人际关系贯穿于社会生活的方方面面。

由于上述原因，对于从事深度报道的记者来说，他们不得不经常面对这样的情况：必须远离自己熟悉的地域，进行异地采访报道；必须设法突破异地既有的信息封锁；必须克服社会关系的局限，拉近和消息来源的距离；必须在尽可能短的时间内弥补知识背景上的差距。

而在另一方面，对于那些掌握消息来源和采访资源的本地条线记者或深度报道记者来说，由于报道本地负面新闻受到限制，他们有输出手中资源的主观意愿，而这种意愿的强烈程度取决于新闻本身在其个人价值判断中的结果和位置。这种价值判断可能基于个人的新闻职业理想和职业伦理，也可能基于个人利益的需要，比如新闻事件的当事人与记者个人利益直接相关。

对于双方来说，他们所缺少的是联系彼此的纽带，深度报道记者需要及时找到本地同行，而本地记者则需要找到对自己掌握的资源感兴趣的外地深

---

① [美]赫伯特·甘斯：《什么在决定新闻》，石琳、李红涛译，北京大学出版社2009年版，第157页。

度报道记者。

最后，互联网技术的发展，使得建立一种既能迅速发现彼此、又能在一定范围内保密的社交关系成为可能。

如前所述，外地深度报道记者与本地同行记者之间的联系早在20世纪90年代就已经十分频繁。例如2001年广西南丹矿难发生后，广西媒体都不敢掀开黑幕，于是《广西日报》有人想到了当时供职于《羊城晚报》的赵世龙，打电话把有关消息告诉了他。第二天，他就飞到南宁，采访了参与前期暗访的多家媒体的记者，并在第三天发表了《大水淹了南丹七个矿》，率先报道了南丹矿难[1]。

在互联网出现之前，这种彼此联系更多是依靠长期互动建立起来的私人关系，具有点对点的特征。进入异地采访的记者，要么是在当地早有朋友，要么是通过其他朋友的介绍去结识新的朋友，具有相当的封闭性。相对而言，这种联系方式对于掌握信息一端的人来说更加主动和便利。而对于深度报道记者来说，一旦在自己现实世界的朋友圈中无法得到反馈，整个联系纽带就会中断。

在互联网出现之后相当长的一段时间里，网络论坛（BBS）一度成为记者之间彼此交流的方式，其中比较典型的是西祠胡同（www.xici.net）中的"记者的家"讨论版。由于其成员多数是全国各地的记者，因此这里成为同行信息交流的重要场所。但是类似的讨论版不可避免地受到两个因素的制约：一是由于同行之间存在竞争，记者们往往不愿意在讨论版中发出求助信息，唯恐引起其他同行的关注；二是由于讨论版具有开放性，参与其中的成员的真实身份很难掌握，人们担心在其中讨论新闻报道的信息会引起被报道对象或新闻管理部门的关注，使新闻报道夭折。而那些为记者提供信息或其他帮助的人，也担心在这一过程中暴露身份，引发报复。这使得BBS更多地充当了新闻业务研讨的阵地，而非新闻信息交流的场所。

---

[1] 赵世龙：《调查中国——新闻背后的故事》，中国方正出版社2004年版，第61－62页。

正是新闻信息供需双方对于沟通有效性和保密性的双重需要，才直接导致了调查记者QQ群的诞生。

三、深度报道记者QQ群的功能

深度报道记者QQ群的功能很广泛，包括投诉报料、通报信息、发布招聘信息、开展业务互助、娱乐消遣、生活帮助，等等。具体到新闻生产上，深度报道记者的QQ群在提供新闻线索、寻找采访对象、远程核实事实、实现组团采访、共同应对外部压力上都经常性地发挥作用。在这中间，对于新闻线索、信息来源的交流是建立QQ群的根本出发点，也是最重要的功能。正如美国学者德尔默·邓恩所言："记者唯一重要的手段，就是他的新闻来源，以及他如何利用这些新闻来源。"①

通过近两年发生的一些典型案例，有助于我们更直观地了解深度报道记者QQ群的功能。

案例1：现任中共云南省红河州委宣传部长伍皓，从担任新华社云南分社记者开始，就以"云南。伍皓"的网名加入了包括"深度报道记者群"在内的多个深度报道记者QQ群，但直到他转任中共云南省委宣传部副部长，才真正引起QQ群中成员的关注。作为一名善于使用互联网工具的宣传官员，伍皓是QQ群中的活跃者，和群成员保持着密集的互动，包括介绍云南、交流信息，甚至为前往云南采访的各地记者提供各种便利，这也使得拥有官员身份的伍皓得以长期保留在QQ群中。

案例2：2010年1月19日，多个深度报道记者QQ群中传出消息，新华社《瞭望东方周刊》记者周范才在广西阳朔采访时，被荔浦县公安局强行带走，在出示了相关证件之后，荔浦警方仍坚持现场手写"拘传证"，将周范才从阳朔带到荔浦。接到这个消息，QQ群成员迅速行动，一部分人设法和周范

---

① [美]迈克尔·舒德森：《新闻社会学》，徐桂权译，华夏出版社2010年版，第179页。

才所在单位及同事联系，核实信息；一部分记者利用自己掌握的资源搜集荔浦警方相关人员的信息。在确认信息的真实性并得到荔浦县公安局相关负责人的联系方法之后，众多媒体记者开始频繁地给包括荔浦县委书记在内的相关负责人打电话，了解案情、敦请维护记者权益，共同给当地警方施加压力。20日凌晨1时，周范才恢复自由并被送回阳朔。与此相类似的情况，在2010年7月《经济观察报》记者仇子明被通缉事件中也出现过。

可见，在广泛的意义上，深度报道记者QQ群具有精神鼓励、技术交流、资源共享、遇险互助、行业自律等功能。互联网社会学研究者巴里·威尔曼（Barry Wellman）和他的同事的研究发现，互联网使用者基于共同的兴趣和价值加入网络或线上团体，既然人都有多种兴趣，在线上的成员身份亦复如是。随着时间流逝，许多原本是工具性而且专属化的网络，最后会提供个人实质上和情感上的支持[1]。由于记者群体在中国社会结构中所处的特殊位置，这个群体与公权力、普通民众之间的冲突和互动是频繁的。在这一过程中，深度报道记者QQ群在凝聚群体、整合力量、维系稳定上发挥的作用不容忽视。

一个可以对此加以解释的工具是"群体内聚力"。群体内聚力是指群体对其成员、群体内成员彼此之间的吸引力，这种吸引力达到一定程度时，就可以说这个群体是具有内聚力的群体。影响群体内聚力强弱的主要因素包括工作任务的目标结构、群体的领导方式、群体内部的奖励方式、群体内的人际关系、外界影响、群体成员的个性特征以及群体规模等，具有强内聚力的群体特征为：领导与其成员之间的关系比较协调，成员参与共同活动，成员之间经常沟通，经常给予群体内其他成员以肯定评价，成员满意度高，成员的士气高昂[2]。

在拥有深度报道记者QQ群之前，深度报道记者之间尽管有沟通、交流以及共同活动，但往往只能局限于小范围中，并且以具体新闻报道为主要话题，其沟通的经常性、话题的多样性、共同活动的规模性都十分有限。深度

---

[1] [美]曼纽尔·卡斯特：《网络社会的崛起》，夏铸九等译，社会科学文献出版社2003年版，第444页。
[2] 《中国大百科全书·社会学卷》，中国大百科全书出版社1991年版，第224、90页。

报道记者之间竞争的关系大于合作，由于交流不畅，他们对信息的需求往往无法得到满足，从而影响了群体的整体评价。在拥有了深度报道记者QQ群之后，这一切发生了明显的变化。

尽管目前还缺少关于中国深度报道记者相互选择的实证研究，但非常直观的是，自从有了深度报道记者QQ群，以往在线下以及BBS论坛上频次很低的相互联络和沟通变得频繁多了，而彼此沟通的内容也大大丰富，远远超出了信息求助和帮助的范畴。

四、深度报道记者QQ群的意义

深度报道记者QQ群的出现，首先使得深度报道记者职业共同体的出现具有了某种可能。

西方主流观点认为，在西方，社会职业共同体只有两种：法律职业共同体和医生职业共同体，有的还加上教师。其主要认同的标准是，这两个群体受过难度很高的比较一致的职业训练，拥有一套独特的话语体系，有着独特的利益诉求和价值观、伦理观。而记者以及其他普通知识分子，首先在职业训练的难度上既不算高，也不一致[1]。

有的传媒人也认为：在媒体分类上，恐怕我们有全世界媒体行业最为复杂的分类标准。这种相当复杂的层级划分和分类，背后是复杂的权力格局，承担的是不同的传播功能，体现的是不同的利益机制，形成的是四分五裂的媒体从业人员结构，生产的是五花八门的媒体产品。在此基础上，很难想象会有基本行业共识的产生，会有核心价值观的形成。更难想象会产生对共同公共命题的同声相应同气相求[2]。

但正如《南方周末》从事深度报道的记者傅剑锋所分析的，在深度报道

---

[1] 傅剑锋：《对新闻职业共同体的愿景》，载南方日报出版社《南方传媒研究》，南方日报出版社2010年版第26辑。
[2] 石扉客：《反暴力是构建媒体职业共同体的最大公约数》，载南方日报出版社《南方传媒研究》，南方日报出版社2010年版第26辑。

记者这个群体中，从理论上说，存在构成共同体所需要的条件：

1．有难度很高的较为一致的训练或从业经历。他们所受到的限制，以及生存与安全的压力，远大于西方调查记者，他们不是简单地依靠勇气和激情，还有成熟的、高度智能化的技艺。

2．有共同的外部压力与威胁，这种外部压力也促使深度报道记者需要有一个共同体成为他们的庇护所。他们是记者中最需要有共同体作为家园的群体，以抵抗精神上的不安。

3．有初步的共同利益、伦理标准和价值标准[①]。

深度报道记者QQ群的出现实际上是验证了学者展江的一个判断："如果说媒体的强项是大众传播——向大众海量输送信息和理念，那么媒体作为共同体的第一步，恐怕是在媒体界开展有效的组织或群体传播——培养、扩散共享价值观和在特定的事件中发出维权之声。"[②]

深度报道记者的QQ群毫无疑问已经迈出了深度报道记者职业共同体的"第一步"，事实上，由于QQ群的存在，使得深度报道记者职业共同体不再仅仅是"想象的共同体"。

其次，深度报道记者QQ群的出现，直接改变了深度报道的新闻生产方式，其中最大的变化是"合作"的出现。

作为一个社会学术语，"合作"是指个人与个人、群体与群体之间为达到共同目的，彼此相互配合的一种联合行动。成功的合作需要具备的基本条件主要有一致的目标、统一的认识和规范、相互信赖的合作气氛、具有合作赖以生存和发展的一定物质基础。在诸条件中，必要的物质条件（包括设备、通讯和交通器材工具等）是合作能顺利进行的前提，空间上的最佳配合距离，时间上的准时、有序，都是物质条件的组成部分[③]。

---

① 傅剑锋：《对新闻职业共同体的愿景》，载南方日报出版社《南方传媒研究》，南方日报出版社2010年版第26辑。

② 展江：《新闻职业共同体呼之欲出？》，载南方日报出版社《南方传媒研究》，南方日报出版社2010年版第26辑。张志安：《记者如何专业》，南方日报出版社2007年版，第251页。张志安：《新闻生产的变革：从组织化向社会化——以微博如何影响调查性报道为视角的研究》，《新闻记者》2011年第3期。[美]尼尔·波斯曼：《技术垄断：文明向技术投降》，何道宽译，北京大学出版社2007年版，第41页。

③ 《中国大百科全书·社会学卷》，中国大百科全书出版社1991年版，第224、90页。

在有QQ群之前，深度报道记者之间的合作往往缺少必要的物质条件：信息的需求者无法及时发现信息的提供者；深度报道记者由于缺少经常、有效的沟通而彼此陌生，缺少必要的信任感；由于信息提供者和需求者之间缺少共同的旨趣和约束，双方很难有共同认可的行为规范。

但在有了作为一种群体内沟通形式的QQ群之后，上述问题都在一定程度上得到了解决。其中最为重要的一项进步是，由于加入深度报道记者QQ群的成员往往既要通过身份验证，又要经受同行口碑检验，其身份的真实性得到了很大的保证，其行为规范面临更为明确的约束，这对于提高合作的效率是一项重要保证。

一旦合作成为一种可能，发挥合作的力量就成为常常面临采访困境的深度报道记者的必然选择。《三联生活周刊》副主编李鸿谷说："一个好记者有几方面要求：第一是人际资源，第二是技术资源，第三是思想资源。这三个方面，或许是超越的基础。"QQ群的出现，无疑是对记者人际资源、思想资源的一次拓展。

最后，正因为"合作"的出现，QQ群使得参与其中的深度报道记者的身份常常发生很大变化。

通常情况下，按照性质不同，合作可以分为同质合作与非同质合作，前者是指合作者无差别地从事同一活动；后者是指为了达到同一目标，合作者有所分工，如按工艺流程分别完成不同工序的生产。

由于媒体对一个选题往往只派一名记者、同行之间又存在事实上的竞争关系，因此同质合作并不适合于深度报道。非同质合作占据合作的主流，这时候，深度报道记者不再是单纯的采访者，在特定的新闻事件采访中，他们会重新进行分工，各自扮演不同的角色。这种情况，在重大新闻事件中表现得尤为突出。

例如，在2011年云南盈江地震报道中，几个深度报道记者QQ群中曾经出现了成员的广泛参与和自发分工：一部分人负责收集各媒体赶往地震现场的记者名单和联系方式，以方便同行在一线互相联络、互相帮助；一部分人负责收集和通报救援队、医疗队等社会各界赶赴现场的资料和信息，以帮助在一线的同行扩大信息收集面，并在必要的时候寻求帮助；还有一部分人则在微博等社交媒体上发布记者赶往一线的信息，以获得社会各界的支持，为前往一线的同行提供精神鼓励。

参与这一过程的人虽然本身都是深度报道记者，但是由于各自职责的不同，在自身职业精神的驱动下，自发地进行了分工。那些未被自己供职的媒体派往地震现场的记者，主观上有意愿在此类报道中发挥自己的作用；那些被派往现场的记者，又受到信息沟通不畅的制约，客观上需要信息的补充和协调。这种分工和协调本应由各媒体来承担，但事实上，由于受到体制、机制和利益的制约，媒体自身缺位了，QQ群及时填补了这项空白。

如果将QQ群视作媒体协作的一种形式，那么必须要说，这种形式本身也有一个发展和演变的过程。在互联网诞生之前，这种协作更多是以现实社会中个人点对点联系的方式存在。在互联网之后，又经历了从BBS到QQ群演变的过程。影响这一切的决定性因素都是技术变革。事实上，即使是QQ群自身也在随着技术的发展而变化，在"群共享"这个功能出现之前，成员在QQ群中更多的是即时询问某个采访对象的联系方式，但是"群共享"出现之后，群中的主要成员往往会将自己的采访资源交给大家随时共享，这使得群成员之间的合作和互助变得更加经常和有效。这恰恰是技术变革影响新闻生产方式的一个重要表现。值得重视的是，微博的出现将给新闻生产方式带来新的变化。

无论是BBS、QQ群还是微博，对于新闻生产来说，其缺点和优点都一样鲜明。在BBS上，记者之间的有效互动比较少、保密性比较差、效率比较低下；QQ群信息庞杂、议事混乱，虽有一定的效率，但是这种效率受到多种不可控的因素影响；微博则会牵扯使用者过多的精力，对于工作繁忙、任务繁重的记者来说，这是一个很重的负担。

从一个更大的范围看，记者也同样面临着尼尔·波斯曼在《技术垄断》中描述的状况：我们像魔术师的学徒一样，在信息洪流中被冲得晕头转向。……在技术垄断盛行的环境里,信息和人的意旨之间的纽带已经被切断了。也就是说,信息杂乱无章地出现,并不指向具体的人,数量难测、速度惊人。但从理论、意义或宗旨上看,却是断裂分割的。

在现有的条件下,记者必须善于综合运用包括线下、BBS、QQ群、微博在内的多种协作方式,才能适应形势的迅猛变化。

作者:鞠靖,该文发表时系《南方周末》资深记者,
南京大学金陵学院新闻研究院副院长
原载《新闻记者》2012年第1期

遴选意见

《深度报道生产方式的新变化——深度报道记者QQ群初探》一文以深度报道记者的QQ群为研究对象，探讨了这一交流形式的发端、功能与作用机理。作者对深度报道这一传统文体在网络时代的生产特点作了比较到位的探讨，力图揭示记者从工具理性到人文理性转变的内在联系。论文提出的深度报道记者QQ群直接影响了深度报道的生产方式等观点，赋予了深度报道研究以新视角和新方法，为新闻学的个案研究提供了一个鲜活的标本。

写作回眸

把新闻实践"翻译"为理论的尝试

《深度报道生产方式的新变化——深度报道记者QQ群初探》一文,起源于2011年6月12日在复旦大学举办的"新媒体研究"圆桌论坛。那次论坛由"文化繁荣与新媒体发展"上海市社会科学创新基地和《新闻记者》杂志社主办,复旦大学新媒体研究中心承办,主题是"数字化时代的调查性报道"。在这次活动上,当时还在复旦大学的张志安发布了《中国调查记者行业生态报告》,"互联网、调查记者与职业共同体"也成为当期研讨的主题之一,一些长期从事调查报道的媒体从业者被邀请在这次论坛上分享自己的从业经验,其中包括曾经在《财经》《21世纪经济报道》等主流媒体长期从事深度报道的资深记者。

那时,我已经在一线从事了近10年调查报道,并且也在南京大学金陵学院兼任教职,有了一定的时间对调查记者的工作机制、行业生态进行思考,在此之前,多次和张志安进行过这方面的交流,因此,张志安也邀请我参加这次论坛并作一个发言。从我自己的从业经验,结合这次论坛的主题之一"互联网、调查记者与职业共同体",我决定谈一谈对调查记者QQ群的认识。

事实上,当时调查记者QQ群已经存在了近10年时间,这在调查记者群体中几乎是个基本常识,但在外界,对此却几乎一无所知,即使有所耳闻,对它的运作也十分模糊，这从一个侧面反映出业界和研究者之间的某种隔阂。

在调查记者们眼中，调查记者QQ群是一个和空气一样的存在，他们的工作离不开这个工具，但同时调查记者们对它又缺少主动和必要的认知。我的专业背景是社会学，我的知识结构告诉我，调查记者QQ群不仅仅是一个已经成为习惯的工具，还是调查记者所处环境的产物，同时也能够直观地反映这种环境本身。因此，我觉得对调查记者QQ群进行必要的研究，既是可能的，也是有学术意义的。

我个人对QQ群的理解更多地起源于新闻的职业共同体，关于这个"职业共同体"是否真实存在，有很多的争论，但如果要和其他行业比较，新闻工作者可能是更容易产生职业共同体的一个群体。在QQ群之前，这种"类共同体"曾经以各种BBS的形式存在，比如：西祠胡同"记者的家"；2002年前后，"深度报道记者联盟"这样的QQ群开始大规模地出现。随着技术、环境的演变，工具的作用不断演化，以QQ群为例，起初大家只是互相认识一下，互相交流一下采访的信息和线索，后来随着QQ群群共享、群论坛的开发，在QQ群共享信息和资料成为了可能。

其实，我的本意并不是单纯地讲QQ群，我更希望讲新闻生产上的职业合作，这也是中国式调查报道所特有的，业内需要通过合作来弥补信息鸿沟，完成工作。在社会学的概念里，合作成功需要有一致的目标、统一的认识和规范、相互信赖的合作气氛以及实现这种合作的物质条件，QQ群就是这种条件的一个组成部分。

和人类的其他社会行为一样，对QQ群的使用本身就是对所处制度的反映。从狭义的角度来说，举个例子，像《南方周末》《财经》这样的媒体，他们的记者不太会在QQ群里问谁有线索，而都市报这样做的几率就高一些，这就是一种制度的反映。

在那次论坛结束之后不久，张志安向我提出，可以将这次论坛的发言整理出来发表，这也得到了《新闻记者》刘鹏主编的支持，于是有了《深度报道生产方式的新变化——深度报道记者QQ群初探》一文。

在那次论坛上，主办方给我安排的时间是20分钟，但我没能在20分钟内讲完我的内容。事实上，一旦进入这个话题，我发现自己实际上在扮演一个翻译的角色——行业之外的人们从来不曾意识到有这样一种工具的存在，而经常使用这种工具的记者们从来没有考虑过这种使用行为所包含的社会意义，当然，更重要的是，这种工具本身正随着科技进步、环境变化而发生着变化。在发表这番讲话的时候，微博正在消解QQ群的功能。4年后的今天，微信和微信群则已后来居上。但无论技术如何演变，调查报道生存的环境、这些技术得以被使用的先决条件其实并没有发生根本性的变化。从这个意义上说，超越技术本身，提炼出工具使用的社会学意义，可能具有更大的学术价值。

正是出于这样的认识，我后来决定在这篇论文的基础上继续研究，并选择用"社会资本"理论为框架，分析深度报道记者的社会交往行为，于是有了我的硕士学位论文《深度报道记者以行业QQ群获取社会资本的模式分析》。

节目测评标准的效用与局限
——兼谈节目测评标尺应用与建设的制度创新

吴叔平

吴叔平
Wu Shuping

作者小传

1953年5月生。管理学硕士，高级经济师。上海百研企业管理咨询有限公司总经理。曾任职国企、政府。有丰富的企业运作和政府宏观经济管理方面的经验，主持策划过几十家大型企业的咨询项目，并担任项目总监。1986年起，在《解放日报》《经济管理》《企业管理》《中国广播影视》《中国广播电视学刊》《南方电视学刊》等报纸、核心刊物发表了十几万字的企业管理、经济管理、媒体管理方面的论文。对公司治理与企业有效经营有较深的研究，所著《股权激励——企业长期激励制度研究与实践》《股权激励实务》《电子商务的价值链与赢利模式》在业界具有一定影响。

节目测评标准的效用与局限
——兼谈节目测评标尺应用与建设的制度创新

吴叔平

内容提要：

电视节目的测评标准与评估是长期困惑中国电视界的一大难题。业界与学界近年对以综合评估体系补单一收视率评价方法之不足已有诸多探索。以百研咨询多年的行业服务体会，三类节目受众测评标准——收视率、央视综合评价体系、博雅奖评价体系均具有合理性与局限。引入交易成本可帮助我们更完整地认识外部标准（收视率）与内部标准（综合评价体系）的互补性及"社会合理"与"经济可行"之间的均衡。媒体应该从市场需求信号的角度研究受众测评标尺的演进趋势并制定竞争对策。完善节目测评标准建设，发挥其激励媒体的积极作用，需加强外部与内部的制度创新。

关键词： 电视节目　测评标准　交易成本

一、电视节目三类测评标准的功能及其交易成本

为方便比较，笔者把目前业界与学界关注的三类测评标准的数据获取方法及其功能与特征列表（见表1）：

表1　三类节目测评标准

类别	比较项		数据获得方法	功能	特征
收视率（收视份额）			1. 日记法 2. 测量仪法 3. 回路数据采集	广告定价数据（市场激励数据）	第三方提供的公信力商品
央视栏目综合评价体系	一级指标	二级指标			
	引导力（20）	引导力（20）	专家调查 观众调查	内部激励依据	整合市场导向与组织导向
	影响力（25）	公信力（10）			
		满意度（15）			
	传播力（50）	收视目标完成率（10）	收视率调查		
		观众规模（20）			
		忠诚度（15）			
		成长趋势（5）			
	专业性（5）	专业品质（5）	专家调查		
中国电视满意度博雅榜评选标准	创新能力		基于网络引擎加语义分析软件所作的观众满意度调查结果	外部激励依据	社会组织提供的美誉度测量产品
	文化品位				
	社会价值				
	人际口碑				
	总体印象				

由于三类测评标准的获取及其功能的不同，其交易关系与交易成本存在明显差异。

1. 收视率的交易关系与交易成本

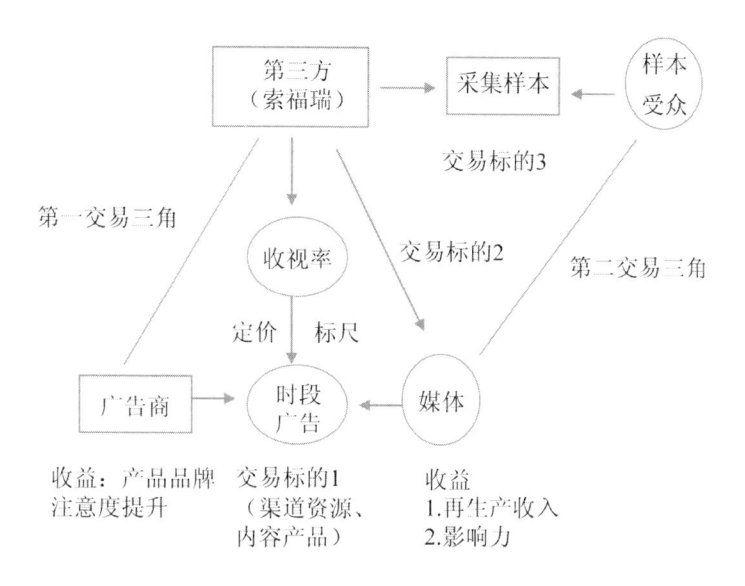

图1 收视率交易关系与交易成本示意

由图1可知，收视率存在两个交易三角，并由此说明收视率为何产生、如何产生及其功能关系。

在第一交易三角中，交易首先发生在广告商与媒体间，交易标的是时段广告，其背后是媒体的渠道资源与内容产品及收视观众的消费价值的叠加。由于交易需要市场认可的统一定价标尺，而受公信力与成本的约束，这对交易关系中的任何一方都不可能提供定价标尺，必须由第三方服务中介提供，这一定价标尺就是收视率。于是就有了发生在第三方收视数据测评机构和媒体之间的第二层交易关系。其交易标的为时段广告的定价标尺——市场中受众注意力测量的加总分析结果——收视率数据。这两层交易关系构成了"媒体—广告商—第三方数据测评机构"之间的第一交易三角。并由此揭示了收视率的基本属性——受众注意力测量加总分析结果。

第二交易三角也存在二层交易关系：其一，发生在第三方数据测评机构与样本受众之间。交易标的为采集样本；其二，发生在第三方数据测评机构与媒体之间，交易标的为收视率数据。显然这层交易关系与第一交易三角的第二层交易关系发生交集，由此可以用以下公式表现收视率交易可持续存在的经济可行性与市场合理性。

公式1：

第三方交易收益≥数据产品生产成本（外部采集＋内部加工分析）

此时数据生产得以维系。

公式2：

媒体广告交易收益＝广告收入－数据交易成本－内容生产总成本≥0

公式2可变为公式2'：

广告商广告支出＝媒体内容生产总成本＋测评数据外购成本＋媒体生产盈余

公式2表明，当媒体在其他收入为零或很小时，具有减少测评数据外购成本的本能。进一步，公式2'表明，在满足对收视率作为广告定价依据的基本功能前提下，广告商与媒体均只愿为受众注意力测量结果买单，而不会为节目导向与美誉度等难以作为广告定价测度的指标支付额外的交易成本。

2. 央视栏目综合评价体系的交易关系与交易成本

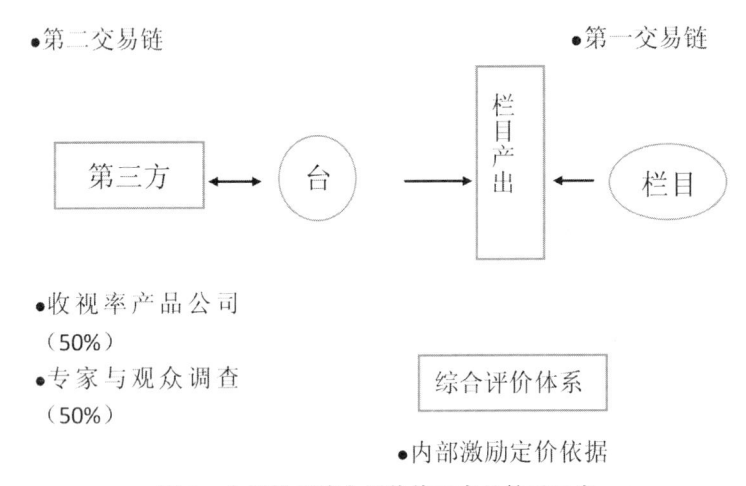

图2 央视栏目综合评价体系交易关系示意

图 2 表明，央视综合评价体系存在两组链式交易关系：

其一发生在央视与栏目之间，交易标的是栏目节目，定价依据是"栏目综合评价体系"（见表 1）。

其二发生在央视与多个第三方之间，交易标的是收视率数据及专家与观众调查数据。并由此整合成"栏目综合评价体系"。其中 50% 的评价指标来自于第三方的受众注意力测评结果，另 50% 部分的评价指标属组织对栏目节目生产的要求。这部分个性化的节目测评指标的构建与应用之所以通过内部交易完成，其原因在于：(1) 外部交易成本过高；(2) 对这部分交易支付成本无法获得边际收益，即广告商不会为这部分非受众注意力测评结果加价。

采用内部综合评价体系的交易均衡可用以下公式表示：

综合评价管理收益（组织期望值）≥管理投入成本（多元导向数据成本 + 管理成本）

3. 博雅榜评选形态与成本

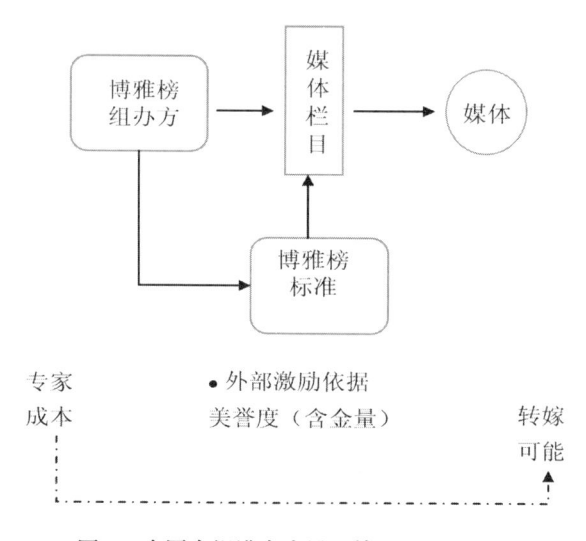

图 3 中国电视满意度博雅榜评选形态示意

博雅榜评选是单向交易形态，组办方设置评选标准（见表1），根据网络数据分析和专家评选，确定入榜媒体名单。

博雅榜评选的交易均衡可用以下公式表示：

社会价值（电视满意度示范效应）≥组办方成本

但要提警的是，博雅榜只有维系其完全公益性而不向参评媒体转嫁任何成本，其公信力与影响力才得以逐年提升。

笔者认为，引入交易成本的意义，在于可使媒体关注节目测评的市场标准（收视率）与内部标准（内部综合评价体系）的互补，以及经济合理与社会价值之间的均衡，其关系如图4所示。

单一收视测评：外部经济可行

多元指标测评：外部经济不可行

互 补

内部综合评价体系

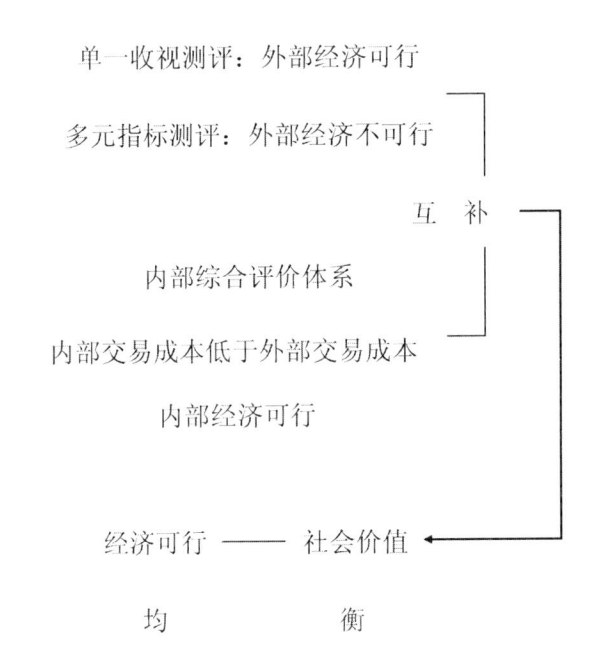

内部交易成本低于外部交易成本

内部经济可行

经济可行 —— 社会价值

均　　　衡

图4　节目测评的互补与均衡关系

图 5 是百研近年为行业中诸多媒体提供服务及行业研究心得示意。

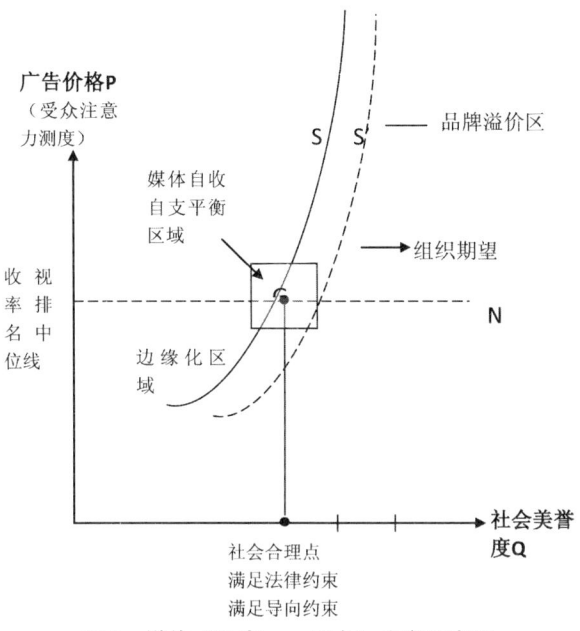

图 5 媒体"供应——需求"均衡示意图

当一家省级广电媒体 90% 左右收入来自广告经营，G 点区域可视为其自收自支的均衡区域。向下则进入边缘化区域；向上，在满足社会合理底线情况下（媒体供应线 S），收视排位越朝上，广告收入越高，但同时也会有来自"限俗"的要求与诟病。为此需要通过构建内部综合评价体系提升节目品质，使媒体供应曲线右移成 S'，进入品牌溢价区。

二、三类节目测评的激励效用

同样的节目测评标准对不同经济属性的媒体具有不同的激励效应，因此讨论测评的激励效用有必要先厘清媒体的经济属性（见表 2）。

表2 广电媒体的经济属性比较

媒体属性	央视	BBC	地方广电	重庆卫视
经费来源	1. 财政拨款 2. 广告收入 3. 多元经营收入		自收	1. 财政拨款（50%） 2. 地面频道收入补充（50%）
收支方式	收支两条线		自收自支	收支两条线
收入结构	1. 事业部分收入80%（广告为主） 2. 企业部分收入20%（多元经营）	1. 用户收视费35% 2. 商业控股公司62% 3. 全球服务（政府资助）2.7%	1. 广告 2. 多元收入	无广告收入
产品属性	1. 事业拨款生产的内容传播产品——公共产品 2. 付费电视与下层企业提供的产品——商品化	BBC不播广告 其传播产品可视为公共产品（不含商业利益驱使）	文化传媒商品	公共产品
经济属性	事业属性为主 企业属性为辅	公共电视机构	自负盈亏式的企业化属性	公益频道

注：BBC的收入结构是2005年数据

根据表2的媒体经济属性比较，可以列出节目测评指标的激励效用与媒体属性之间的适配关系（见表3）。

表3 节目测评指标激励效用与媒体属性的适配性比较

节目测评标准	激励效用	适配关系 央视	适配关系 地方广电	适配关系 重庆卫视	局限
收视率	市场优胜劣汰激励	中性	强	无	单一经济合理导向
央视综合评价标准	内部优选激励	强	不相符	不相符	个性化测评标准
博雅奖标准	社会美誉度激励	强	中性	强	有点提升影响力

研究表明，人的一般管理幅度不超过1∶6；受众收视选择（遥控器转台）幅度（每晚一般超过6次）；每次选择都会留下记忆，并且由此形成选台次第的习惯。这一习惯是决定受众注意力测评结果的重要因素；卫视电视排位前5~6位在2~3年里有相对稳定性；进入受众收视选择幅度内的卫视或广电媒体具有广告定价话语权，频道资源价值远大于频道投入。

三、节目测评标准建设与应用的制度创新

收视率作为受众注意力测评标尺,其本质是市场需求传导——即什么样的媒体供应受市场欢迎且能卖好价。但这附着经济趋利性的单一的市场测评指标评价具多元导向的媒体内容产品,存在明显的局限。由此,完善节目测评标尺的建设与应用,发挥其激励媒体积极性,需在外部与内部两个方面进行制度创新。

1. 外部制度创新

外部制度创新可以从两个"优化"方向进行。

第一,优化社会约束。在图5中,当外部约束(法规与主流导向)向社会美誉度方向前移,媒体供应曲线S变为S',其上部进入"品牌价值区"。目前看,外部约束具体分为两类:其一为行业主管部门(如中宣部、国家广电总局、新闻出版总署等)对媒体产品的管理要求。诸如制止"三俗"、限制广告插播时间、提倡综合评价与主流导向等。其二为学界与业界对文化产品美誉度的倡导,如博雅榜等活动。

第二,优化收视测评。随着电视传媒双向互动在技术上的日趋成熟,收视率测评数据存在"精细化""分类化"与"精准化"的提升空间。如扩大样本量,提供不同年龄、性别、职业、身份、收入的人群的节目收视测评数据等。由于受众注意力测评数据的"精细化"与"分类化"有助于广告商提升其产品诉求的传播价值,其愿意为此支付额外的交易成本。由此可引导媒体在内容生产上扬长避短,差异化、专长化发展,避免在泛娱乐化节目上同质化恶性竞争。问题是,当第三方数据测评市场处于独家垄断时,垄断方缺乏变革与优化的竞争压力,需要行业主管部门发挥"看得见的手"的推动作用。这也是外部制度创新的重要内容之一。

2. 内部制度创新

根据表2的媒体经济属性,节目评价的内部制度创新可分为两种情况。

第一，以事业化属性为主的媒体的内部节目评价制度创新，其典型为央视。

制度创新特点：无收入压力，以选优激励为主；在保持垄断性传播影响力基础上提升节目的美誉度。

制度创新内容：构建反映组织预期（节目美誉度）的综合评价指标体系；推动综合评价体系落地。包括建立选优激励机制；开展评估考核的月、季、年度过程管理；评选优秀栏目等。

制度创新效用：形成生产出影响力与美誉度俱佳的节目的能力，包括队伍、机制、管理。以央视独一无二的资源禀赋，按这套综合评价体系进行考评管理，应该生产出影响力美誉度俱佳的内容产品。但央视运行这套评价体系实行的是"选优不淘汰"的机制。对于一个足够大的国家级媒体的内部节目生产交易市场，在这种不完整的竞争机制中能否形成生产出影响力美誉度俱佳的节目的能力（队伍、机制、管理），笔者以为有待实践检验。

第二，以自收自支的经济属性为主的媒体的节目评价制度创新，如绝大多数地方广电媒体。

制度创新的特点：有收入压力，自收自支，自负盈亏；在保证收视率和社会满意度两个维度的均衡上提高内容生产的投入产出比。

制度创新内容：构建反映组织预期（投入产出）的节目综合评价体系。以百研近年来为省级广电媒体服务实践看，湖南、江苏、浙江、上海、安徽等省级电视媒体均已先后建立起可供衡量栏目投入产出结果的内部节目综合评估体系，内容包括收视、收入（配合指标）、美誉度、成本、制作难度等定量定性考核项目。并且这类考评覆盖节目创意，样片试播与在播各阶段。推动节目综合评价体系落地的重点是推进两项工作，其一是建立优胜劣汰节目运营机制，主要是栏目与节目团队的上下线机制及对栏目与节目团队的投入产出管理，包括试行节目内部收购管理机制，建立下线及休整期节目团队的动态管理机制等。其二是频道对栏目实施目标责任制管理，严格考评，严肃结果兑现。

节目评价制度创新的效用是形成高投入产出比的节目生产经营能力。

对于大多数缺乏广告定价能力但又有自收自支、自负盈亏压力的地方广电媒体，要摆脱单一收视测评束缚，需结合节目评估制度创新向经营模式创新延伸，即从单一制播型（广告收入占比90%）电视媒体向"在播—在线—在场"、市场多元、业态多元、收入多元的文化服务型媒体转型。

研究表明，当非广告收入占比达30%（电视购物除外）以上，媒体将更多从品牌与美誉度考虑内容生产经营，进入收视、收入与节目品质良性互动的阶段。

作者：吴叔平，该文发表时系百研咨询总经理
原载《中国广播电视学刊》2012年第4期

遴选意见

《节目测评标准的效用与局限》一文基于作者多年的电视节目评估操作实务经验,引入了"交易成本"的概念,展示了节目测评的互补与均衡关系,勾画出媒体供需均衡的坐标,给电视节目测评标尺的完善提供了内外部制度创新的建设性意见。论文中,每一个公式的导出、每一个图标的诞生都来源于电视节目评估的生产实践,是"实践出真知"的生动注解。

写作回眸

收获中有遗憾

一、关于论文写作由来

2012年2月，笔者受南方电视学会邀请作为年度会议演讲嘉宾，本文是在演讲稿的基础上，应《中国广播电视学刊》稿约改写而成。

二、关于论文选题

电视节目的测评标准是长期困惑中国电视传媒界的一大难题。都知道收视率作为电视台主要收入——广告的唯一定价依据有诸多不足，却又不得不尊其为上。一些媒体与社会制作机构不惜重金"收视造假"的现象屡屡发生，乃至业内有"万恶的收视率"之说。多年来，关于要不要收视率，采用什么测评标准，成为业内与市场讨论热点。

笔者基于多年的广播电视行业专业咨询服务体会，认为三类"节目受众测评标准"（其一，收视率；其二，央视内部综合评价体系；其三，学界提出的博雅奖评价体系）均具有合理性与局限。引入交易成本与交易关系可帮助我们更完整地认识外部标准"收视率"与内部标准"综合评价体系"的互补性及"社会合理"与"经济可行"之间的均衡（而之前业界与学界鲜有从此角度分析过这一问题）。媒体作为内容生产商，应该从"市场需求信号"

的角度研究"受众测评标尺"的演进趋势并制定竞争对策。完善节目测评标准建设,发挥其激励媒体的积极作用,需加强外部与内部的制度创新。

该文发表时,囿于篇幅,正文中关于节目测评标准的功能属性与媒体经济属性的对应关系部分予以删节,借本次论文集出版之机,作补充说明。

正文中的表3显示,节目测评标准的不同功能属性及其激励效用,与媒体的经济属性有很强的对应关系。收视率对事业属性为主的央视的适配度为中性(在综合评价指标中为占比50%);对地方广电为强(在地方广电的综合考评体系中一般占70%左右的权重),而对作为"公益频道"的重庆卫视,则不作为考核指标。同样是节目综合评估标准,央视用于栏目选优评估优胜激励,而地方广电则用于投入产出考核与栏目上下线评估(优胜劣汰化的内部市场激励),故地方广电的内部综合评估指标内容及权重配置与央视的综合评价体系便有明显差异。因此,如要在行业中推行央视的栏目综合评价体系,可行性如何?显然无须进一步分析阐述。

近年来在省级广电媒体中,强势媒体收视份额占比逐年加大(见图1),其直接效应是行业广告收入持续向强势媒体集中(见图2)

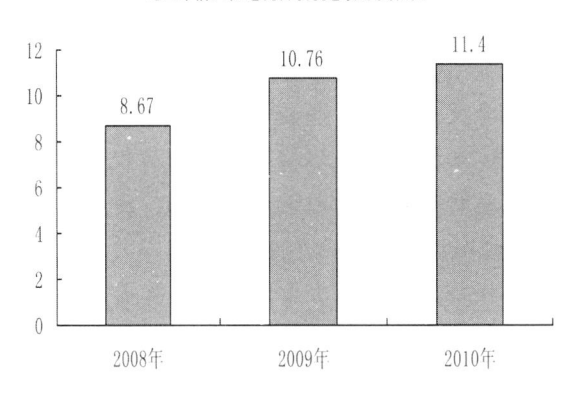

近三年前六位电视台收视总份额变化图

年份	份额
2008年	8.67
2009年	10.76
2010年	11.4

图1 近三年强势媒体收视总份额占比示意

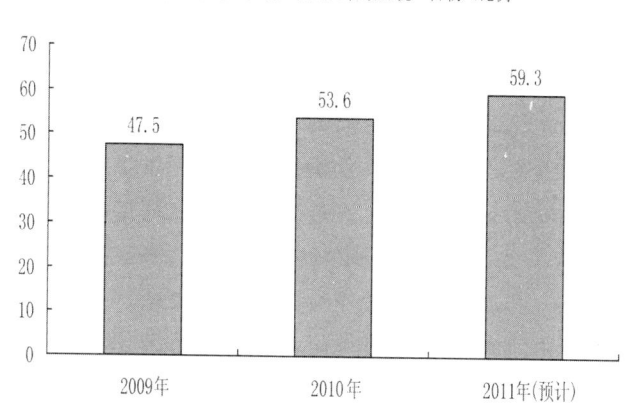

前六位电视台广告收入占全国省级卫视广告收入比例

图2 近三年前六位省级电视台广告收入占全国省级电视台广告收入示意

上述趋势意味着强势媒体（尤其是排名前三的省级卫视）正在从其地方传播平台转变为全国性播出平台，由之前广告交易中相对弱势方转为具有"定价权"的强势方。

笔者认为，这一趋势背后有受众注意力测评结果（收视率）与公众收视选择度的相关性（见图3）在起作用。

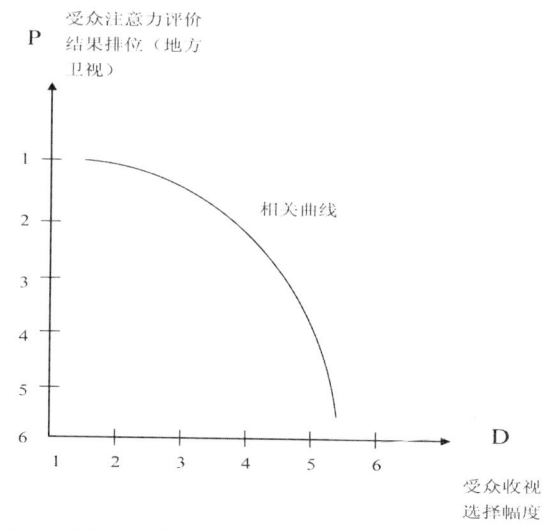

图3 受众注意力测评结果与受众收视率选择度相关性

333

三、一点遗憾

尽管笔者认为本文通过比较清晰的逻辑分析,论述了三类节目测评标准的交易成本、交易关系及其不同的激励作用,并提出了通过内外部制度创新来完善节目测评标准的建设与应用的若干建议,但遗憾的是,由于收视测评标准背后深层次的"政府管制""市场规制"与"潜规则"之间的利益纠葛与博弈,"收视率"在其"用"之外的其"恶"之处,短期内似乎还看不到净化的可能。好在由于越来越多的讨论与呼吁,已经使社会各方对收视率作为测评产品需引入竞争与加强监管有了越来越多的共识。

附

推举治学佳作　归依学科规范
——第一届（2012年度）全国新闻传播学
　优秀论文遴选活动综述

我们正处在中国哲学社会科学活跃发展的新时期。作为哲学社会科学的一个分支学科，新闻传播学虽然年轻，但却生机勃勃，互联网、新媒体的勃兴和转型期社会交流的巨大需求，前所未有地激荡着新闻传播学的问题意识、专业思想和理论构建。

2013年，中国社会科学院新闻与传播研究所作为试点单位加入了中国社会科学院实施的"哲学社会科学创新工程"。作为国家级的新闻传播研究机构，我们力求在创新工程的进展中完善新闻传播学科研究成果的评价机制，在提高学术质量方面有所担当和推动。

为此，我们尝试从最基础的工作入手，从每年发表的众多新闻传播学论文中遴选若干高水准的佳作，以之反映该年度国内新闻传播学术研究的新进展，为学界提供可资借鉴的学术样本。坚持经年之后，最终逐步探索建立起广有共识的本学科学术成果评价机制。

本着这一初衷，我们以《中国新闻年鉴》为载体，开展了全国新闻传播学2012年度优秀论文遴选活动。

一、论文采集

本次年度优秀论文遴选活动的论文采集以征集和搜集两种方式进行。

在活动先期，我们通过专业期刊和新闻媒体向全国新闻传播学界发出征集启事，欢迎专业期刊编辑部举荐、专家学者推荐、论文作者自荐。通过这种方式，共获得论文120多篇，效果不甚理想。

经检讨，我们商请中国社会科学院调查与数据信息中心利用他们承建的国家哲学社会科学学术期刊数据库作为论文的搜集来源。中国社会科学院调查与数据信息中心为此次论文遴选活动提供了2012年国内公开发表的新闻传播学文章26400篇（参见《关于论文搜集的说明》）。

从一定意义上说，本次新闻传播学优秀论文的遴选是一次海选，遴选的对象是2012年国内公开发表的本专业的所有论文。

二、遴选标准

既然要遴选出优秀论文，总得有个标准。或者说，需要明确，什么样的新闻传播学论文能称得上是好论文？我们认为，在学须言学。在坚持正确的政治方向的大前提下，学术价值是遴选优秀论文的最高标准。

鉴于本次优秀论文的遴选是第一次，我们还拿不出自己一套成型的标准来衡量学术论文的学术价值，因此，我们借鉴了国家社科基金正在使用的《社会科学成果评估指标体系》。以这套评估指标体系为基础，结合新闻传播学科的特点，采取质化评价和量化评价相结合的遴选办法。在这个遴选办法中，论文的科学性、学术价值和社会价值是核心评价指标，论文的完备程度和难易程度是辅助评价指标。

由于学术论文的社会评价具有较长的周期性，而本次遴选的论文为2012年度发表的论文，年末发表的论文和年初发表的论文在转载率、被引率等文献计量指标方面缺乏可比性，因此，此次遴选只将论文的转载率、被引率作为参考指标。此外，论文是否被《新华文摘》《中国社会科学文摘》《高等学校文科学术文摘》和中国人民大学"复印报刊资料"的《新闻与传播》所转载，也作为遴选的另一项参考指标。

三、遴选程序

本次优秀论文的遴选过程分为四个步骤。

第一个步骤，由新闻与传播研究所组织本所学术委员会委员、具有正高职称的研究人员、研究室主任等科研人员从2万多篇合规论文（含期刊编辑部推荐、作者自荐的论文）中初选出近600篇质量较高的候选论文。

第二个步骤，组委会责成新闻与传播研究所编辑室根据学术标准，对初选出的近600篇候选论文从同一学科、同一选题、同一载体、同一作者、转载情况等多个角度进行分类、斟酌、比较，最终筛选出60篇入围论文。其中，学术类论文45篇，行业类论文15篇。

第三个步骤，新闻与传播研究所学术委员会委员在通读全部入围论文的基础上，各自根据统一的评分表给入围论文逐一打分排名。

第四个步骤，所学术委员会召开专门会议，在尊重打分排名的前提下，经过充分讨论和评议，最终确定优秀论文入选名单。

需要说明的是，在年初征集论文时，曾经设想在全国组建一个匿名通讯评审专家团，对入围论文进行通讯评审，并且终审委员会也应该是由来自全国的本学科专家学者组成。但是，实际操作时遇到了许多不可克服的困难。为此，我们调整了方案，决定本次优秀论文遴选的终审工作由中国社会科学院新闻与传播研究所学术委员会承担。为了尽可能使遴选结果做到客观、公正、权威，我们规定，中国社会科学院新闻与传播研究所研究人员的论文一律不参与本次遴选。

四、后续工作

经过艰苦的努力，本次优秀论文遴选活动基本告一段落。遴选出来的12篇优秀论文由组委会向作者颁发了荣誉证书。优秀论文和入围论文的摘要已经载入2013年卷《中国新闻年鉴》。

但是，这次优秀论文遴选活动带给我们的思考才刚刚开始。我们的感受是，在学术研究空前活跃的新时期，学界同仁在研究视野、审美角度、价值取向、学术旨趣等诸多方面存在着巨大差异，要在色彩缤纷、炫人眼目的中国新闻传播学学海的沙滩上挑选出几颗璀璨的贝壳奉献给大家，绝非易事。囿于学识和眼界，评委们或有所疏漏，至有遗珠之憾。我们期待着全国新闻传播学界、业界的同道、方家的批评指正。我们更期待着有同好者跟我们一起努力。

全国新闻传播学年度优秀论文遴选组委会

2013年10月23日

关于论文搜集的说明

为贯彻落实《中共中央关于进一步繁荣发展哲学社会科学的意见》精神，进一步改进哲学社会科学研究领域各学科研究成果的评价体系和方法，促进哲学社会科学研究领域各学科健康发展，中国社会科学院调查与数据信息中心利用国家哲学社会科学学术期刊数据库，积极配合中国社会科学院新闻与传播研究所开展了"全国新闻传播学2012年度优秀论文遴选"活动。

国家哲学社会科学学术期刊数据库是经全国哲学社会科学规划领导小组批准，国家社科基金资助，中国社会科学院调查与数据信息中心承建的国家级、开放性、公益性国家哲学社会科学数据平台。该数据库以有效整合哲学社会科学精品期刊数据资源为目的，收录优秀学术期刊和特色学术期刊近千种，是目前我国哲学社会科学研究领域唯一能够及时反映社科类学术研究成果的精品数据库。

为配合中国社会科学院新闻与传播研究所开展"全国新闻传播学2012年度优秀论文遴选"活动,我们先期通过计算机辅助搜索和关键词匹配筛选的方式,从国家哲学社会科学学术期刊数据库提取了2012年全年公开发表的新闻传播学各类文章3万余篇。这些文章主要来自于两个方面:其一,以《新闻与传播研究》《国际新闻界》《现代传播》《新闻大学》为代表的70多种新闻传播学专业期刊;其二,以《中国社会科学》《学术月刊》《开放时代》《南京社会科学》《清华大学学报(哲学社会科学版)》《北京大学学报(哲学社会科学版)》《中国社会科学院研究生院学报》为代表的近千种综合性哲学社会科学学术期刊。

在此基础上,我们又通过计算机查重和人工筛选等方法,对一稿多投和重复文章去重,并对会议通知、征稿通知、新闻报道等资讯类文章进行过滤,最终获得合规的学术研究类文章共计26400篇。

我们将这26400篇学术研究类文章刻成光盘,交付中国社会科学院新闻与传播研究所用于遴选优秀论文。

中国社会科学院调查与数据信息中心

2013年10月22日

第一届（2012年度）全国新闻传播学优秀论文遴选结果

学术类

耳目喉舌：旧知识与新交往——基于戊戌变法前后报刊的考察　黄旦

原载《学术月刊》2012年第11期

媒介使用、媒介评价、社会交往与中国社会思潮的三种意见趋势　陆晔

原载《新闻大学》2012年第6期

中国传媒经济研究的"学术地图"——基于共引分析方法的研究探索　喻国明、宋美杰

原载《现代传播（中国传媒大学学报）》2012年第2期

网络意见领袖社区的构成、联动及其政策影响：以微博为例　曾繁旭、黄广生

原载《开放时代》2012年第4期

网络人际传播中印象形成机制的实验研究　　张放

　　　　　　　　　　　　　　原载《新闻与传播研究》2012年第3期

从"大众门户"到"个人门户"——网络传播模式的关键变革　　彭兰

　　　　　　　　　　　　　　原载《国际新闻界》2012年第10期

"触媒"时代受众自治的"纸媒"社会化媒体特征　　童清艳、钮鸣鸣

　　　　　　　　　　　　　　原载《新闻与传播研究》2012年第5期

我们需要什么样的网络意见领袖？　　胡泳

　　　　　　　　　　　　　　原载《新闻记者》2012年第9期

公众眼中的广播电视公共服务：现状评价及未来期待　　夏倩芳、王艳

　　　　　　　　　　　　　　原载《现代传播（中国传媒大学学报）》2012年第10期

对一场关于微博说理功能的论争的分析　　马少华

　　　　　　　　　　　　　　原载《国际新闻界》2012年第12期

行业类

深度报道生产方式的新变化——深度报道记者QQ群初探　　鞠靖

　　　　　　　　　　　　　　原载《新闻记者》2012年第1期

节目测评标准的效用与局限　　吴叔平

　　　　　　　　　　　　　　原载《中国广播电视学刊》2012年第4期

后 记

本书是第一届（2012年度）全国新闻传播学优秀论文遴选活动成果的荟萃，是"治学例话"系列第一辑。

在本辑中，有优秀论文原作，有组委会第三只眼睛看论文的遴选意见，更有饱含获奖作者深邃思考的学术随笔。尽管距离论文写作时间已有三四年了，但每一位获奖作者在接到我们的征稿邀请后，都能于百忙中挤时间秉笔直书，或追溯论文写作前后的来龙去脉与所思所想，或回忆论文选题的山重水复与柳暗花明，或诉说论文写作过程中发现的欣喜与收获的快乐，或回味论文成文后的得意之笔与些许遗憾……这些文章为文集增添了亮色。借此机会，我们对这些获奖作者表示诚挚的谢意。

在本书的编辑过程中，我们尊重每一位作者的原创，尽量原文照录。作者的职称职务也皆依作品发表时的原样。由于获奖论文散发于国内各大学刊，引文注释不尽相同，本次结集出版，我们按照中国社会科学出版社的引文注释要求对论文进行了规范；偶有文字、标点等微瑕，一并予以修正。

本书的编辑出版，得到了中国社会科学出版社赵剑英社长的鼎力支持和年鉴分社张昊鹏主任、责任编辑彭莎莉女士的大力帮助，得到了中国社会科学院办公厅刘玉杰编审，中国社会科学院新闻与传播研究所博士后流动站孙美玲博士，中国社会科学院研究生院新闻学与传播学系在校研究生王子衿、范耕晖等的帮助，在此表示我们衷心的感谢。

编者

2015 年 8 月